RAPPORTS PRÉLIMINAIRES

INSTITUT COLONIAL INTERNATIONAL

36, RUE VEYDT, BRUXELLES

Session de Bruxelles de 1923.

Rapports préliminaires

TOME II.

A. — La question des métis aux Colonies.
Rapport général de M. Luis Soréla.
1° **Les métis aux Indes orientales néerlandaises,** par M. le Dr Scheuer.
2° **Les métis en Afrique occidentale française,** par M. Maurice Delafosse.
3° **Les métis en Indo-Chine,** par le Marquis de Pouvourville.
4° **Les métis au Congo belge,** par M. le Dr Dryepondt.
5° **Les métis dans les Colonies portugaises,** par M. le Dr Silva Telles.

B. — Extension intensive et rationnelle des cultures indigènes.
Rapport de M. E. de Wildeman.

C. — L'organisation judiciaire dans les colonies de fondation récente.
1° **L'organisation judiciaire au Congo belge,** par M. Gohr.
2° **Le régime judiciaire en Afrique occidentale anglaise et française,** par M. Emile Baillaud.
3° **L'administration de la justice dans l'Inde britannique,** par Sir William Meyer.
4° **Note sur la nomination des magistrats dans les Colonies britanniques de la Couronne.**
5° **Le pouvoir judiciaire aux Indes orientales et occidentales néerlandaises.**

BRUXELLES

ÉTABLISSEMENTS GÉNÉRAUX D'IMPRIMERIE

Succ^{rs} de Ad. MERTENS

14, rue d'Or, 14

1923

LA QUESTION DES MÉTIS AUX COLONIES

Rapporteur général : M. le général Luis SORELA.

Je m'excuse de ne pas me soumettre aux règles didactiques qui caractérisent d'ordinaire le labeur du rapporteur général, mais j'ai été si favorablement impressionné par la valeur des appréciations et des renseignements contenus dans les rapports de nos honorables collègues MM. Scheur, de Pouvourville, Delafosse et Dryepondt que je ne puis m'empêcher de commencer mon travail par l'analyse de leurs remarquables études et d'y puiser abondamment des données précieuses.

L'ordre à suivre pour cet examen semble tout indiqué : Colonies asiatiques, Colonies Africaines et dans chacun des deux groupes d'après la chronologie de l'occupation européenne.

Notre collègue Hollandais M. Scheur commence son rapport sur « La question des métis aux Indes Néerlandaises » par une déclaration franche, pleine de loyauté. J'attire l'attention de l'Institut sur elle, car en en tenant compte nous pourrons nous expliquer certaines lacunes, le silence voulu de quelques Administrations coloniales. N'oublions pas que nous avons pour but d'examiner l'état particulier de la question dans des ambiences absolument différentes. M. Scheur affirme textuellement :

« Aucune Administration coloniale n'est disposée à projeter et à arrêter à l'égard d'individus déterminés parmi ses sujets, et encore moins à l'égard de groupes entiers de ces sujets, des mesures qui ne leur seraient applicables que pour la raison qu'ils n'appartiennent pas aux races de sang pur et à les qualifier ainsi publiquement d'un nom auquel, à tort ou à raison, la grande masse de gens de sang pur tant Européens qu'indigènes, a attaché une idée d'infériorité. Des termes comme métis, homme de couleur, demi-sang indien, Sinjo, Eurasien, Anglo-indien, Dago, *half-cast, couloured people* et autres de ce genre ont indubitablement, dans le langage populaire, une signification de dénigrement, de manière que personne n'aime à s'entendre qualifier ainsi en public. »

Nous verrons plus tard quand il s'agira des Colonies françaises de l'Indo-Chine, de l'Afrique occidentale comme MM. de Pouvourville et Delafosse s'expriment avec non moins de loyauté et de précision à un point de vue opposé qui rappelle (je le dirai en passant) l'affirmation catégorique de M. le Comte de Penha Garcia à la dernière session de Paris : « Au Portugal le législateur n'a jamais consacré l'infériorité du métis; il a toujours donné les mêmes droits politiques et civils au père et à l'enfant ». « La question des métis n'a jamais créé des difficultés parce que nous avons toujours assimilé les métis aux Européens. »

Le problème métis est ainsi posé dans toute son ampleur et nous impose le devoir moral de réfléchir mûrement avant d'engager l'autorité de l'Institut dans une matière aussi ardue et dans laquelle, je ne cesserai de le répéter, il ne s'agit pas d'un problème à résoudre, mais de problèmes à résoudre : autant de problèmes qu'il y a de Colonies, autant de problèmes qu'il y a de races.

M. Scheur fait une distinction bien nette entre l'opportunisme d'une politique coloniale et les exigences de la science et félicite l'Institut d'avoir abordé l'étude et la discussion du problème des métis. Le rapporteur hollandais a soin de mettre sous nos yeux les chiffres formidables qui composent les éléments de la population javanaise : 45 millions d'indigènes, 500,000 étrangers orientaux (principalement des Chinois), 150,000 Européens, parmi lesquels au moins 75 p. c. sont des métis, et il ajoute, ce qui paraît établir une contradiction avec l'affirmation par rapport à l'ignorance voulue de l'Administration, que la majorité des métis jouit d'un statut clairement défini, établi par la loi et la coutume qui les rattache à l'élément européen. Quand le moment de la discussion sera venu je me permettrai de faire appel à la bienveillance de notre honorable collègue pour le prier d'éclaircir ce point, car il est inutile de dire ce que représenterait, pour tous ceux qui ont déclaré leur répugnance à l'établissement de nouvelles castes, le renfort d'un élément d'une puissance aussi considérable que celui de nos collègues hollandais.

Je partage absolument la façon de voir de M. Scheur quand il se rapporte à la psychologie orientale des Indos javanais; ce qu'il soutient j'ai pu l'observer chez ceux d'entre eux que jai rencontrée hors de leur ambiance. Le mystère insondable de l'âme est certes un trait profondément enraciné chez tous les orientaux, même chez ceux qui ont été élevés en Europe et qui semblent avoir subi le plus notre influence, ayant épousé des femmes d'Occident et vivant dans des milieux absolument européens. Nous n'avons qu'à rassembler nos souvenirs, nos propres impressions et nous verrons confirmer ces faits en remémorant nos rapports intellectuels avec des hommes de très haute valeur, avec des penseurs d'Orient. C'est un fait psychique incontestable qu'il est très aventureux pour nous, Occidentaux, de pénétrer les profondeurs de l'Ame orientale, plus aventureux sans doute, plus hasardeux et bien plus sujet à erreur que la possibilité de la part des orientaux de saisir les complexités de notre mentalité, de notre psychologie. Le développement d'un tel sujet m'entraînerait trop loin et si je m'y suis arrêté un instant, ce n'est que pour bien marquer que la question des métis est tout autrement grave à résoudre au point de vue intellectuel, quand il s'agit de métis appartenant par leurs mères à des races de civilisation millénaire qu'à celles qui sont encore dans l'enfance de la pensée humaine.

M. Scheur nous trace un tableau pris sur le vif de la mentalité des indos javanais pour lesquels le comble des aspirations est de devenir fonctionnaires, faisant remarquer très judicieusement que cette aspiration, hier encore presque exclusive, tenait non seulement son origine et sa raison d'être du concept de la vanité orientale, de l'organisation sociale du pays, mais aussi de l'ignorance de la vie métropolitaine pour ceux qui n'ont pas visité l'Europe. Heureusement, il ajoute, qu'une évolution sensible s'est opérée dans les dernières années comme conséquence de la transformation économique de la Colonie et il envisage, pour employer ses propres termes, « avec confiance » la possibilité d'une répartition plus rationnelle, plus logique du travail.

Pour neutraliser les défauts de l'indo, notre collègue hollandais se plait à reconnaître les qualités qui sont aussi son apanage : « bonté d'âme, civilité, tempérance, hospitalité et solide esprit familial » et souligne ses observations personnelles en disant que ces qualités sont en général propres aux indos se rapprochant plutôt du type indigène que du type européen.

Les déductions du travail d'observation si minutieusement fait par M. Scheur doivent nous faire réfléchir et fixer notre attention. Il affirme textuellement : « Ma conclusion est donc que l'Indo européen n'est pas moins doué par la nature que l'Européen moyen et qu'il peut parfaitement se développer aussi bien que ce dernier, si l'occasion se présente; que néanmoins son entourage, le commerce nuisible pour lui avec la race de sa mère et l'impossibilité dans laquelle il se trouve en règle générale de se faire d'autres conceptions grâce à un séjour à l'étranger, l'empêchent de tirer parti de ces dispositions favorables et le ramènent toujours au niveau indigène. L'indo dans les Indes tel que je l'ai dépeint jusqu'ici est souvent pour les trois quarts un indigène; l'indo en dehors de ce milieu, soit par un séjour aux Pays-Bas, soit, au besoin, par une éducation dans une famille vraiment néerlandaise, aux Indes est aux trois quarts ou entièrement un Européen. »

Les remarques du rapporteur hollandais sur le peu d'attrait qu'offre l'activité agricole pour l'indo, les causes qui engendrent cet état de choses sont d'un intérêt capital et digne d'être retenues pour ce qui se rattache à la majorité des Colonies dont les plus grandes richesses à exploiter proviennent des industries agricoles. L'observation relative au contingent fourni par les hommes et les femmes indos dans les cadres de l'enseignement est aussi de la plus grande importance, car il n'y a pas de Métropole, à mon avis, qui soit en capacité de fournir le personnel enseignant nécessaire aux colonies et le fût-elle, j'estime qu'à degrés égaux de formation professionnelle et de patriotisme, sauf, bien entendu, des exceptions, les maîtres et maîtresses de couleur conviennent plus à un cadre colonial que les métropolitains.

Les observations si justes de M. Scheur par rapport au désintéressement des indos pour tout ce qui touche non seulement la presque totalité de l'activité agricole, mais de l'industrie, même de l'industrie à domicile sont des phénomènes qu'il est bon d'étudier et qui doivent constituer un véritable souci pour ce qui se rattache à cette catégorie de la population javanaise qui nous intéresse aujourd'hui.

M. Scheur aborde dans son rapport la question de la formation intellectuelle à tous les degrés de l'Européen, de l'indo et de l'indigène aux Indes et, en plus des constatations qu'il fait, il observe que pour se prononcer sur le résultat des expériences acquises jusqu'à ce jour grâce aux efforts de la Métropole et pour pouvoir juger du degré de capacité intellectuelle des indos, il ne suffit pas de créer des établissements d'enseignement moyen et d'enseignement supérieur aux Indes, mais il faudrait que les métis puissent être transportés dans un milieu de vie scientifique, intellectuelle intense comme celle des Pays-Bas; il conclut de ce chef qu'il n'y a pas lieu autrement de se faire illusion sur un apport appréciable de la part des indos à la haute culture en général, malgré des dispositions remarquables observées chez bon nombre d'entre eux pour les sciences mathématiques. Oui, en effet, ces remarques de M. Scheur ne sont pas particulières aux Indes néerlandaises, mais à bon nombre de Colonies, ou, pour être plus affirmatif, à la presque totalité, et l'heure est peut être venue de compléter les remarquables travaux de l'Institut au point de vue des multiples questions d'enseignement pour combler des lacunes qui nous permettent, entre autres résultats, d'avoir dans un avenir plus ou moins rapproché des collaborateurs qui nous facilitent à nous, Européens, de poursuivre l'étude des différents problèmes de la science coloniale avec l'aide des hommes compétents appartenant à d'autres races qui constituent la grande masse de la population des Colonies.

M. Scheur, après avoir disserté sur les différents aspects de la vie aux Indes, aborde un thème brûlant, c'est-à-dire, l'intervention des indo-européens dans la politique coloniale néerlandaise. J'avoue très franchement que sous ce rapport je risquerais, même en côtoyant les différents aspects de la question, d'avoir à me repprocher, par incapacité sans doute, de ne pas être aussi respectueux qu'il est de mon devoir pour les règlements de l'Institut qui interdisent toute discussion politique. Le sujet est scabreux et, malgré mon admiration et ma sympathie très vive pour la Hollande, quoique sur de nombreux points de vue je sois absolument d'accord avec les idées de notre honorable collègue hollandais, sous d'autres, et tenant compte des leçons de quelques-unes de nos douloureuses expériences nationales, je serais loin d'applaudir à l'ancienne conception gouvernementale néerlandaise dans ses Colonies tout en reconnaissant que la politique des Pays-Bas a dû forcément s'adapter aux réalités ataviques d'une société indigène fortement hiérarchisée, comme c'est le cas de toute société orientale.

M. Scheur, après avoir complété son remarquable rapport, si plein d'enseignements pour moi, par une série de considérations sociales et juridiques sur les causes qui ont engendré le métissage aux Indes néerlandaises, termine en s'excusant des tâches un peu sombres qu'il a signalées, au sujet de la grave question qui nous occupe, en plaidant noblement et chaudement la cause des métis rappelant au Gouvernement des Pays-Bas le devoir sacré qu'il a de veiller au bien-être des indo-européens qui ont du sang néerlandais dans les veines.

Je salue M. Scheur avec la plus profonde sympathie ; ses remarquables études le posent parmi nous comme un élément de très haute valeur qui vient du poids de toute son autorité personnelle renforcer les convictions de ceux qui aspirent à fusionner l'effort et non pas à le disperser, de tous ceux qui cherchent comme but suprême le progrès et le bien être des populations coloniales.

Des caractéristiques communes ont été signalées par M. Moresco dans la législation se rapportant au statut des métis aux Indes néerlandaises et en Indo-Chine française. C'est logique qu'il en soit ainsi pour de multiples causes, entre autres la parenté raciale des populations indigènes de ces florissantes colonies, du fait que la France et les Pays-Bas sont deux peuples fortement policés et de l'influence française considérable au point de vue intellectuel que nous avons pu constater chez tous ceux qui ont séjourné longtemps en Hollande. Il y a donc, pour ceux qui étudieront les rapports de nos honorables collègues, MM. Scheur et de Pouvourville, lieu d'établir souvent des rapprochements entre ce qui concerne non seulement la législation coloniale, mais la mentalité indigène.

En examinant le rapport du marquis de Pouvourville, on relève à tout instant, n'importe quelle soit la particularité de la question des métis si complexe en elle-même, le noble souci de la puissance tutélaire qui a signalé à la France dans les destins de l'humanité le rôle d'éducatrice des nations. Dans ce rapport d'une si belle ordonnance et d'une si harmonieuse expression, notre collègue français plaide la cause des métis chaleureusement, sans jamais ruser, sans préconiser les petits moyens, allant toujours au fond de la question et s'exprime avec une noble fierté très compréhensible pour nous, Espagnols, à qui le sort a aussi confié la mission de civiliser et de modeler une grande partie de la famille humaine.

Comme dit fort bien le Marquis de Pouvourville, avant d'examiner les conditions sociales, politiques et juridiques du problème des métis en Indo-Chine française, cette question est, au premier chef, une question sentimentale, de telle sorte que, hors de toutes les méthodes et de tous les raisonnements, elle est soumise dès l'origine et en dernier ressort, aux mouvements passionnés, imprévus et parfois désordonnés du cœur humain. Or, n'oublions pas que « Le cœur à des raisons que la raison ne comprend pas ».

Le rapporteur français fait avec une clarté absolue et d'une façon heureuse l'exposé de la question quand il dit textuellement : « Il y aura toujours des métis, malgré la fâcheuse impression de ce mot, parce que la langue française veut qu'on appelle ainsi les produits de l'union entre individus de couleur différente. Le métis restera donc toujours comme terme nécessaire dans la grammaire, *mais il ne faudrait pas qu'il en sortît* ».

Avec non moins de clarté, notre collègue fait la distinction entre une race métisse et une caste métisse, classant la première comme un fait incontestablement naturel qui ne doit pas engendrer un fait artificiel comme le représente la création d'une caste métisse. Donc la question se pose ainsi : Y a-t-il utilité, oui ou non, à admettre l'existence d'une nouvelle catégorie de gens distincte des autres éléments qui composent la population d'une Colonie? Je n'hésite pas, comme je l'ai toujours fait, à répondre nettement : Non. Et je constate avec une réelle satisfaction que, quel que soit le milieu dans lequel la question des métis se pose, nous sommes la grande majorité avec ceux qui pensent ainsi.

Certes, quoique d'accord sur le principe, les formules pour arriver aux différentes solutions que comporte ce grave problème ne seront pas toujours faciles à trouver. Mais les expériences des Indes Néerlandaises et plus encore à mon avis, celle de l'effort français fait en Indo-Chine, courageusement et intelligemment menées sont dignes d'un progrès sensible et garanties du succès que nous avons lieu d'attendre jusqu'à la limite des possibilités humaines.

Evidemment il nous est pénible à nous, Occidentaux, d'envisager le problème non seulement sous l'aspect du foyer exotique créé en dehors de toutes nos préoccupations habituelles, de notre mentalité atavique, de nos exigences morales; mais que dire encore du sentiment profondément douloureux et en contradiction complète avec ce qui constitue le sens de notre existence, le sens familial enraciné chez nous, en pensant à ceux qui ne sont plus arrivés libres dans la Colonie, mais qui avaient laissé en deçà des mers le foyer créé dans des conditions de normalité parfaite et avec tout le poids des traditions transmises à travers de nombreuses générations ? Non, décidemment envisager le problème des conséquences d'une polygamie dispersée, supposer la possibilité que ces conséquences soient comprises et admises, tolérées par des femmes, par des enfants européens nés et élevés si loin de ces autres foyers annexés, est une question trop troublante, trop empreinte de souffrance pour être développée ici. Mais qu'il nous soit permis au moins de souhaiter du fond de l'âme que les Métropoles et les Administrations coloniales envisagent par tous les moyens humainement possibles, d'accord avec les intérêts nationaux, de fournir les facilités nécessaires à l'émigration des femmes blanches accompagnant leurs maris, de tâcher en somme, par tous les efforts et les moyens possibles de restreindre les conséquences douloureuses du métissage.

M. de Pouvourville avec l'autorité de celui qui, comme lui, servi par de hautes conditions d'intelligence et de cœur, a vécu le problème, voisinant les misères et les conséquences désastreuses de la défaillance du père et de la femme indigène abandonnée à elle même, nous trace un tableau qui doit forcément retenir notre attention et nous faire comprendre jusqu'à quel point la question que nous étudions demande d'être suivie et exige des solutions appropriées aux devoirs de tutelle qui imposent à tout état colonisateur les conceptions modernes de ce que doit être la colonisation.

Notre honorable collègue ne se contente pas d'appuyer ses thèses du poids de son propre raisonnement, mais il enrichit encore son rapport en y joignant comme documents annexes des circulaires datées de 1912 de l'ancien Ministre des Colonies M. A. Lebrun et de M. Albert Sarraut, alors Gouverneur général de l'Indo-Chine française qui témoignent la sérieuse et noble préoccupation du Gouvernement français au sujet des devoirs sacrés qu'il remplit consciencieusement en veillant sur le sort des métis indo-chinois.

Le Marquis de Pouvourville fait connaître le désir, nettement formulé par les mères de ces métis, de donner à l'enfant mâle, la nationalité du père et, en prenant note de ce fait, indique le devoir sacré qu'il y a pour la Métropole d'accepter cet état de choses, puisque ce désir de la mère s'allie parfaitement avec l'intérêt politique. Quant aux filles, le préjugé indigène ne s'oppose pas à ce qu'elles suivent la condition de la mère.

Le rapporteur français signale le cas que la défaillance du père est cause du retour de la mère abandonnée avec son fils au milieu indigène, généralement motivé par la circonstance qu'elle appartient à une famille possédant quelques terrains de rizières dont la production comporte le besoin du travail d'un homme.

Le Marquis de Pouvourville envisage très consciencieusement tous les cas où le métissage peut se produire, même ceux où l'indignité de la conduite de la mère est en jeu et où le cas angoissant se présente pour déterminer la volonté du père qui risque par sa décision d'être dupe ou d'être bourreau. Nous ne nous attarderons pas à examiner ce cas si épineux et que je crois plus opportun de traiter au sein d'une commission spéciale quand il s'agirait de procéder à l'étude des modalités. N'oublions pas que même dans notre propre régime social la recherche de la paternité est loin d'avoir dit son dernier mot et qu'il est élémentaire d'être prudent sur des questions qui, chez nous mêmes, ont donné et donnent encore lieu à des controverses au sujet desquelles les juristes et les moralistes sont très loin de s'accorder.

L'intervention de l'Administration doit être en ce cas énergique et secourable, car la sanction annamite arrive au point de classer ces métis en leur donnant une expression propre « conhoans » qui rappelle l'inconduite de la mère.

Il y a donc une œuvre de relèvement préventif à faire au bénéfice de ces malheureux déshérités.

M. de Pouvourville, avec la clarté dont il est coutumier, n'hésite pas à faire appel à l'intervention de l'Administration pour qu'elle s'emploie à faire de ces français de fait des français de qualité et il suggère le moyen pratique d'y pourvoir : « La protection pendant la première enfance et pendant l'adolescence, l'éducation ».

Par contre, le cas des métis issus des unions dites de second rang, auxquelles se rapporte M. de Pouvourville, place l'enfant dans une situation d'accord avec la considération dont jouit la mère dans le milieu indigène. « Les enfants masculins (dit le rapporteur) dits *fils de commune lignée*, sont, de par la loi annamite, inférieurs aux fils légitimes en ce qui concerne les rites; mais ils leur sont égaux en tous points pour les successions et ils sont supérieurs aux filles légitimes pour l'établissement de la descendance; ils jouissent d'ailleurs, dans l'ordre social indigène de la considération qui est accordé à leurs auteurs ».

Notre Collègue français examine les différents cas de séparation, divorce et répudiation qui peuvent se présenter et la situation faite à la femme, laquelle, selon le Code indo-chinois, n'offre pour elle aucune différence entre une union avec un français et celle qu'elle aurait contractée avec un indigène, étant toujours une situation régulièrement prévue selon les cas, et il invoque la nécessité politique pour la France de la reconnaissance de ces métis dans des termes qu'il est intéressant de reproduire : « Il ressort de toutes les considérations précédentes que, quelques difficultés que le problème présente dans les thèses qu'il soulève, il est loin d'être insoluble dans la pratique à condition que nous ayons toujours devant nos yeux la nécessité que nous impose notre fierté de race et qui est de ne laisser perdre aucune goutte de sang réellement français, n'en coulerait-il qu'une seule dans les veines de l'enfant; celle-là annoblit toutes les autres et nous contraint ».

Le rapporteur rappelle la genèse de la Société protectrice des Métis de Hanoï et de l'orientation donnée aux jeunes pupilles de l'orphelinat de Cholon et après avoir signalé les louables efforts faits en Cochinchine française au point de vue du relèvement des métis, se basant sur la propre expérience de ce qu'il a vu de près et sur une étude faite, après une enquête consciencieuse, par le colonel Bonifacy, il pose nettement la question pour ce qui se rattache à l'éducation à donner aux métis, dont quelques-uns sélectionnés dès l'âge de trois ans, en vue d'une formation complète. Ce ne sera pas évidemment une éducation indigène, puisque nos efforts viennent de les soustraire à ce milieu; mais sera-ce une éducation française ou une éducation mixte qui fera de tous ces adolescents une caste à part, autrement dit, devons-nous par nos principes éducateurs favoriser la création d'une caste métisse? Et il n'hésite pas un instant à répondre négativement au dernier point, se basant sur des faits qui démontrent pleinement que les métis jaunes ne constituent pas un groupe ethnique suffisamment caractérisé pour leur faire une place à part facile et convenable dans la vie de la Colonie.

Au point de vue politique, le rapporteur français conclut : « Quelles que soient leurs vertus individuelles, les métis ne sont jamais qu'un embarras pour leur pays, s'ils y forment une classe de déracinés. Et cela est de toute évidence, car quel que soit le nom qu'on leur donne, les métis n'ont et ne peuvent avoir qu'une situation diminuée au regard de la situation prépondérante des blancs et une situation louche au regard de la situation effacée des indigènes; ils acquièrent quelques avantages et ne les ont pas tous; ils sont donc pleins de dédain pour la race dite inférieure qui n'a rien de ce qu'ils ont et pleins de haine envieuse pour la race supérieure qui ne leur a pas donné tout ce qu'elle a ».

Les termes précis, d'une si ferme conviction, dans lesquels s'exprime le Marquis de Pouvourville, produisent une impression si profonde, si forte pour l'esprit, qu'ils mettent en lumière (je crois pouvoir me hasarder à le dire) les caractéristiques de la question des métis non seulement en Indo-Chine, mais partout où le problème se présente dans des conditions plus ou moins similaires. J'estime qu'il est utile de ne rien enlever à la force d'expression du rapporteur (pour moi j'en ferai mon profit) et je juge déplacé le moindre commentaire.

Au point de vue mental, une éducation spéciale pour les métis serait insuffisante d'abord et injurieuse ensuite, car si nous élevons tous les métis à part de tous les autres enfants, nous ne ferons qu'accroître les sentiments innés de dédain et d'envie que l'enquête Bonifacy a mis en lumière; c'est le *traitement métis*, si généreux, si charitable qu'il paraisse, qui constitue l'erreur initiale, où tomberaient les sociétés de protection si elles voulaient se prolonger en sociétés d'éducation spéciale.

En effet, comment ces petits métis connaissent-ils le nom européen? Ils ont eu un père français ou d'une autre nation d'Europe qui s'est empressé de les abandonner, eux et leur mère, et au lieu de les aider à disparaître dans le peuple anonyme, profond et qui oublie, d'autres blancs par des actes publics, vont marquer que ces enfants forment une caste à part; ils vont les préparer à des métiers intermédiaires entre les indigènes et les blancs et ils les poussent à un statut ethnique auquel ne répondent aucune nécessité sociale et aucun moyen économique; voici donc le langage qui leur est tenu :

« Tu ne connais de l'Europe que ton père qui t'a fait naître avec une tare et que nous, tes bienfaiteurs, qui par nos bienfaits, marquons cette tare pour toujours; c'est pourquoi tu vas beaucoup aimer l'Europe et la servir ». Ne croit-on pas rêver?

Il y a plus fort; les œuvres de protection et d'éducation des métis ont pour amis et bienfaiteurs des indigènes de la race inférieure aux blancs, c'est-à-dire, ici, des jaunes; cela est précisément un comble; quand nous relevons soigneusement les fautes, les écarts, les oublis de nos compatriotes vis-à-vis des femmes asiatiques et quand tout est bien catalogué, les femmes abandonnées comme les enfants sans nom et sans foyer, nous nous tournons vers les indigènes et nous leur disons :

« Voilà ce que les nôtres ont fait aux vôtres; à présent donnez-nous de l'argent pour réparer le mal qu'on vous a fait. »

Beau spectacle à donner à nos protégés! A quelle philosophie morale se réfèrent donc des actes d'une si naïve et dangereuse philanthropie!? Donc nous n'avons aucun avantage à élever les métis au dessus de la race inférieure, si nous ne les haussons pas d'un seul coup vers la race supérieure et encore si leur ambition est ainsi satisfaite, nous aurons toujours à compter avec la révolte dans leurs veines d'un sang qui n'est pas le nôtre.

On voit bien comment cette question de l'éducation des métis est la clef de tout le problème; c'est d'elle que va dépendre le destin social des enfants reconnus dignes de la recevoir et aptes à en profiter.

Le Marquis de Pouvourville préconise, avec sa hauteur de vue habituelle, le devoir de donner aux métis sélectionnés une éducation intégralement française qui les mette à même de combattre victorieusement la double tare que leur reproche, hélas! le préjugé injuste et cruel du « sang mêlé et de la descendance extra-légale ». Le rapporteur a soin d'ajouter que pour assurer le succès de sa formule éducatrice, il est indispensable de compter avec la collaboration sincère du foyer familial au point de vue de la clairvoyance et du dévouement à la Métropole.

Notre collègue français, commentant les expériences faites dernièrement de coéducation d'enfants européens et d'enfants indigènes dans les établissements d'enseignement primaire et moyen, se déclare partisan ardent de cette conception de laquelle il espère les plus heureuses conséquences, car l'enfance ne souffre pas du préjugé de race et admet naturellement le fait de la supériorité intellectuelle, de la supériorité sportive, de tout ce qui se rattache à la vie scolaire là où elle se trouve, et les germes laissés par les multiples souvenirs de cette vie commune ne peuvent qu'adoucir les rapports et le contact de la vie de demain. C'est aussi, à mon avis, un des plus puissants moyens qui, dans l'avenir, pourra lutter victorieusement contre l'absurde préjugé de couleur qui (ayons la franchise de le déclarer) déshonore plus celui qui professe cette conception, en désaccord avec la science et avec nos convenances politiques, que celui qui en souffre.

Quant à l'idée de canaliser un véritable exode d'Indo-Chinois vers la France pour parfaire leur éducation, je ne crois pas qu'on puisse mieux dire que ce qu'exprime le correspondant annamite du Marquis de Pouvourville quand il affirme : « Hors de chez nous, nos enfants sont instruits, mais ne sont pas élevés; ils ne connaissent ni la tendresse de la maison ni sa direction morale; car, malgré toute leur bonne volonté, les maîtres et les professeurs ne peuvent s'occuper individuellement du caractère de chacun d'eux ».

N'oublions jamais que la cellule de la société humaine est le foyer familial et qu'ici en Europe nous connaissons tous la façon de penser des éducateurs, des pères de famille, des hommes qui s'occupent d'œuvres sociales, la vie collective (et nous en savons quelque chose, ceux qui ont charge d'âmes) ne peut jamais, par les exigences de la réalité, suppléer le foyer tel qu'il doit être conçu. S'il est des cas, où pour différentes causes, le besoin impose à l'enfant d'être placé ailleurs, cela ne doit avoir qu'un caractère provisoire exceptionnel, car nous devons être tous convaincus, encore une fois, que rien ne peut remplacer l'organisation indiquée par la nature. Un stage, au besoin plusieurs stages, même dans la Métropole, peuvent être justifiés et rapporter de véritables avantages; déraciner l'indigène par système du milieu dans lequel il est né est inhumain.

M. de Pouvourville appuie aussi sa thèse contraire à l'établissement d'une caste métisse par des raisons économiques et signale l'existence d'un « prolétariat blanc » en Indo-Chine. Or, un prolétariat européen est dans toute colonie une véritable calamité dont il est facile de déduire les conséquences qui peuvent impressionner l'esprit le moins averti. L'Européen aux Colonies, en règle générale, ne peut pas vivoter; il faut qu'il réussisse ou bien il est fatalement condamné à devenir un décavé. Et l'échec individuel rejaillit sur le prestige de la collectivité, voir même du groupe racial auquel appartient le colon. Dans l'état actuel des choses, les blancs, qu'on le veuille ou qu'on ne le veuille pas, sont solidaires.

Notre collègue français cite encore les opinions de M. Augagneur, dont le nom n'a pas besoin d'indication, et de l'écrivain annamite M. Batus. Il est remarquable de voir la façon dont ces deux hommes, dans des conditions si différentes (le second lié par la naissance à l'indigène lui-même), affirment leurs convictions contraires à l'utilité d'une caste métisse qui, de lèur avis, « serait nuisible à elle-même, aux intérêts de la Colonie et de la France ».

M. de Pouvourville, en plus de son exposé si lumineux concernant l'Indo-Chine, fait allusion au caractère de la question des métis dans les plus anciennes colonies françaises, qui parfois a revêtu la tournure d'une agitation désordonnée en exagérant la nature de leurs revendications, en poursuivant l'idéal d'aspirer à une influence supérieure à celle des Européens et en troublant la vie normale. Je dois ajouter, pour ma part, que ce phénomène nous a été connu à nous, Espagnols, qui avions, comme j'ai eu déjà l'occasion de le dire dans mon rapport à la session de Bruxelles de 1920, commis l'erreur de créer dans quelques colonies des écoles spéciales pour métis. N'oublions pas cependant que le Gouvernement espagnol encourageait les mariages mixtes, en accordant même des avantages pécuniaires aux fonctionnaires et militaires qui épouseraient des femmes nées aux Colonies et ce, sans faire la moindre distinction entre les créoles, les métisses et les indigènes.

Il est certain qu'il y avait dans les antécédents de révoltes à puiser pas mal d'arguments à opposer aux rares partisans de la reconnaissance des métis comme caste à part. Du reste, je crois que nous pouvons souscrire, de même que tous ceux qui pensent comme le Comte de Pouvourville, aux dernières phrases de son rapport : «Nous devons donc par principe et par tous les moyens empêcher l'éclosion d'une nouvelle caste sur plan social et faire les meilleurs efforts pour que les métis disparaissent individuellement dans l'une des deux races en présence et dans un des milieux sociaux existant en face de nous; il nous plaît d'ajouter comme correctif immédiat et bienfaisant que nous voulons que ce refus de reconnaître un statut spécial aux métis soit avantageux au plus grand nombre possible d'enfants issus d'unions mixtes.

» Nous ne voulons certes pas que nos possessions soient un jour victimes des métis grandis en nombre et en audace; mais nous ne voulons pas davantage que ces métis soient dès à présent victimes de la rigidité de nos

codes ou de l'insouciance légale ou de l'impuissance financière de leurs auteurs ».

Le rapport de M. Delafosse sur la condition des métis
en Afrique occidentale française m'a particulièrement
intéressé. Etant un tout jeune officier (en 1886, ce qui
ne me rajeunit guère), j'eus la fortune d'être envoyé
en mission par mon Gouvernement pour étudier l'organisation des différentes colonies de l'Afrique occidentale.

Grâce à un accueil de la part des Autorités françaises,
dont le temps n'a pas effacé le souvenir d'une profonde
reconnaissance, je pus profiter des renseignements et de
l'expérience d'hommes dont l'autorité excuse d'autres
indications, comme le célèbre explorateur Comte Savor-
gnan de Brazza, l'amiral Ribelle, ancien Commandant de
l'Escadre française de l'Atlantique Sud. Mes relations avec
ces personnalités et avec mes camarades de l'Infanterie
de Marine française parmi lesquels je dois citer celui qui
était à cette époque le lieutenant Binger, aide de camp
du général Faidherbe, détaché en mission pour l'étude du
Bambara, qui joua depuis un rôle dans l'histoire de
l'Afrique occidentale française, me permirent d'y étudier le problème des métis, sujet traité magistralement
par M. Delafosse.

Mon séjour dans les grandes villes sénégalaises et mes
excursions à travers ces régions m'ont permis d'avoir
en plus par observation directe des impressions qui s'accordent parfaitement avec l'exposé de notre collègue
français qui envisage la question, comme l'ont fait les
autres rapporteurs, au point de vue anthropologique, social, politique et juridique.

M. Delafosse commence sa très intéressante étude,
relative au Sénégal d'abord et aux autres régions de
l'Afrique occidentale après, en présentant la question des
métis sous deux aspects absolument distincts : 1) Les
métis provenant du mélange des différentes races indigènes; 2) les métis issus du contact de l'élément européen
avec les races indigènes. Il n'insiste pas longuement
sur le premier fait pour la bonne raison que nos préjugés de couleur ne semblent pas exister chez les races
africaines et si en fouillant bien on pouvait les trouver à un certain point de vue, il est incontestable que
ce préjugé serait certainement amoindri et revêtirait

en tout cas des caractères beaucoup moins aigus que celui provenant du contact d'européens et d'indigènes. Il est pourtant utile de rappeler l'origine occasionnelle du premier métissage quand il s'agit des Maures, Trarzas, Brachmans et Douiches et mêmes des Peuls, car toutes ces tribus sont des nomades, les tribus peules isolées auxquelles se rapporte M. Delafosse étant en petit nombre. Je ne prétends pas que cette remarque ait un grand poids sur le fait lui même du métissage, mais je crois pourtant que celui-ci chez des peuples nomades doit forcément offrir des caractères différents de ceux qu'il présenterait chez des tribus sédentaires et je n'insiste pas, ne croyant pas qu'on puisse me reprocher de m'exprimer dans un langage sibyllin, car il est facile d'arriver aux mêmes déductions.

Donc, je crois qu'il est intéressant, pour le but que nous nous proposons, de suivre le plan que nous indique M. Delafosse et de limiter notre attention au problème des métis issus des Européens et d'indigènes, tout en déplorant de ne pouvoir disposer dans cette voie d'une documentation aussi copieuse que celle fournie grâce à l'initiative et aux nobles efforts des sociétés protectrices des métis en Indo-Chine française et à Madagascar ; c'est une lacune qui certainement sera comblée d'un jour à l'autre et une initiative encouragée puissament par le Gouvernement de la République.

En tout cas, l'Institut doit se féliciter que cette question inscrite à l'ordre du jour de nos sessions nous ait procuré l'aquisition précieuse d'une étude qui, comme l'indique M. Delafosse lui-même, est le premier travail sur les métis de l'Afrique occidentale française.

Je ne m'attarderai pas à l'examen du point de vue anthropologique du rapport de M. Delafosse. Il va sans dire que si je procède ainsi ce n'est nullement faute de curiosité intellectuelle, mais par incompétence. Tous les membres de l'Institut qui se sont occupés de cette question, ou bien dans les rapports ou bien dans les discussions qui ont eu lieu, ont convenu que le point de vue anthropologique du problème est certainement le plus épineux, non seulement par le manque de documentation, mais par l'insuflisance de la valeur des expériences scientifiques réalisées jusqu'à ce jour. Je me suis fait un devoir au cours de mes expéditions africaines de contribuer dans la mesure de mes possibilités à enrichir les collections de notre Musée d'Histoire Naturelle de Madrid. J'ai eu la satisfaction d'avoir atteint mon but au point de vue d'autres collections se rattachant aux sciences naturelles; mais je dois avouer que j'ai presque totalement échoué quand il s'est agi de satisfaire le désir et les nécessités des recherches de nos savants au point de vue anthropologique et cela n'étonnera certainement pas les membres de l'Institut qui ont vécu comme moi dans des régions fétichistes et mulsumanes. Du reste, pour que ces collections anthropologiques aient une valeur rigoureusement scientifique, il faut, comme nous n'ignorons pas, qu'elles soient faites, non pas sur des cas isolés, mais sur des individus de plusieurs générations et de la même ascendance, car il a été prouvé que le développement de la boîte cranienne d'un noir entré en contact avec notre civilisation tout jeune, par le fait, par exemple, d'avoir été élevé dans des missions, est différent de celui du père n'étant entré en contact avec nous qu'une fois qu'il eût atteint l'âge mûr et que cette mensuration présentait encore une différentiation marquée avec le crâne de son progéniteur qui, étant né en dehors de toute ambiance européenne, s'était développé et avait vécu toute son existence à l'état sauvage.

Au point de vue social M. Delafosse signale le fait incontestable que nous avons pû apprécier par nous mêmes ainsi que tous ceux qui ont passé des années en contact avec des blancs et des noirs. « Par ailleurs, les noirs demeurés fidèles aux usages indigènes considèrent en général les métis vivant à l'européenne comme des blancs et accordent plus d'importance à la façon de vivre qu'à la race. »

Il me semble que l'occasion serait favorable, non seulement pour signaler cet état d'esprit chez les uns et chez les autres, mais aussi pour nous rallier en nous basant sur ce fait, sur cette réalité à ce qui pourrait, pour le moment, constituer le concept de la politique coloniale, c'est-à-dire à la concession du statut indigène ou européen aux gens selon leur éducation, leur formation, leur façon de vivre, l'assimilation à notre idée de la vie et non à la couleur de leur peau ou aux signes physionomiques de leur ascendance. Nous ne pouvons qu'appuyer du poids de toute notre conviction les affirmations catégoriques de M. Delafosse : « Etant données ces diverses constatations, la situation des métis en Afrique occidentale française, même en ce qui concerne les Signares du Sénégal, à plus forte raison pour ce qui est des autres catégories, *est une question individuelle ou une question de circonstances beaucoup plus qu'une question de race ou de classe.* C'est sous cet angle qu'il convient de l'examiner en observant que *les facteurs dominants sont le statut de chaque métis et le milieu dans lequel il vit* ».

L'exposé fait par M. Delafosse, concernent les conditions requises par la loi et l'Administration coloniale en Afrique occidentale française pour la concession du statut européen, est empreint d'une sage prudence. Le noble souci de l'amélioration du sort de l'indigène n'aveugle pourtant pas la vision claire de notre savant collègue en ce qui concerne les dangers qui pourraient se produire en agissant autrement que par étapes. M. Delafosse a soin de faire toute les réserves voulueset va même jusqu'à nous manifester très franchement ses préoccupations quand il conseille aux indigènes de ne pas se laisser tromper par un faux mirage en croyant que le statut européen embrasse tous les avantages. L'autorité de M. Delafosse est incontestable : professeur et Gouverneur de Colonies, il a eu l'occasion d'étudier, de réfléchir et de faire l'expérience de ses théories.

Il conviendrait peut-être d'insister sur un fait. M. Delafosse nous parle du sentiment éprouvé par le métis de statut indigène prenant contact avec la Métropole, qui croit voir à son égard une distinction essentielle entre l'opinion métropolitaine et l'esprit de l'Administration coloniale. A mon avis, cette bienveillance métropolitaine est malheureusement inconsciente et il serait bon de nous convaincre, nous, coloniaux, pour qui les multiple et graves questions coloniales constituent de sérieux soucis, qui occupent constamment notre pensée, de cette vérité : que malgré nos efforts, ce qu'il y a, même dans les pays qui ont lié leur sort plus intimement à celui de leurs colonies, c'est une ignorance regrettable, voire même un désintéressement incompréhensible des devoirs et des intérêts de la Nation colonisatrice par rapport à ses lointaines possessions.

Au moment de terminer mon rapport, notre Secrétaire général a bien voulu me remettre une découpure du « Temps » de Paris, publiant une disposition récente d'une si réelle importance que malgré qu'elle soit connue de tous par la voie de la presse, je me permets de la reproduire : « Afrique occidentale française ». Extension de la Nationalité.

» Le Gouvernement général de l'Afrique occidentale française vient de rendre applicables aux territoires placés sous son autorité les décrets des 28 mars 1918 et 24 avril 1919 qui ont modifié pour certaines colonies les articles 8 et 339 du Code Civil.

» Ces modifications ont pour but de permettre aux métis, d'abord reconnus par leur mère indigène, de bénéficier de la qualité de français lorsqu'ils sont reconnus postérieurement par leur père, citoyen français. Cette réforme est de nature à augmenter le nombre de nos nationaux.

» Par contre le Ministère Public est armé contre l'accession frauduleuse d'indigènes aux droits de citoyen français par le subterfuge de reconnaissance fictive de paternité ».

Voilà une nouvelle preuve de l'admirable esprit de suite que révèlent les directives du Gouvernement français et de la prudence avec laquelle il suit la marche progressive dans son évolution en faveur des indigènes.

Le rapport du Docteur Dryepondt a l'importance que donne à l'auteur sa compétence professionnelle, surtout au point de vue anthropologique. Ce serait audacieux de ma part de prétendre m'engager sur ce terrain avec quelqu'un qui peut être mon maître du fait qu'il s'agit d'un médecin. Je me bornerai donc à relever quelques particularités de son étude non pas pour les analyser, mais pour attirer l'attention sur leur importance aujourd'hui et plus encore dans l'avenir, car notre distingué collègue fait observer très justement que l'action européenne au Congo date d'hier et que le problème des métis n'a donc pu y prendre les mêmes proportions, au point de vue du nombre, que dans d'autres Colonies.

Mais il ne me semble pas trop tôt pour intervenir dans des faits aussi graves que celui que signale tout d'abord notre honorable collègue quand il nous dit que la cause de l'infécondité de la majorité des femmes congolaises est la « funeste habitude, invétérée et générale parmi les noirs de la race bantoue, d'abuser de la jeune fille impubère ». Cette monstruosité doit nous faire remémorer la forte expression de F. Camille Dreyfus quand il nous dit dans son « Evolution des mondes et des sociétés », en parlant de la famille, que « si certaines espèces animales ont réalisé par l'instinct un idéal social supérieur à celui de l'humanité, en revanche l'humanité n'a rien à envier aux animaux pour la bestialité des relations sexuelles ».

Nous avons pu nous convaincre avec quelle supériorité de vues nos collègues, qui ont traité l'importante question de la politique coloniale par rapport aux us et coutumes indigènes, se sont efforcés d'éclairer notre esprit pour tout ce qui pourrait être cause de conflits et de heurts entre deux directives d'origine si distincte comme notre législation et ces coutumes, et certainement il n'est venu à l'idée d'aucun de nous de ne pas protester avec toute l'énergie possible contre les sacrifices humains, contre les cruautés de la traite, contre l'incinération des veuves et contre les mille monstruosités qui sont le propre de l'homme vivant à l'état sauvage. J'espère bien que le Docteur Dryepondt, comme le Docteur Sorel et les autres médecins coloniaux que nous avons la fortune de compter parmi nous, voudront bien suggérer à l'heure de la discussion ce qu'il y aura lieu de faire à leur point de vue pour que les lois métropolitaines et les administrations coloniales ne soient pas impuissantes devant un tel fléau, une telle lacheté comme celle que nous rapporte notre savant collègue belge.

Le fait que nous signale le Docteur Dryepondt des sanctions morales que s'impose l'Européen à lui même, n'abandonnant pas l'enfant, prenant soin de son éducation, soit en Europe ou bien le confiant aux missionnaires est une preuve que, malgré tout, le sentiment de la paternité est ancré au fond du cœur de l'homme. Mais il est difficile de concilier l'oubli des devoirs envers la mère avec le souci des soins de l'enfant.

Il y a encore un fait important dont nous parle le Docteur Dryepondt ; c'est la différence du sort réservé aux garçons et de la situation très précaire faite aux filles qui, comme je l'ai déjà manifesté lors de mon intervention à la session de Bruxelles de 1920 par rapport à la même question, courent souvent le danger de devenir des filles de joie.

Après avoir examiné la question au point de vue anthropologique, le rapporteur belge envisage l'étude du problème au point de vue social, et là encore son appel à la réalité revêt une importance extraordinaire quand il nous dit que si le sort du métis au Congo n'était pas solutionné par les soins du père, le manque de prévision des lois appropriées légiférant sur le cas des métis issus d'unions libres donnerait lieu à ce que d'après le droit coutumier indigène, l'enfant de père européen et de femme noire esclave domestique suivrait la condition de la mère. Notre dignité raciale à nous, blancs, exclut la nécessité de nous attarder à faire des commentaires sur une semblable éventualité et nous ne pouvons que souhaiter ardemment que nos collègues belges emploient tout leur prestige et la haute conception qu'ils ont du devoir, eux à qui l'humanité doit de si fières leçons, pour que ces faits ne soient plus possibles.

Le Docteur Dryepondt nous fait aussi remarquer au point de vue social que l'élément européen si peu nombreux au Congo qui admet avec certaines réserves l'union libre entre les races desquels sont issus les métis, se cabre, pour employer sa propre expression, devant la possibilité du mariage entre un blanc et une femme noire, bien plus encore entre un noir et une femme blanche. Les autres rapporteurs qui ont collaboré à l'étude de la question ont apporté à l'énoncé du problème le produit de leurs propres observations pour nous convaincre, une fois de plus, qu'il est inutile d'insister davantage sur une question que le législateur, comme nous l'avons répété maintes fois, ne résoudra pas et que la disparition de ces préjugés est une œuvre de longue haleine.

Les réflexions faites par le Docteur Dryepondt sur le fait que la répression du concubinage peut entraîner l'extension de la prostitution est une de ces questions qui doivent être traitées par des moralistes, par des hommes ayant toute l'autorité voulue et je me bornerai, pour ma part, à dire qu'il serait bon et utile de nous souvenir combien la deuxième de ces calamités est un problème angoissant chez nous, dans la vieille Europe, et combien il serait utile à la politique coloniale à ce que les Administrateurs veillent sur leur propre moralité et les devoirs que leur impose leur rôle de tuteurs.

Le Docteur Dryepondt nous dit qu'au Congo il n'y a pas de restrictions légales pour l'activité agricole des indigènes, faisant observer pourtant qu'il n'existe pas non plus des lois favorisant l'établissement des métis dans ce même domaine qui doit par lui seul constituer l'élément le plus important de la production de la Colonie.

Au point de vue juridique, notre distingué collègue conclut qu'en général tout indigène inscrit sur les registres de la population civilisée jouit dans la Colonie belge des mêmes droits que l'Européen; que les dispositions faisant une distinction entre blancs et gens de couleur sont exceptionnelles et revêtent plutôt un caractère transitoire, et à notre point de vue spécial que la loi congolaise ne s'oppose pas au mariage entre européens et indigènes; mais les cas ont été si rares que l'on peut dire que les métis congolais sont nés d'unions libres.

Je crois m'être acquitté de mon devoir en étudiant consciencieusement le travail de nos rapporteurs, non seulement au point de vue de la documentation, mais aussi en insistant très particulièrement sur leurs idées personnelles si lumineuses et exposées avec un réel talent, idées que je partage dans la grande partie des cas. J'ai poussé le souci et la préoccupation de me couvrir de l'autorité de nos rapporteurs à tel point que parfois j'ai abusé de la bienveillance du lecteur en reproduisant abondamment les textes de leurs affirmations.

L'apport que le labeur de MM. Dryepondt, Delafosse, de Pouvourville et Scheur a fourni à la question des métis a été considérable, non seulement par l'ambiance disparate des milieux géographiques dans lesquels les expériences soumises à la considération de l'Institut ont été étudiées, mais aussi par la qualité de leurs auteurs auxquels l'exercice de leurs fonctions a permis d'accumuler une grande richesse d'observations et de renseignements, leur servant à poser une série de thèses qui contribueront puissamment demain à développer la morale interraciale qui forcément influencera la politique coloniale.

Voulons-nous dire par là que nous possédons déjà la documentation qui, comme le disait très justement M. Moresco à la session de Brunswick, nous faisait défaut et comme l'affirme M. Delafosse dans son étude si captivante est à tel point éparpillée qu'il nous est impossible de signaler une bibliographie? Certes, non.

Notre but n'est pas encore atteint au point de vue de la récapitulation suffisante de données pour étudier le problème des métis dans toute son ampleur. Entre autres, il existe des lacunes, aussi considérables, comme ce qui se rattache à la totalité des Colonies anglaises et portugaises et même à quelques Colonies françaises et néerlandaises. Quant aux Colonies espagnoles actuelles les éléments qui les composent et l'état ou elles se trouvent ne fournissent pas une matière sérieuse pour prétendre à une étude sur la question des métis. Je ne parle pas, et pour cause, de notre Protectorat au Maroc; notre soi-disant colonie de Rio de Oro ne peut pas être prise en considération et, dans nos Possessions du Golfe de Guinée, les blancs sont si peu nombreux qu'il n'y a pas lieu de se baser sur des expériences permettant de tirer des conclusions.

En général, au point de vue anthropologique, le métissage apparaît d'autant plus reconnaissable et persistant que la différence entre les deux races originaires est plus marquée. Cette réalité influence nécessairement le point de vue social à l'encontre ou à l'appui, selon les cas, des convenances politiques que déterminent les dispositions juridiques,

Il est très difficile, si ce n'est impossible, de tracer des directives communes en matière coloniale; les différences raciales, les différences religieuses, le régime économique et d'autres facteurs secondaires réservent à l'opportunisme le soin de dicter une politique avertie.

Mais qu'il me soit permis d'insister sur cette thèse : Que dans la question qui nous occupe l'action doit s'exercer principalement sur les différentes catégories de l'élément colonisateur.

Il faut former des fonctionnaires coloniaux d'une forte morale à tous les degrés de la hiérarchie; préparer les administrateurs à la hauteur de leur tâche.

A la session de Brunswick, on a insisté particulièrement sur le danger que comportait, au point de vue de la propagation du métissage, la présence des Troupes blanches aux colonies. Évidemment les troupes, — quel que soit le rôle qu'elles sont appelées à fournir, autant quand elles remplissent de simples fonctions de Police que quand elles sont attelées, par la force des évènements, à la conquête d'un territoire —, doivent se soumettre à des exigences morales possibles d'obtenir par la rigidité de notre discipline, par la conception noble du devoir professionnel et par le sentiment d'un ardent patriotisme, que l'on doit infiltrer dans les Corps d'élite auxquels ne suffit pas, pour remplir leur tâche coloniale, l'impétuosité de casse-cou. Ces hommes doivent se persuader que leur rôle n'est pas ordinaire; qu'il comporte de multiples devoirs qui exigent une âme bien trempée et une vocation réelle.

Au hasard de mes lectures, j'ai relevé récemment cette affirmation d'un publiciste doué d'un réel talent d'observation, dont j'ai suivi avec un vif intérêt les publications et les conférences : « Que la carrière coloniale ne recquiert pas une préparation spéciale ». Je crois que les coloniaux ayant vécu de la vie de la brousse qui souscriraient à cette thèse pourraient se compter facilement. Mon opinion est tout à fait contraire; l'on peut trouver dans nos sociétés avancées des hommes appartenant à n'importe quel état, remarquables à tous les points de vue par leurs qualités morales, par leur propre tempérament, qui seraient des piètres coloniaux.

Ni l'officier, ni l'administrateur, ni l'ingénieur, ni le médecin, ni voire le prêtre lui-même qui n'ait pas été spécialement préparé pour les missions, ne sont aptes par le seul fait de posséder des qualités remarquables, pour faire œuvre utile aux Colonies.

Non; il faut convaincre les candidats à la carrière coloniale, que celle-ci, n'importe quelle soit la spécialité qu'elle comporte, exige une véritable vocation et des conditions particulières. Ce n'est pas par vaine gloriole que nous devons soutenir cette thèse, ni nous prétendre supérieurs aux hommes que le destin a placés dans un autre milieu, sinon faire appel à la raison pour comprendre que cette affirmation n'a besoin que d'être énoncée.

Il est inutile de nous attarder à démontrer que l'homme apte à vivre dans un milieu de civilisation intense et à y réussir ne peut pas, par ce seul fait garantir, aux Colonies le succès de son activité et des aptitudes qu'il possède, chacun de nous pourrait fournir un arsenal copieux de preuves à ce sujet. Le cas inverse se produit parfois et encore. Un Colonial ayant lutté contre les difficultés inhérentes à la vie des pays exotiques peut réussir dans l'ambiance originaire.

Pour obtenir des vocations coloniales, il faut faire une propagande intense.

L'Union Coloniale Belge, merveilleux ensemble de plusieurs Sociétés sans but lucratif, qui a fait preuve dès le début d'un admirable esprit d'initiative, qualité nationale qui a valu à la Belgique, le titre justifié de *laboratoire social*, de *terre d'expérience*, a eu comme première préoccupation celle de créer l'esprit colonial. L'Union Coloniale a-t-elle complètement abouti dans la tâche énorme que les devoirs de puissance tutélaire et les nécessités du Congo imposent à la Belgique? Il est évident que non. Son effort a été tristement paralysé par le fait de la guerre et du désarroi qui s'en est suivi; le trouble s'est produit ici d'une façon fort compréhensible. Mais le Belge a trop le sens de la réalité pour se laisser décourager et l'Union Coloniale continue sa tâche avec une admirable tenacité. Nous les Coloniaux ne pouvons pas continuer à nous agiter dans le vide, dans une ambiance d'indifférence ou d'incompréhension. Il faut intéresser, ne fut-ce que par curiosité natuelle, l'élite intellectuelle à nos études, à nos efforts. Il faut même avoir le souci d'intéresser la masse; il faut lui faire comprendre que le sort des Colonies est lié intimement au sort de l'Europe, que l'Économie est une des questions les plus complexes qui intéressent l'humanité; qu'elle doit être beaucoup plus rationnelle, qu'elle ne l'est malheureusement; qu'elle ne peut pas être conçue ni développée avec un criterium exclusivement national ou métropolitain; que nous comptons dans nos vieux pays d'Europe des États qui ayant joué un rôle de tout premier ordre dans l'économie mondiale, ne seraient pas à même de se suffire à eux-mêmes, s'ils se voyaient livrés à leurs propres ressources, même au point de vue de questions si vitales comme celles de l'alimentation, du vêtement, voire même de l'habitation de leurs nationaux. Il faut en un mot que la masse sache que l'industrie européenne est tributaire des matières premières qui nous sont fournies par les Colonies; que pour mettre en valeur les richesses coloniales, il est indispensables de compter avec la collaboration des populations indigènes et que les fléaux de la tuberculose, de la syphilis, de l'alcoolisme et de la stérilité affectent non seulement nos peuples européens, mais ceux aussi que nous avons le devoir de civiliser et de guider.

Il serait bon de saisir toutes les occasions pour que l'Institut influença par tous les moyens *ad hoc* l'extension de l'enseignement colonial de façon qu'il ne fût pas seulement réservé aux fonctionnaires, mais vulgarisé d'une façon adéquate et possible à tous les colons hommes et femmes.

Rappellons-nous les conditions, même les plus favorables, dans lesquelles se fait l'enrôlement des émigrants pour comprendre jusqu'à quel point peut être nuisible, chez les malheureux obligés par la dureté du sort d'abandonner le foyer ancestral, l'absence des notions, mêmes les plus élémentaires, que nous venons d'exposer.

Il faut tâcher par tous les moyens possibles d'introduire chez le colon, les principes d'une morale rigide surtout en ce qui concerne le prestige de la race, en le persuadant que si humble ou si modeste que soit l'activité à laquelle il est voué, dans le rôle qu'il a à remplir dans un milieu si distinct de celui dans lequel il est né, ne se borne pas à l'amélioration de sa propre condition, mais qu'il doit faire de lui un vrai tuteur, un vrai guide de l'indigène; que pour cela, il doit dignifier sa vie en ennoblissant son existence d'accord avec la grandeur de sa tâche. On ne peut pas faire fi en matière coloniale de la qualité morale du blanc; le prestige de la métropole et le sort de la Colonie en dépendent plus que de toute autre condition.

La vie coloniale est une école d'énergie; les plus belles conditions de l'homme: l'initiative et la volonté trouvant à chaque moment l'occasion de s'y employer. L'indigène est toujours porté, même sans s'en douter à suivre l'européen et le à juger dans les détail les plus insignifiants et il est indispensable que l'analyse de la conduite du blanc, même quand elle est faite par des cerveaux rustres, soit au-dessus de la possibilité de toute critique.

Le reproche que l'opinion a fait à l'action de la Métropole en général et à l'Administration Coloniale en particulier dans de multiples cas est la tendance inconsciente et incompréhensible de détruire la vie indigène avant d'être à même, de modifier et de remplacer autant qu'il y a lieu de le faire ses us et coutumes par un régime social en rapport avec les exigences de l'évolution humaine, du progrès et des réalités de l'époque. Le grief n'est que trop fondé, la vérité n'est que trop réelle et il est urgent pour y remédier que nous nous rendions compte de l'attention soutenue avec laquelle nous devons nous attacher à l'étude des questions raciales qui, pour tout colonial, quelle que soit la spécialité à laquelle, il ait voué son activité, la situation qu'il occupe et la responsabilité qui s'en suit, doit être la base de la science et de la politique coloniales.

Tout dans la nature est subordonné au destin de l'homme et si dans nos sociétés jouissant, des conquêtes de la pensée, et des bienfaits dont nous sommes fiers, nous souffrons de crise si terriblement aiguës comme celle que nous traversons, il est élémentaire de prévenir et de résoudre dans la mesure des possibilités tout ce qui se rattache au sort des millions d'êtres humains qui nous a été confié par la Providence, envers lesquels nous avons des devoirs de tutelle, en mettant à profit les leçons de l'expérience et les exigences de notre intelligence et de notre sensibilité. Il n'y a pas de problème colonial qui ne touche de loin ou de près à une question raciale, (j'entends ici par question raciale le contact des races); ceci est d'autant plus vrai et l'acuité du problème d'autant plus accentuée que le développement de la Colonie est plus considérable.

Je ne voudrais pas terminer ce rapport sans insister avec force sur une condition essentielle qui, à mon avis doit non seulement caractériser, mais dominer toute la politique coloniale. Nous traversons une période triste, douloureuse, précaire, faite de grandes incertitudes, dans laquelle, malgré le désordre des idées, nous sommes tous d'accord pour admettre que les grandes catastrophes, dont nous avons été et sommes encore témoins ont produit un recul réel au point de vue de la morale, c'est-à-dire des lois qui doivent règler la vie de l'humanité. Cela est une vérité par trop connue. Mais n'oublions pas qu'un des phénomènes qui caractérisent l'état de choses actuel est le défaut absolu de toute sensibilité dans nos rapports.

Hélas, il est inutile d'attribuer seulement au fait de la guerre cette incompréhension maladive de la souffrance, de la douleur, de la misère humaines. Nous sommes arrivés quand à l'égoïsme à un point de réelle folie, de véritable démence où la sensibilité est considérée comme une faiblesse, comme l'apanage exclusif de la femme et encore un féminisme outrancier veut déformer ce qu'il y a de plus noble chez elle : la pitié. La sensibilité n'est pas considérée comme une vertu masculine; on prétend qu'elle manque de virilité et pourtant l'expérience de la vie nous enseigne le contraire et les exemples s'offrent à foison pour prouver que les héros de la guerre, à tous les degrés de la hiérarchie, ont sû allier les preuves d'une énergie indomptable à des qualités de cœur.

Les exigences d'une politique coloniale comportent nécessairement une morale coloniale qui par le fait même du but qu'elle poursuit, celui d'exercer les conditions multiples qu'exigent la tutelle d'une race par une autre race doit être une morale juste au premier chef, énergique sans hésitation mais basée avant tout et surtout, sur la sensibilité comprise dans son vrai sens qui ne peut jamais être confondue, par des esprits droits, avec la faiblesse.

J'ai dit à maintes reprises que de toutes les questions raciales certainement celle des métis est la plus épineuse, la plus difficile à étudier et à être améliorée à cause des difficultés, parfois insurmontables, que nous trouvons généralement tous ceux qui avons voué notre activité aux recherches, aux enquêtes sur un tel problème.

Évidemment réagir contre un tel état de choses n'est pas facile; c'est un problème à longue échéance et l'effort qu'il y a à réaliser au point de vue de l'éducation est considérable. Il faut par tous les moyens possibles inculquer dans le cœur de l'homme qu'il est immoral au plus haut degré de renier l'ascendance de ses progéniteurs par le fait qu'ils appartenaient à une race, qui, si elle est placée aujourd'hui, dans un état d'infériorité, l'est plutôt par défaut d'équité.

C'est donc au point de vue social que nous devons agir préférablement, sans nous lasser, jusqu'à faire pénétrer la conviction dans l'esprit des nombreux adversaires qui croient encore à la possibilité d'une organisation sociale quelconque sur l'odieuse différence de races et de castes.

. Notre collègue, M. le Comte de Penha Garcia s'est exprimé en toute clarté quand le problème des métis a été posé pour les Colonies portugaises, en nous disant qu'au point de vue juridique la quesstion ne se posait pas, car, tous les sujets portugais étaient égaux devant la loi, quelle que fût la couleur de leur peau ou les signes indéniables de leur ascendance.

Nous avons vu par le travail de nos rapporteurs qu'il en est ainsi très souvent dans les Indes néerlandaises, dans l'Indo-Chine française et dans l'Afrique occidentale française. Mais ces mêmes collègues ont bien voulu reconnaître que s'il en est ainsi au point de vue de la légalité, on est loin, très loin même d'admettre que le préjugé de couleur n'existe pas dans ces Colonies au point de vue social, plus ou moins fortement ancré chez l'une ou l'autre race originaire de celles qui ont donné naissance aux métis.

Je le répète encore, la question des métis se résume dans le dilemme suivant : Ou nous nous décidons, nous blancs, à les joindre à nous, à les absorber, à les faire partager notre vie non seulement au point de vue légal, mais au point de vue social, sans restrictions, sans des demi-mesures, sans réserves; nous trouverons chez eux alors des collaborateurs ardents à poursuivre notre tâche civilisatrice. Ou bien, si nous les livrons à eux-mêmes et n'envisageons pas avec bonté, avec l'attention voulue les différentes formules et modalités que l'évolution du problème comporte, nous en ferons des révoltés qui troubleront toujours et compromettront selon les circonstances le sort de la Colonie. L'histoire de la colonisation est là pour prouver la vérité de cette affirmation.

La question des métis aux Indes néerlandaises [1]

La difficulté principale à laquelle se butte quiconque désire étudier la question des gens de sang mêlé, des métis, dans les colonies des puissances occidentales, est le fait déjà relevé par le Dr MORESCO qu'en cette matière la littérature, les dispositions légales et les données statistiques ou bien font totalement défaut, ou bien sont excessivement rares.

Si cela est vrai, dans une mesure plus ou moins grande pour toutes les colonies sous les tropiques, en Asie et en Afrique, on reconnaît que pour les Indes néerlandaises, auxquelles je veux limiter cette étude, on est à peu près totalement dépourvu de pareilles données. Du côté gouvernemental, on n'a pas jusqu'ici reconnu cette question comme étant posée. Malgré les faits elle reste autant que possible ignorée. Et cela se comprend aisément : aucune administration coloniale n'est disposée à projeter et à arrêter, à l'égard d'individus déterminés parmi ses sujets et encore moins à l'égard de groupes entiers de ces sujets, des mesures qui ne leur seraient applicables que pour la raison qu'ils n'appartiennent pas aux races de sang pur et à les qualifier ainsi publiquement d'un nom, auquel à tort ou à raison, la grande masse des gens de sang pur tant Européens qu'indigènes, a rattaché une idée d'infériorité. Des termes comme : métis, homme de couleur, demi sang indien, Sinjo, Eurasien, Anglo-Indien, Dago, halfcast, coloured people et autres de ce genre ont indubitablement dans le langage populaire une signification de dénigrement, de manière que personne n'aime à s'entendre qualifier ainsi en public.

Toute réglementation spécialement et exclusivement destinée à des personnes de sang mêlé serait donc non seulement menacée dès le début d'une grande impopularité, mais risquerait d'échouer par la certitude que tout

---

[1] Traduit du Néerlandais.

métis s'exercerait à. s'y soustraire ne fut-ce que pour ne pas être inscrit officiellement comme métis. Il s'ensuit naturellement qu'aucune législation coloniale ne se décidera à pareille réglementation, aussi longtemps que la question des métis — qui *existe* indubitablement — n'aura pas acquis, sur le terrain économique ou politique, un autre aspect, des collisions étant à craindre qui pourraient exercer sur le développement de la colonie une influence néfaste. Ce stade n'est heureusement pas encore atteint aux Indes néerlandaises et, à mon avis, il n'est pas à craindre qu'il soit atteint sous peu. Donc, au lieu de reprocher au gouvernement des Indes néerlandaises l'absence de dispositions légales en cette matière, ne peut-on qu'y applaudir qu'il ait pu sagement éviter jusqu'ici cette pierre d'achoppement, quoique l'auteur de la présente étude se trouve ainsi forcé de s'en remettre complètement à ses impressions propres et à sa propre compétence coloniale.

Tout autre que l'attitude du gouvernement à l'égard de cette question est l'attitude de la science qui, en effet, n'a pas les mêmes motifs de ménager les susceptibilités individuelles et qui, par conséquent, ne peut se contenter d'ignorer cette question. C'est pourquoi je salue avec beaucoup de sympathie l'intention de l'Institut Colonial International d'en arriver, si possible, à des conclusions pratiques générales, par la comparaison des résultats auxquels pourraient conduire des considérations sur cette matière dans chacune des colonies de l'Asie et de l'Afrique.

I.

Tout d'abord, rien qu'un mot de la force numérique des métis dans les Indes néerlandaises, comparativement à l'importance des autres groupes de la population.

La législation des Indes néerlandaises sépare actuellement la population de la Colonie en trois groupes : les Européens, les indigènes et les étrangers orientaux (principalement les Chinois) que l'on peut évaluer dans le même ordre et en chiffres ronds, au nombre de 150,000 45 millions et 500,000.

Dans cette estimation, il n'est pas question de métis, de personnes de sang mêlé; si nous négligeons ceux qui se sont complètement assimilés aux indigènes ou aux étrangers orientaux — une fraction minime pour autant qu'on puisse en juger — nous pouvons présumer que toutes les personnes de couleur mêlées de sang européen sont rangées, officiellement, parmi les Européens : la la loi faisant, entre ces deux groupes, aucune distinction.

Comparativement au chiffre des Européens de race pure, leur nombre dans les Indes est très important. Je l'estime, en y comprenant toutes les nuances du mélange de sang, à 75 p. c. au moins des groupements totaux de population européenne. L'attention mérite en outre d'être fixée sur le nombre assez important d'Européens « du journal officiel » : ce sont des indigènes et autres non Européens qui, d'après une prescription la loi organique, abrogée il y a peu d'années, étaient assimilés aux Européens et qui, maintenant, en vertu de la loi nouvelle, sont expressément repris parmi les Européens.

Beaucoup de chrétiens indigènes et des Chinois également, se sont mis ainsi dans une situation intermédiaire qui fait beaucoup songer à celle des Indo-Européens, quoique, naturellement, le mélange de sang n'y joue aucun rôle. Néanmoins, ce groupe laisse voir dans sa manière d'être, dans son genre de vie et dans sa position sociale, une grande analogie avec les catégories inférieures d'Indo-Européens (métis).

La loi organique (article 109) ne donne aucune *définition* des Européens, mais énumère pour ce groupe de la population ainsi que pour les deux autres, quels sont les seuls parmi eux qui sont soumis aux dispositions applicables éventuellement aux Européens, notamment les Néerlandais, les non Néerlandais originaires d'Europe, les Japonais et autres étrangers qui, dans leur propre pays, sont soumis à un droit familial basé principalement sur les mêmes principes que ceux du droit néerlandais; et de plus, tous les enfants légaux ou légalement reconnus, nés dans les Indes néerlandaises et aussil es descendants des groupes déjà nommés. Dans cette dernière catégorie, pour autant qu'ils soient plus ou moins de sang européen, tombaient et tombent encore la plupart des Indo-Européens ou métis.

Comme on le voit, la population européenne, y compris les métis, disparaît *numériquement* d'une façon totale par rapport à la masse géante des indigènes et même des orientaux étrangers. Cela entraîne aussitôt ce grand avantage, politiquement parlant, que puisque le groupe de loin le plus est dominé par le groupe de loin le moins nombreux les Indo-Européens qui, officiellement appartiennent à ce groupe dominateur, se joignent tout naturellement, autant que possible, à leurs congénères de sang pur ou tout au moins tâchent de continuer à se démarquer aussi nettement que possible des indigènes. J'aurai plus loin l'occasion de revenir sur ce point important. Qu'il me suffise de faire observer ici qu'il ne peut pas être question d'un danger politique de la part des métis, c'est-à-dire de mouvements séparatistes dirigés contre la métropole, cela malgré quelques apparences isolées, récentes, qui pourraient s'être manifestées dans cette voie.

Si on considère l'histoire de la colonisation néerlandaise depuis l'établissement des Néerlandais à Java et dans les Iles Moluques, dans les dernières années du XVIe siècle et les premières années du XVIIe siècle, on y trouve assez vite des traces d'unions avec les filles du pays, de la part de colonisateurs occidentaux qui tout d'abord se présentèrent uniquement comme commerçants, sans aspirations définies de conquêtes, mais dont petit à petit, sous la poussée des circonstances et des collisions avec les Portugais et les Anglais, le caractère pacifique se transforma en une humeur plus guerrière. Des documents les plus anciens, du temps de la Compagnie des Indes Orientales, il appert que, malgré les dispositions sévères, parfois même draconiennes prises par les calvinistes contre le commerce avec les « noiraudes » il se forma bientôt un groupe rapidement croissant de métis qui, en partie reconnus par les pères entrèrent au service du gouvernement dans les emplois inférieurs et pour la plus grande partie restèrent ignorés comme indésirables et mis à l'écart. Comme toujours la nature prima la doctrine. Il y avait peu ou pas de femmes européennes. Beaucoup plus tard seulement, l'autorité paternelle de la métropole fit amener de temps en temps par navire un transport de femmes qui, recrutées principalement dans les orphelinats des villes commerciales néerlandaises, pouvaient difficilement laisser espérer que leur qualité suppléerait à l'absence de quantité. Le soleil ardent des Indes, qui ne pousse déjà pas trop à une existence chaste d'anachorète, les habitudes et conceptions peu vestaliennes des filles du pays et beaucoup d'autres facteurs coopérèrent à rendre inefficaces les dispositions même les plus sévères. Les Portugais, qui avaient précédé les Néerlandais aux Indes, n'avaient d'ailleurs pas donné d'autre exemple et les traces en sont encore aujourd'hui clairement reconnaissables dans d'innombrables mots passés de la langue portugaise dans la langue malaisienne, ainsi que dans beaucoup de noms de famille portugais. On voit ainsi le groupe des métis croître bientôt considérablement en nombre dans les chefs lieux et surtout dans la jeune Batavia et dans les Moluques.

Nous savons peu de chose de leur situation sociale. Naturellement à cette époque, il n'était pas question de cultiver chez eux l'élément néerlandais par un contact régulier ou par un séjour périodique aux Pays-Bas, comme actuellement, et encore moins pouvait-il être question d'un enseignement convenable dans leur pays d'origine. Si on considère ensuite la tenue des pères, le milieu où ils furent élevés, on peut difficilement imaginer de grandes idées concernant le niveau de civilisation des « Indos » de l'époque.

Rien n'est connu concernant une influence politique ou un danger politique quelconque de leur part. Ils paraissent s'être résignés assez facilement à leur triste sort — peut-être celui-ci n'était-il pas même considéré comme triste par les Indos eux-mêmes. Le seul métis dont le nom ait gardé une certaine signification dans l'histoire, était le malheureux Pierre ELBERFELD qui, sous l'administration du Gouverneur général SWAERDECROON, étant accusé d'avoir tramé un complot contre le pouvoir néerlandais, dut payer par sa mort ce fait probablement imaginaire. Aujourd'hui encore on aperçoit son crâne gonflé dans des proportions anormales, par suite des couches successives de chaux dont on l'a couvert et figé sur une pointe de fer, grimacer aux passants par dessus un petit mur le long du chemin de Jacatra. Malheureusement, des recherches historiques ultérieures ont rendu tout au moins fort douteuse la faute de ce « misérable traître au pays» — ainsi qu'il est qualifié sur le mémorial en pierre maçonné dans le mur en dessous de sa tête.

Les seuls écrivains du temps de la Compagnie qui aient décrit ces évènements aux Indes, tels François VALENTYN et Gerrit VERBEET, ne signalent qu'en passant les Indo-Européens et en tout cas n'attachent à la question aucune attention à ce point de vue. Nous savons seulement que tant bien que mal et pour autant qu'ils étaient reconnus par des pères européens — ce qui alors était certainement beaucoup moins fréquent que de nos jours — ils étaient élevés dans la religion chrétienne et spécialement dans le calvinisme. Il est cependant hors de doute qu'un grand pourcentage de la descendance non reconnue des serviteurs des compagnies de cette époque, s'étant petit à petit réassimilés aux indigènes, ont échoué de nouveau dans le « kampong (quartier indigène)». Aujourd'hui encore, on rencontre souvent, fort à l'intérieur du pays, chez des indigènes qui ne comprennent pas un mot de néerlandais, une expression où un trait de visage parfois typiquement néerlandais dont l'origine atavique datant peut-être d'une couple de siècles, n'est pas difficile à deviner.

Il suffira de quelques mots concernant les métis provenant de femmes indigènes et de Chinois ou d'Arabes. Dans cette occurrence cependant, le problème ne se pose réellement pas : les enfants procréés par des Arabes et des Chinois, — surtout ces derniers sont nombreux — et des femmes indigènes, sont considérés comme appartenant à la race de leur père. L'élément mésalliance, essence même de la question des métis européens est ici de nulle ou de peu d'importance : la nation de leur père ne les considère pas comme des métis au vrai sens du mot, parce que la distance entre le père chinois ou le père arabe et la mère qui n'appartient pas davantage à la nation régnante, est moindre que celle qui sépare le père européen de la mère indigène.

Une autre délimitation encore du terrain de nos considérations s'impose ici. Avec le Dr MORESCO, je suis certainement d'avis que non seulement le mélange de sang proprement dit, mais le mélange de sang juxtaposés au milieu est déterminant pour la question de savoir si tel individu doit être considéré comme homme de couleur en ce sens qu'il fait partie du groupe qui s'interpose — si pas légalement, tout au moins *socialement* — entre les Européens et les indigènes, qu'il existe donc des gens métis de par le mélange du sang, mais qui, aux Indes néerlandaises, sont absolument considérés comme Européens, grâce au milieu dans lequel ils vivent, à leur civilisation et à leur personnalité propre.

Ces personnes là tombent en dehors du sujet que je traite. Sous ce rapport, nous pensons, aux Indes néerlandaises, d'une tout autre manière que les Anglais, à preuve la stupéfaction avec laquelle lors d'une visite récente à Java, Lord NORTHCLIFFE constatait qu'il avait rencontré aux Indes néerlandaises des Eurasiens parmi les plus hauts fonctionnaires de l'État, et rapportait que sur ce terrain les Néerlandais n'étaient dépassés que par les Portugais.

II.

En ce qui concerne les particularités des métis, je dois constater tout d'abord qu'il y a de multiples inconvénients à établir des règles bien définies et ayant une valeur générale.

Le mélange de sang européen et de sang indien conduit à tant de variétés provenant encore une fois pour une grande partie des nuances dans le mélange du sang de père et de mère, qu'il est préférable de ne pas parler d'une race métis, mais bien d'une accumulation d'individus métis dont les particularités corporelles et intellectuelles sont beaucoup plus difficiles à généraliser et à caractériser que celles que certains peuples déterminés d'une race (relativement) pure. Ainsi lorsque je décris physiquement l'Indo, par exemple, comme étant généralement d'une constitution corporelle délicate, il n'en est pas moins vrai qu'effectivement, on trouve parmi les Indos et assez fréquemment encore, de véritables corps d'athlètes et que les jeunes d'entre eux, au pays natal, font réellement bonne figure dans la pratique de multiples branches du sport.

Cependant, je ne considère pas comme impossible de décrire le type en général. Ils sont délicats et souples, peu découplés, mais particulièrement lestes et endurcis contre la fatigue corporelle, surtout à la chasse qui est un sport vraiment populaire. Le teint du visage fait songer plutôt à l'indigène qu'à l'Européen : souvent ce teint est plus foncé encore que celui de beaucoup d'indigènes des classes supérieures. Le visage est également du type asiatique prononcé : les yeux sont presque toujours noirs comme du charbon et brillent d'un éclat qui n'est nullement européen, mais vraiment oriental. On rencontre parfois aussi, quoique rarement des yeux bleus. Mais ces yeux là également sont de vrais yeux d'Orient, par le feu et par l'expression. Le nez est rarement fort développé, sauf les ailes qui sont fort élargies. Les cheveux sont toujours absolument noirs et raides; la moustache n'est drue qu'aux extrémités et pas en dessous du nez. La barbe est insignifiante. La structure du corps est, comme je l'ai déjà dit, délicate et élancée. Les reins et les mollets sont peu développés. Les mains et surtout les doigts sont caractéristiquement indigènes, ce qui veut dire étroits et minces et osseux, parfois avec des os saillants. La taille reste en dessous de la taille européenne. Un fait à noter, c'est qu'il n'est pas rare dans la famille de types indiens foncés, de rencontrer, comme une réminiscence de l'ancêtre fort éloigné peut-être, un enfant du type pur du Caucase aux yeux bleus et à la chevelure qui, si elle n'est pas blonde, diffère cependant visiblement de la chevelure ordinaire noire et raide.

S'il fallait conclure de cette description que ce type n'offre que peu d'attraits, cela prouverait uniquement que cette description est incomplète et trop générale. Parmi les femmes indigènes et spécialement les « nonnas » se pré-sentent des apparitions excessivement gentilles dépassant de loin leurs sœurs hollandaises et par la structure corporelle et par la grâce des mouvements. Il est regrettable seulement qu'elles vieillissent si vite et surtout que la voix, qui souvent chez la jeune fille est très douce et musicale, acquiert à un âge plus avancé, un accent perçant et aigre, comme on le constate également beaucoup chez les femmes indigènes plus âgées.

Plus difficile encore à décrire est la psychologie du moyen métis; précisément parce qu'il est avant tout oriental et qu'il pense à l'orientale, ce qui n'est pas étonnant, vu le milieu dans lequel il grandit et se meut sa vie durant. S'il est vrai que l'âme orientale soit pour nous — sauf pour ceux d'entre nous qui sont théosophes — un mystère insondable, une définition caractéristique et psychique du métis indo ne peut se baser que sur des constatations très subjectives, sur des apparences qui produisent sur tel examinateur une tout autre impression que sur tel autre et, partant, cette définition caractéristique peut difficilement ne pas être fort incomplète.

De même que l'indigène, l'Indo est fils d'un peuple sans histoire propre, dominé par et inférieur à une autre race plus énergique qui a joué un rôle important dans l'histoire du monde.

Voilà, à mon sens, la clé de beaucoup de choses énigmatiques, de ce qui, dans son caractère ne nous est pas sympathique. Toute race sans *existence propre* et sans histoire propre manque l'occasion de développer complètement et en toute liberté les prédispositions favorables qui existent également chez elle sous une forme latente et de se transformer en un peuple avec un caractère national et des vertus nationales propres. Celui qui est habitué à toujours obéir aux ordres d'une autre race et de se courber sous la prédominance de celle-ci, ne sera plus capable, finalement, de se faire lui-même une opinion, de faire son propre chemin dans la vie et si cela est vrai pour l'individu, cela vaut avec bien plus de force encore pour une race composée d'individus pareils. Le fait d'avoir pendant des siècles obéi aveuglement et d'avoir subi ce qui était décrété par d'autres, doit avoir annihilé, dans l'âme même du peuple, la force nécessaire pour se révolter ouvertement contre une injustice réelle ou supposée. En pareil cas, l'oriental ne *refuserait* pas d'obéir, mais il tâcherait, par des voies détournées, *d'être désobéissant.*

Cela provoque la méfiance et détruit l'amour de la vérité : très sensible à ce qu'il considère comme une injure, il ne laissera pas paraître immédiatement son désir de vengeance; il le cachera et attendra son tour. Il est le plus souvent aussi disposé à reporter sa vengeance sur ceux qui sont sous *ses* ordres ou qu'*il* considère comme ses inférieurs; de là l'attitude souvent très hautaine prise par l'Indo vis-à-vis des indigènes.

Il est généralement reconnu que les domestiques indigènes préfèrent de beaucoup travailler sous les ordres de maîtres et surtout de maîtresses, hollandais purs, que sous les ordres d'Indos qui ont à leur égard beaucoup plus d'exigences et qui les traitent de beaucoup plus haut. Aussi est-il bien rare que vis-à-vis des indigènes qu'ils considèrent comme leurs inférieurs, ils fassent preuve de leur bonté innée et de leur civilité.

Et ces conceptions sont également faciles à noter dans les rapports officiels. *Si parva licet componere magnis :* pour les mêmes raisons pour lesquelles les domestiques javanais préfèrent être au service d'Européens purs, le fonctionnaire indigène, même celui des grades les plus élevés, se trouve beaucoup plus à l'aise avec le résident né ou élevé aux Pays-Bas qu'avec son collègue Indo qui plus que le premier, est porté pour les témoignages extérieurs d'une déférence officielle.

Ici la *vanité*, qui à mes yeux est le vice oriental le plus répandu, joue un grand rôle. Cette vanité se manifeste en tout et en premier lieu dans sa manière d'être vis-à-vis des indigènes. L'Indo est fier de son européanisation et cette fierté l'empêche de mettre la main à la pâte, parce que dans les Indes, le travail manuel se fait presque exclusivement par des indigènes et des Chinois. Il voit dans l'Européen en tout premier lieu le *fonctionnaire;* il assimile presque dans sa pensée ces deux conceptions : c'est encore une conséquence directe et regrettable de sa naissance et de son séjour constant dans une colonie où de loin le plus fort pourcentage des Européens civilisés *sont* réellement des fonctionnaires, et jouent le premier rôle; il ne se fait nulle idée d'une société européenne comme celle de la métropole composée en majeure partie de gens qui ne possèdent pas de rang officiel. Il ne conçoit pas une classe ouvrière européenne. De là de nouveau ce phénomène malheureux que presque tous les Indos, dès qu'ils entrevoient seulement la possibilité de réussir se cherchent une place dans les bureaux du gouvernement, préférant à des situations beaucoup plus lucratives dans le « particulier » un simple emploi, sans aucune perspective spéciale et cela pour la seule raison qu'ils seront alors des fonctionnaires. De là également, chez la jeune fille indo-européenne, le vif désir d'épouser un fonctionnaire, même s'il lui est loisible de trouver, en dehors du cercle des fonctionnaires, un bien meilleur parti.

Dans ces derniers temps, heureusement, il s'est produit un certain revirement dans ces conceptions et l'on aperçoit clairement des indices d'amélioration, depuis que les Indes dans les dernières décades du siècle précédent, se sont vu entraîner insensiblement hors de leur propre atmosphère restreinte et dans le mouvement général du monde; il est à remarquer que ces préventions antédiluviennes sont de plus en plus abandonnées et aussi que les Indos ont des conceptions plus larges et plus saines concernant la position du petit commerçant et de l'artisan au sein de la société. On commence à comprendre qu'il existe des occupations supérieures et meilleures que celle qui consiste à distribuer à des subordonnés des ordres officiels et même à porter une casquette galonnée. Il n'en est pas moins vrai que sur ce terrain, il reste énormément à faire avant que la société indo-européenne puisse supporter la comparaison avec la société néerlandaise au point de vue d'une répartition naturelle du travail et d'une plus grande diversité dans le choix d'une position sociale. Une société qui se compose en grande partie d'employés de bureau et qui *ne produit rien*, ne peut soutenir la concurrence contre une autre société et finirait à la longue, j'en suis fermement convaincu, à être vouée à la ruine, même dans son propre pays.

Quoique en regard de ces qualités négatives ils aient beaucoup de vertus, parmi lesquelles, en dehors de la bonté d'âme et de la civilité déjà signalées, je note leur tempérance, leur hospitalité et leur solide esprit familial, on trouvera peu de choses sympathiques dans le portrait que je viens de faire du caractère de l'Indo. Aussi, je me hâte d'ajouter tout d'abord que les qualités sur lesquelles je viens d'insister se remarquent surtout dans les sphères inférieures des Indos qui sont beaucoup plus en contact avec les indigènes qu'avec les Européens, qui pensent en malais et qui ne parlent pas le néerlandais, mais bien un malais traduit en néerlandais, et que dans les sphères plus élevées, ces qualités disparaissent à mesure que les Indos, s'éloignant de ces sphères, se rapprochent davantage de la société vraiment européenne.

Le commerce journalier entre l'Indo et l'indigène est nuisible à tous deux. L'Indo européen qui passe sa vie en grande partie dans le « kampong » perd par là même de plus en plus les qualités et les conceptions qu'il devait à ses ancêtres européens et se rapproche de jour en jour davantage des indigènes. Sa qualité d'Européen ne lui sert plus à la longue qu'à se donner quelque relief auprès de son entourage : il reste le membre de la race dominatrice, qui parle la langue de cette race, qui ose s'adresser aux autorités, etc. La conséquence en est que trop souvent et de diverses façons vraiment orientales, il fait le parasite dans son entourage. La classe, si nuisible pour les Indes, des hommes d'affaires, véritables parasites du bien-être indigène, se compose presque exclusivement d'Indos de ce type là.

Cependant, je concède volontiers que la règle que je viens de définir ainsi comporte de fort nombreuses exceptions. Chez de vrais Indos, qui n'ont jamais mis le pied hors des Indes et qui ne songent pas à le faire jamais, j'ai rencontré à plusieurs reprises une remarquable notion du devoir et de vrais modèles d'application, même des preuves émouvantes de reconnaissance et d'affection à l'égard de ces chefs qui avaient également l'œil attentif aux intérêts des Indos sous leurs ordres. Mais ce qui est encore original dans le caractère même des meilleurs d'entr'eux c'est le fait qu'il ne faut pas attendre d'eux qu'ils fassent comprendre vigoureusement au personnel travaillant sous leurs ordres les obligations qui lui incombent. Ils craignent que cela ne puisse être relevé comme une offense de laquelle on se vengerait sur eux.

Je suis convaincu que les faiblesses et les vices qui sont propres aux Indo-Européens en tant que race, sont imputables plutôt à l'entourage qu'à leurs dispositions individuelles. Une forte preuve en est que dans les Pays-Bas, où ils ne sont plus considérés comme un chaînon entre deux races et où ils ne sont plus en contact avec le kampong qui avilit leur caractère et abaisse le niveau de leur civilisation, les Indos, en règle générale, ne se montrent nullement inférieurs aux Néerlandais autochtones. Une autre preuve non moins solide est le fait que les enfants de parents européens purs, aux Indes, lorsqu'ils ne sont pas renvoyés en temps utile à la mère patrie, courent le grand danger de contracter à la longue les mêmes habitudes et aussi de présenter les mêmes traits caractéristiques que ceux décrits plus hauts, chez les métis. En d'autres mots, c'est *l'entourage* indien qui exerce une influence très néfaste sur toutes les personnes et surtout sur les enfants qui ne sont pas d'un mélange de sang indigène pur.

Je n'ai pas à entrer ici dans les détails; on me comprendra suffisamment lorsque, sans parler davantage du climat, je souligne une couple de facteurs excessivement défavorables; les dangers qui se rattachent aux conceptions indigènes dans le domaine de la vie sexuelle et le commerce inévitable avec des domestiques indigènes, qui ne contredisent jamais l'enfant européen et agissent toujours à sa guise.

Ma conclusion est donc que l'Indo Européen n'est pas moins doué par la nature que l'Européen moyen et qu'il peut parfaitement se développer aussi bien que ce dernier, si l'occasion s'en présente; que, néanmoins, son entourage, le commerce nuisible pour lui avec la race de ses mères et l'impossibilité dans laquelle il se trouve en règle générale de se faire d'autre conception, grâce à un séjour à l'étranger, l'empêchent de tirer parti de ces dispositions favorables et le ramènent toujours au niveau indigène. L'Indo dans les Indes, tel que je l'ai dépeint ici, est souvent, pour les trois quarts, un indigène; l'Indo, en dehors de ce milieu, soit par un séjour aux Pays-Bas, soit, — au besoin — par son éducation dans une famille vraiment néerlandaise aux Indes, est aux trois quarts ou entièrement un Européen.

III.

Que la situation économique et sociale de l'homme de couleur indien soit, en général, loin d'être favorable, cela se trouve déjà expliqué par ce qui précède. En ce qui concerne principalement l'agriculture, il est déjà noté ci-dessus que l'Indo, en règle générale, considère le travail manuel et par conséquent le métier de paysan comme en dessous de sa dignité. Les seuls agriculteurs qui existent dans les Indes sont des indigènes et en quelque endroits seulement, en dehors de Java, des Chinois. L'Indo n'a jamais vu un paysan européen, il s'ensuit que l'Indo paysan est également inconnu aux Indes. On trouve, il est vrai, des inspecteurs indos dans des exploitations agricoles, mais leurs fonctions sont, dans ce cas, toujours de nature administrative et soumises à un contrôle supérieur.

Il est aussi quelques Indos qui possèdent une laiterie où, d'ailleurs, cette partie de l'entretien du bétail qui ressemble à du travail manuel, est d'ordinaire abandonnée aux indigènes; même, ce sont généralement des femmes qui exploitent l'affaire comme telle, car il est à remarquer qu'en général les femmes métis, surtout les veuves, font preuve de beaucoup plus d'énergie et de beaucoup moins de fausse honte que leurs maris, là où il importe de s'assurer des ressources pour l'existence.

Autant les femmes de couleur sont nombreuses, autant les hommes de couleur sont rares dans l'enseignement public primaire. Ceci provient peut-être du fait que jusqu'il y a peu de temps, des femmes et des jeunes filles ne pouvaient être placées dans des bureaux. La question se pose si la modification que les dernières années ont apportée à cette situation, doit vraiment être considérée comme une amélioration.

Il est une circonstance qui rend peu probable que jamais il se forme parmi les Indos une classe d'agriculteurs de quelque importance. Je vise ici la défense formelle prévue par la loi organique (Constitution des Indes) d'aliéner des droits terriens indigènes à un non indigène, prescription qùi, si peu *up to date*, qu'elle puisse paraître est cependant absolument indispensable aux Indes pour éviter que la société indigène, composée en très grande majorité d'agriculteurs, négligente comme elle est, ne soit en peu d'années dépossédée de sa propriété terrienne et livrée par le fait même à la famine. Il se fait quelquefois qu'un Indo hérite de sa mère indigène une parcelle assez peu importante de ce territoire indigène; mais à la longue, ces petites parcelles ou ces rizières qui, d'ailleurs, n'étaient pas cultivées par le nouveau propriétaire, revinrent par la vente ou autrement aux mains d'indigènes.

Pour la même raison, l'industrie indo est tout aussi insignifiante que l'agriculture indo. Cependant, dans ce domaine n'existe pas l'empêchement signalé plus haut, car naturellement, personne ne songe à créer, dans ce domaine, à l'indigène, des empêchements dans le sens de la défense d'aliénation des terres indigènes à des non indigènes. Les produits si intéressants de l'industrie artistique indigène et du travail à domicile, les travaux en bambou et en batik canné, les travaux en fonte de cuivre, de sculpture du bois, etc., sont uniquement d'origine indigène pure.

La production d'articles d'usage plus courant, tels les habillements et les chaussures, est aux mains d'Européens et des Chinois et en général aussi le négoce; même jusqu'ici, les établissements d'enseignement technique qui se sont assez bien multipliés dans ces dernières années et qui sont fréquentés par beaucoup d'Indos, ne donnent que de médiocres résultats pour employer un terme mesuré. Dans la pratique, on n'en aperçoit guère, en ce sens tout au moins qu'on ne découvre pas d'entreprises industrielles où l'Indo lui-même se livre à un travail manuel.

Un fait qui mérite tout particulièrement l'attention, c'est que l'immense essor qu'a pris aux Indes la circulation automobile, n'a pas amené les Indos à s'intéresser à la branche des réparations : ce métier là est aussi exclusivement aux mains d'Européens ou de Chinois, comme d'ailleurs également les métiers d'ébéniste, de forgeron et de maçon. Il paraît réellement impossible aux Indos de comprendre un travail manuel et de tirer parti de cette connaissance pour donner, par eux-mêmes, une direction à une affaire qui leur serait propre. Les femmes et les jeunes filles s'engagent beaucoup maintenant dans les grandes villes comme filles de magasin.

La grande masse se contente d'une modeste place au ratelier de l'État où exerce des fonctions administratives subalternes, à peu près correspondantes dans les bureaux de commerce ou dans les magasins. Il est plus aisé de se demander de quoi les autres vivent que de répondre à cette question. Malgré le fait que la pauvreté est moins poignante sous le chaud soleil des Indes que dans les froides régions de l'Occident, on peut difficilement, dans ces circonstances, qualifier autrement que de très défavorable la situation économique de cette classe de la population. Une preuve palpable en est entre autres le recours fréquent des Indos au *Mont de piété* du gouvernement, comme il se fait aussi chaque jour qu'ils se trouvent lourdement opprimés, aussi bien par les usuriers de leur propre sphère que par les Arabes. Les catégories inférieures indos, de leur côté, sont les parasites de la société indigène, ainsi que je le faisais remarquer ci-dessus.

Dans l'administration, leur situation reste, en général, d'un caractère subalterne. Certaines branches de l'administration sont presque totalement occupées par des Indos et des indigènes, telles les postes, les services des monts de piété, l'administration des eaux, celle des forêts, etc. Mais toujours uniquement dans les rangs inférieurs. Parmi les greffiers des tribunaux indigènes de première instance (landraden) — un collège présidé par un jurisconsulte européen et qui est chargé de la juridiction courante sur les indigènes — un Européen est un *rara avis*. De même trouve-t-on beaucoup d'Indos parmi les notaires, les membres des conseils d'orphelinats, les receveurs, les fonctionnaire d'administration et les officiers : mais ici se trouve déjà dépassée la limite dans laquelle je voulais restreindre le terme de « homme de couleur ». De loin le plus grand nombre d'entre eux ont fait des études sérieuses aux Pays-Bas et tombent, par l'éducation et le milieu, en dehors du cadre de cette étude. Surtout parmi les officiers indiens, il est beaucoup d'hommes de sang mêlé, particulièrement méritants, qui ont prouvé que dans des circonstances favorables, les Indos peuvent, avec autant dedroit et de succès que les Néerlandais importés, briguer les postes les plus élevés.

Et pour ce qui concerne les départements de l'administration générale à Batavia, Buitenzorg et Bandoeng, il suffit de se poster à l'heure de la fermeture des bureaux, à la sortie principale, pour constater que le personnel, à l'exception des chefs, est presque totalement composé de gens de sang mêlé.

L'Indo jusqu'ici, n'a presque rien produit de spécial en matière scientifique et quoique ce groupe, dans son ensemble, ne manque pas de dispositions ni d'intelligence, il ne faut pas s'attendre à mieux, vu l'entourage. Il n'existe actuellement aux Indes qu'un seul établissement d'enseignement supérieur, c'est l'Université technique de Bandoeng ouverte en 1920. On travaille, il est vrai, avec ardeur, à l'institution d'une université comptant le nombre habituel de facultés, mais on n'est pas encore arrivé plus loin jusqu'ici. L'enseignement moyen est limité à quatre écoles civiles supérieures, à Batavia, Sémarang, Soerabaja et Bandoeng. Les écoles de droit et de médecine à Batavia ne sont ouvertes, jusqu'ici, qu'aux seuls indigènes. Mais lors même que l'extension actuellement projetée de l'enseignement universitaire aurait été réalisée, ferait-on bien de ne pas s'adonner à de trop grandes espérances au point de vue du développement de la science dans les Indes et cela pour cette raison qu'un enseignement adéquat, quelque important qu'il soit, n'est pas la seule condition nécessaire. Une science florissante suppose un entourage favorable, exige un milieu scientifique qu'il est impossible de décreter comme on décide l'institution d'une école ou d'une université, mais qui doit croître historiquement comme le noyau intellectuel du peuple; et sous ce rapport, les Indes se trouvent encore dans les conditions les plus défavorables, cela pour la raison que tout talent véritablement éminent, ayant grandi aux Indes et y ayant reçu l'instruction, tâchera de compléter, en continuant ses études dans la mère patrie, ce qui lui manque en fait de formation générale, ce que pourtant aucune université indienne, mais seulement l'Europe, peut lui donner.

Il n'est donc vraiment pas étonnant qu'en pareille conjoncture l'Indo n'ait pas encore joué de rôle en matière de sciences et certes, on ne peut le lui reprocher.

Peut-être est-ce ici l'occasion de dire un mot de ses dispositions intellectuelles. Tous les instituteurs indiens — parmi lesquels, soit dit en passant, il n'est presque pas d'Indo mâle mais d'autant plus de femmes — sont d'accord pour dire que les enfants indiens ont en général beaucoup plus de dispositions et de goût pour les mathématiques que pour les branches littéraires. A l'égard de la langue néerlandaise surtout, ils se trouvent presque constamment sur le pied de guerre. Aussi, cette langue-là n'est pas la langue qu'ils comprennent et qu'ils parlent en premier lieu, c'est le malais. On peut dès lors s'imaginer combien infiniment plus grande doit être la difficulté avec laquelle ils peuvent acquérir la connaissance d'autres langues qui sont d'un usage pratique moins courant encore que le néerlandais. Tous ces inconvénients se font beaucoup moins sentir pour ce qui concerne les mathématiques pour les branches qui s'y rattachent et c'est pourquoi j'estime que le gouvernement indien a vu clair en donnant à l'enseignement technique supérieur le pas sur l'autre.

Ce que je viens de dire des sciences peut aussi s'appliquer complètement aux beaux-arts. Dans le domaine littéraire, musical ou dramatique, l'Indo est jusqu'ici resté en arrière malgré ses dispositions musicales parfois remarquables. Dans ces derniers temps ont débuté quelques manifestations d'art indien dans la peinture. La nature *indienne*, plus imposante que pittoresque, est assez souvent reproduite sur la toile et pas seulement par des peintres européens. Peut-être dans cette direction, y a-t-il quelque chose de spécial a espérer de la part de l'élément indo.

Peut-on parler d'une place occupée dans la politique par des gens de couleur?

Jusqu'il n'y a pas bien longtemps, il n'existait dans les Indes, à proprement parler, qu'une seule espèce de politique : celle du gouvernement vis-à-vis de ses sujets qui subissaient passivement tout ce que le gouvernement autocratique décrétait à leur égard. Les réunions politiques étaient même expressément interdites. L'opinion publique, pour autant qu'elle existât et l'intérêt qui s'éveillait lentement pour les affaires publiques, trouvaient dans la presse seule l'occasion de s'exprimer. Il ne put être question pour la première fois d'une politique active de la part des ressortissants indiens que lorsqu'il y a quelques années, le gouvernement prit l'initiative de remplacer petit à petit ce régime autocratique par un autre régime plus démocratique. En 1918, fut ouvert le premier « Volksraad », un corps qui avait, il est vrai, été conçu en théorie comme devant être principalement consultatif, mais qui, lors de la discussion annuelle du budget indien, fournit l'occasion de critiquer en public l'action du gouvernement dans toute son étendue et qui, par le fait même, acquit une importance bien plus grande qu'il ne paraissait au début devoir acquérir. Comme ce collège était en partie *nommé* par le gouvernement et en partie *élu* par des assemblées plus locales, il se manifesta petit à petit, un intérêt plus grand dans la gestation politique et pour la première fois, il fut question, à côté de la politique gouvernementale, d'une politique active des ressortissants, *en opposition* au gouvernement.

Ce serait sortir du cadre de mon sujet que de vouloir suivre l'action du « Volksraad » et de décrire les courants qui se formèrent petit à petit au sein de ce collège. Qu'il suffise de faire observer ici que dans cette nouvelle phase du développement des Indes, il apparut tout d'abord comme s'il ne pouvait être question d'une entrée en scène des Indos Européens en tant que groupement séparé avec un programme de parti bien étudié. Un membre du comité du soi disant Parti National Indien, groupement composé en majeure partie d'Indos mécontents, le sieur TEEUWEN, siégea dans le premier « Volksraad » et y conduisit régulièrement et souvent non sans talent l'opposition contre le gouvernement, ne laissant passer aucune occasion de critiquer sa politique. Le groupement, d'ailleurs fort peu important, qu'il était censé représenter, avait positivement des aspirations anti-néerlandaises et révolutionnaires et ne pouvait être considéré à aucun point de vue comme reflétant la conviction politique de la grande majorité des Indos, qui certainement, pour autant qu'ils aient pu se poser sérieusement la question et soient en état d'en concevoir la portée, ne désirent certainement *pas* la séparation entre les Indes et les Pays-Bas. En réalité, il n'y aurait aucun fondement à pareil désir. Je l'ai déjà noté ci-dessus par un simple mot, d'une collaboration régulière entre les Indos et les indigènes contre les Européens, je ne crains à la longue aucun danger, aussi longtemps, tout au moins, que le gouvernement néerlandais maintient son point de vue raisonnable et humain de ne faire aucune distinction entre Européens pur sang et Européens demi sang et laisse absolument les mêmes choses à la portée des membres des deux classes. A ce point de vue, l'intérêt propre bien compris du dernier groupement lui indique absolument la même direction que celle dans laquelle leur instinct de race les a tout naturellement engagés à l'égard des indigènes. Aussi, lorsque dans certaines réunions publiques ou dans la presse certains meneurs agitent comme menace contre le pouvoir néerlandais l'idée d'une action commune de ce groupe avec certains révolutionnaires indigènes, fera-t-on bien de ne pas prendre cette menace trop au sérieux : il apparaîtrait bien vite que la sympathie entre les indigènes et les Indos n'est pas assez solide pour résister à pareille épreuve, quoi qu'il serait puéril de vouloir nier qu'il existe de l'antipathie entre des individus des deux groupements européens, que l'Indo s'estime souvent et parfois à bon droit préjudicié. Que dans la lutte pour l'existence il soit inférieur à son cousin mieux outillé, qu'il intervienne constamment des collisions entre les Indos susceptibles et des Européens pur sang outrecuidants, ce sont hélas! des faits. Ce serait folie de méconnaître qu'il gît dans cette situation un certain danger pour la popularité et la stabilité du pouvoir néerlandais. Mais que la population indo, dans sa très grande majorité, ayant à choisir, à un moment critique, se joindrait aux indigènes *contre* les dominateurs européens plutôt que d'agir en sens opposé, je considère cette éventualité comme positivement exclue. Le gouvernement néerlandais, qui n'est ni tyrannique, ni oppresseur pour personne dans la colonie, ne l'est surtout pas pour les Indos et je reconnais à ceux-ci comme groupe, assez de perspicacité et de bon sens pour comprendre que sous aucun autre gouvernement ils ne seraient aussi bien traités. Et il leur est absolument impossible de concevoir les mêmes idéals que certains indigènes concernant une existence propre comme peuple indien et sans le peuple dont, en fin de compte, ils estiment faire partie.

Il est un autre danger qui les menace peut-être en tant que groupe de population : je vise le risque qu'ils courent de tomber dans l'oppression entre la classe des Européens pur sang, peu nombreuse, mais forte par sa conscience d'elle-même et par son énergie, et la masse imposante, rien que par le nombre d'âmes, des indigènes. Il est possible que sous peu cette population indigène s'acquière une telle influence politique qu'elle se trouve plus que jamais jusqu'ici en état d'ouvrir, pour ses membres individuellement, des sources d'existence qui, jusqu'ici, étaient utilisées par d'autres et fermées pour elle-même. Alors, elle se jettera naturellement en premier lieu sur ces occupations et positions qui jusqu'ici étaient aux mains des Européens les plus faibles, de telle manière que cette amélioration des conditions de vie des indigènes se réaliserait, non pas au détriment des Européens pur sang qui soigneront bien pour eux-mêmes, mais au détriment des Indos, précisément parce que la position économique de ce groupement, telle qu'elle a été décrite ci-dessus est si chancelante et si peu solide. Si, par exemple, les services dans les bureaux échappent aux Indos comme moyens d'existence, on pourrait, sans crainte de se tromper, dire que ce groupement tomberait dans une situation des plus précaire.

Les considérations de cette nature n'ont certainement pas été les dernières à conduire, il y a peu d'années à la constitution de la « Fédération Indo-Européenne », une association composée principalement, mais non exclusivement d'Indos, qui a en premier lieu pour but d'assumer la défense des intérêts de ce groupe. Cette fédération est également représentée — et fort bien — au sein du « Volksraad ». Elle est établie sur des bases d'autant plus réelles que celles d'autres fédérations éphémères, portant des noms du même genre, tel le soi-disant Parti National Indien, qu'elle ne s'élève nullement contre le pouvoir néerlandais, qu'elle comprend comme indispensable. Elle ne fait pas de l'opposition quand même, mais seulement lorsqu'elle craint que le groupe Indo risquerait de se trouver oppressé de la manière que je viens de signaler ci-dessus, ou lorsqu'elle croit qu'un Indo-Européen est lésé injustement au profit d'un pur sang. On note avec sympathie le fait qu'elle ne cherche pas seulement à abattre mais qu'elle tend aussi à construire, qu'elle n'agit donc pas par haine de race, mais que, conséquente avec son programme, elle appuie en même temps fidèlement le gouvernement dans toutes les mesures qui ne sont pas en contradiction avec ce programme. C'est donc une politique positive et non pas uniquement négative que mène ce parti et cette première entrée en scène sérieuse des Indos sur le terrain politique, en tant que groupement populaire, n'est pas sans promesses pour l'avenir.

A mon avis, ce n'est que dans le sens qu'y attribue cette fédération qu'il puisse être question d'une politique indo-européenne, qui n'aurait donc à s'écarter de celle du gouvernement que sur ces seuls points où les intérêts des Indos, plus faibles, risqueraient d'entrer en conflit avec ceux des indigènes ou ceux des gens de pur sang, plus forts qu'eux. Au contraire, l'action dirigée par quelques « would-be » meneurs de cette classe contre le gouvernement, tantôt d'accord avec le mouvement indigène et tantôt aussi carrément en opposition avec celui-ci, manque absolument d'une base réelle, ne repose que sur des griefs personnels ou sur la haine de race et se trouve ainsi, par le fait même, condamnée comme inefficace. Elle ne possède pas de programme qui soit réalisable; elle n'a pas la force de propulsion reposant sur des faits.

Du rapprochement de ce qui précède, je dois conclure que les Indos ne sont pas en état, ni par leur nombre, comme les indigènes, ni par une action énergique et intentionnelle, comme les européens pur sang, d'exercer sur la politique dans les Indes, une influence digne d'être signalée. Il n'est pas davantage question chez eux d'une opposition systématique contre le pouvoir néerlandais ni d'une collaboration de groupes avec le mouvement indigène et individuellement, ils n'ont pas de motifs de mécontentement politique.

Par rapport à ce qui précède, il est donc facile de répondre à la question de savoir si on peut parler d'une concurrence économique entre le groupe Indo d'une part et les groupes Européen, Indigène et Chinois d'autre part. Entre les deux subdivisions parmi les Européens il n'existe pas de véritable concurrence parce que chacune d'elles a choisi pour ses opérations un terrain très nettement différent. Les Européens, envoyés des Pays-Bas — et ceci est naturellement tout aussi vrai pour ces Indos qui ont reçu aux Pays-Bas la même éducation — occupent, dans les services de l'État, presque tous les rangs élevés et également ces rangs inférieurs par lesquels on doit passer pour se préparer à occuper les rangs supérieurs; les rangs inférieurs, qui n'ouvrent pas ou presque pas de perspectives officielles, sont occupés presque uniquement par les Indos. En dehors de l'élément officiel, la proportion est sensiblement la même. Aucun des deux ne sont agriculteurs, au vrai sens du mot; dans les entreprises commerciales et industrielles les places élevées sont presque toujours — et les places inférieures, en attendant une promotion, bien souvent — occupées par des éléments importés des Pays-Bas, auxquels on impose à l'heure actuelle, dans les grandes entreprises, des exigences parfois très élevées. En général, les Indos ne se présentent pas pour ces situations et d'ailleurs, le fait que les connaissances linguistiques et commerciales leur font défaut empêcherait le plus souvent de les prendre en considération. Ainsi voit-on que dans les grands centres commerciaux comme Batavia, Sémarang, Soerabaja, presque tous les bureaux commerciaux sont occupés par des Européens pur sang même dans les rangs inférieurs. De même, les affaires privées moins importantes sont rarement aux mains d'Indos. Peut-être la concurrence avec les indigènes sur le terrain officiel et au sujet de laquelle j'ai maintenant à présenter quelques remarques, portera-t-elle les Indos à se départir, dans ce domaine, des errements anciens et à se consacrer davantage qu'ils ne l'ont fait jusqu'à présent aux petites entreprises et au négoce.

L'enseignement primaire, qui se trouve presque uniquement aux mains d'instituteurs et d'institutrices envoyés des Pays-Bas (et parmi ces dernières figurent beaucoup d'Indo-Européennes) offre également une perspective par le fait que les éléments importés ne sont de loin pas suffisants en nombre pour pourvoir aux vacances existantes et que cette éducation peut parfaitement se faire aux Indes. Il est visible cependant que la position d'instituteur n'est pas considérée chez les Indos.

Il existe indubitablement une concurrence entre les Indos et les Indigènes, concurrence qui s'est fort accentuée dans les dernières années, depuis que, par la grande extension de l'enseignement primaire chez les indigènes, ce groupe de la population s'est rapproché davantage du groupe Indo, par la diffusion et la connaissance de la langue néerlandaise. Si jusqu'ici le commun des indigènes non aristocratiques était désigné, dans les services du gouvernement, pour les emplois subalternes, tels ceux d'agents de police, de garçons de bureau et autres de même genre, on cherche à l'heure actuelle, et tout naturellement, des positions meilleures pour les gens de cette classe, qui ont obtenu une instruction primaire convenable. Il se fait ainsi que surtout dans les services des postes et télégraphes, dans les monts de piété et autres positions de même genre, qui exigent tout autant de serviabilité et d'application qu'un certain développement, les indigènes font souvent à l'heure actuelle une concurrence très vive aux Indos-Européens, concurrence qui pour ces derniers est d'autant plus difficile à soutenir qu'ils ne comprennent pas toujours qu'ils doivent régler leurs dépenses sur leurs revenus et qu'ils ne peuvent plus, comme jadis, se permettre le luxe d'un personnel domestique plus ou moins nombreux. L'étalon de la vie indigène est considérablement moins élevé et moins cher que celui de ceux qui croient trop souvent encore qu'ils profaneraient leur qualité d'Européens s'ils mettaient eux-mêmes la main à la pâte en matière de travaux domestiques. Il *faut* que cela change si l'on veut éviter qu'à la longue la concurrence ne devienne mortelle pour eux et à cet égard encore la fédération Indo-européenne, si elle comprend sa mission, peut réaliser beaucoup de bien. Il ne faut pas que l'on aperçoive des enfants Indos se rendant à l'école, avec un domestique indigène, homme ou femme, portant, à une distance respectueuse derrière eux, leurs livres de classes, leur ardoise, etc. Des enfants élevés dans cet ordre d'idées sont plus tard très handicapés dans le « struggle for life » si dur de nos jours. Le temps n'est plus à la vanité déplacée; il faut y insister et l'attention de cette partie de la population doit être fixée sur la classe moyenne indispensable et estimée dans tout état civilisé, classe moyenne composée de petits industriels et négociants, classe qui est pour ainsi dire totalement inconnue chez les Indos. Par leur adresse technique assez grande et par leur civilité innée, ils se trouvent vraiment désignés pour pareilles situations.

Une concurrence chinoise avec les métis est partiellement possible sur un autre terrain. Le Chinois n'entre *jamais* au service du gouvernement; par contre, il est extraordinairement prédisposé au commerce, tant au commerce au détail, qu'au grand commerce. Si, dans ce dernier domaine, il a déjà à concurrencer de grandes firmes européennes, on ne peut hélas constater jusqu'à présent que comme détaillant ou négociant ou comme chef d'une petite profession ou d'un métier, il ait à lutter en rien contre une concurrence venant du côté européen ou du côté indo-européen. Jusqu'à un certain point, ceci est très naturel. Le petit industriel chinois travaille avec

un personnel inférieur de sa propre nation, importé de
Chine moyennant un salaire ridiculement bas, et peut
donc jeter ses produits sur le marché à un prix de beaucoup inférieur. Néanmoins ceci est surtout vrai pour ces
professions dans lesquelles un personnel plus ou moins
nombreux est nécessaire comme, par exemple, le métier
d'ébéniste qui se trouve d'ailleurs *complètement* aux
mains de Chinois : tout coolie chinois, moyennant une
certaine direction, paraît utilisable comme ouvrier
menuisier. Mais, dans la fabrication d'objets d'utilité plus
journalière, tels les habillements et les chaussures, où
le travail manuel *propre* importe davantage, des centaines
et des centaines d'Indos pourraient s'assurer un très bon
gagne-pain sans être écrasés par la concurrence chinoise.
Cependant ici encore il faudrait une tout autre conception
que celle qui est aujourd'hui généralement admise. Ici,
le gouvernement se trouve assez impuissant : il peut, il
est vrai, instituer un enseignement technique primaire et
moyen convenable; il peut organiser ou encourager des
expositions périodiques et des foires annuelles mais il ne
peut pas, par là même, changer la mentalité d'une population; l'initiative privée seule peut y arriver, appuyée
par toutes sortes de circonstances parmi lesquelles un
des facteurs les plus indispensables est le sentiment, chez
la classe intéressée elle-même, que la situation actuelle
ne peut durer davantage.

J'ai déjà répondu plus haut à la question de savoir
quel sont les sentiments des métis vis-à-vis de la métropole, abstraction faite de la haine des races existant
certainement entre des individus métis et des individus
pur sang et qui est la conséquence de collisions où le
mélange de sang joue d'ordinaire un certain rôle. On
ne peut cependant pas affirmer que le groupe Indo se
trouve en opposition avec le groupe européen. Pour cela
l'attitude du dernier de ces groupes, à l'encontre de
l'exemple anglais, est beaucoup trop accessible et l'Indo
qui a du bon sens est trop persuadé que, sous l'administration néerlandaise, il occupe une place qui certes ne
pourrait s'améliorer sous un autre régime. Au surplus,
je ne pense pas qu'on trouve chez eux beaucoup de traces
d'un patriotisme néerlandais. La patrie est trop éloignée
pour leur être autre chose qu'une conception assez

brumeuse. Ce qu'ils apprennent à l'école concernant les mérites de la maison régnante d'Orange s'efface à défaut de l'occasion de pouvoir jamais contempler en chair et en os la représentante de cette tradition; en d'autre mots, ce n'est pas leur propre histoire qu'ils apprennent, mais celle d'un autre peuple auquel ils ne s'intéressent que fort peu. Si donc la société Indo devait, à la suite de .l'une ou de l'autre crise se mettre sur la même ligne que la civilisation néerlandaise pure, elle le ferait par intérêt mais certainement pas par patriotisme néerlandais. Les dirigeants néerlandais devront se contenter de cela : il me paraît imprudent d'encourager ici des sentiments qui *peuvent* difficilement trouver écho chez des « coloniaux ».

Si, comme je l'ai démontré déjà ci-dessus, on ne peut, aux Indes mêmes, constater une différence dans l'estime témoignée à l'Européen intellectuel et à l'Indo occupant le même rang, encore beaucoup moins peut-on dire qu'aux Pays-Bas, l'Indo soit moins considéré que le pur sang. Il est digne de remarque que de toutes les villes des Pays-Bas, La Haye est de loin celle où les Indos se fixent le plus, soit temporairement, soit, à la longue, définitivement. C'est là sans doute en partie une conséquence du fait que le ministère des colonies s'y trouve établi et, d'autre part, de la réputation, depuis longtemps surannée, de La Haye comme ville où la vie est bon marché. A l'exception peut-être de quelques villes où sont installés des établissements d'enseignement particulièrement fréquenté par les Indos, on ne rencontre nos cousins orientaux que sous forme dispersée; à La Haye, au contraire, ils peuplent des sections entières et, par leur grand besoin de distractions, ils assurent la prospérité des théâtres, bioscopes, sociétés, restaurants et autres institutions de ce genre, à peu près comme le font les étudiants dans les villes universitaires et, à Amsterdam, aussi les israélites. Mais jamais on ne constate, dans le commerce avec les Hollandais de race pure, une trace quelconque de moindre estime ou de dédain pour ces compatriotes d'outre-mer, de sang-mêlé, et rien que pour ce mélange de sang; au contraire, ils ont parfois beaucoup de succès surtout auprès du beau sexe et bon nombre de vierges blondes de Hollande se joignent, en qualité de compagne de vie, à l'Indo au teint foncé, rentrant aux Indes.

Mais précisément ce retour empêche encore une fois qu'à la longue l'Indo conquière une place permanente dans la société néerlandaise. On ne relève que quelques cas où l'Indo, tournant définitivement le dos à son pays d'origine, se soit créé une carrière aux Pays-Bas. Il s'est produit cependant quelques cas de ce genre et dans la carrière officielle, comme en dehors d'elle, ces quelques cas ont prouvé de nouveau que, dans des circonstances égales, l'Indo ne doit à aucun point de vue être inférieur au pur sang.

Mais il s'en faut de beaucoup que tout Indo soit en situation de pouvoir élargir son horizon par un séjour périodique aux Pays-Bas. Précisément ceux qui font le véritable objet de cette étude n'y viennent jamais, en partie parce que des difficultés financières s'y opposent, principalement cependant parce qu'ils redoutent de ne pas s'y sentir à l'aise. Car le véritable Indo, celui que j'ai en vue ici, ne se mêle pas davantage, aux Indes, aux Européens pur sang; il témoigne, dans son attitude, d'une certaine timidité à leur égard, que j'attribue en grande partie à la difficulté pour lui — et dont il se rend parfaitement compte — de s'exprimer en néerlandais et aussi au fait que la suite de ses idées, son intérêt se portent vers des objets tout autres. Cette attitude réservée n'amène que trop souvent l'Indo à se limiter à son propre milieu, à continuer à tourner dans le cercle restreint du « kampong », en un mot à devenir plutôt indigène qu'Européen et à ne venir en contact d'Européens qu'avec ses chefs et encore seulement d'une façon officielle. Cela ne veut pas dire cependant qu'il entre plus intimement en contact avec les indigènes. Il continue à se sentir toujours supérieur à eux. Tout cela réuni a pour résultat qu'aux Indes le groupe Indo se sent, en fait, complètement isolé entre les autres.

Une fréquentation des chinois ne se remarque ni dans les cercles européens ni dans les cercles indo-européens. Les Chinois limitent leur contact avec d'autres races au « *business* » pur. Seuls des riches parmi eux donnent parfois des fêtes brillantes où apparaissent aussi des Européens de tout calibre. Cependant, les Mongols n'ont aucune aversion pour les filles du pays.

Par le terme « mariages mixtes » il ne faut entendre ici

que les mariages entre Européens et Indo-Européens et femmes indigènes, rarement aussi avec des filles du royaume céleste. En général, ces mariages sont assez rares, comparativement aux unions libres et le plus souvent encore interviennent-ils pour légitimer des enfants nés de pareilles unions. L'Européen, qui se décide à faire ce pas dangereux, court le grand risque d'être rayé, socialement parlant, à moins que, ce qui arrive souvent, il ne parvienne à garder cette union secrète et à continuer à se présenter comme célibataire. Il en est tout autrement du mariage avec une femme indo-européenne qui, sous la direction d'un mari plein de tact et civilisé, parvient à se transformer en femme de ménage modèle et à occuper avec honneur sa place dans son nouveau milieu, quoique pour l'observateur perspicace, il se maintienne chez elle, fût-ce sous une forme latente, certains traits spécifiques du caractère indien.

Les liaisons avec les femmes indigènes et parfois aussi avec la femme chinoise ou japonaise ont été et sont encore toujours une source intarissable de misères sprituelles et corporelles, chose certes plus compréhensible jadis que maintenant, vu la proportion infiniment plus favorable à l'heure actuelle entre le nombre de femmes et d'hommes européens. Ce mal ne pourra cependant pas être extirpé aussi longtemps que les Européens ne quitteront pas tous l'Europe étant mariés et que tous les Indos ne se marieront pas de bonne heure. Le fait est encore tellement général que tout célibataire est tacitement censé avoir une « ménagère » et que personne d'ailleurs ne songe à lui reprocher : personne non plus, et sans doute la ménagère moins que toute autre, n'exige ni n'attend de lui qu'il régularise, par le mariage, cette situation irrégulière.

On peut dire cependant que l'opinion publique condamne cette situation au point d'aborder ce sujet le moins possible et jamais en présence de femmes : le fait est donc ignoré. Mais à ce point de vue, cette grande différence entre la société indigène et la société néerlandaise continue à subsister : aux Indes, personne n'estimera moins un Européen parce qu'il cohabite avec une ménagère alors qu'aux Pays-Bas, étant dans cette situation, on ne serait pas admis dans la bonne société.

IV.

Je puis être bref en ce qui concerne les dispositions juridiques relatives aux mariages mixtes et à la situation juridique des enfants, nés hors mariage, de personnes de nationalité différente.

La première matière, celle des mariages mixtes est réglée par un arrêté royal du 29 décembre 1896 et la règle principale se trouve dans l'article 2 disposant que la femme qui conclut un mariage mixte, c'est-à-dire un mariage avec une personne assujettie à un droit différent, suit aussitôt, par le fait de ce mariage, au point de vue du droit public et du droit privé, le statut de son mari.

La femme indigène ou chinoise qui épouse un Européen, devient donc une Européenne. La femme européenne, qui épouse un indigène ou un Chinois, devient indigène ou Orientale étrangère. Seulement, quand la femme, après la dissolution du mariage, se remarie avec un homme assujetti à un autre droit que celui auquel son premier mari était soumis, ou si, après cette dissolution, elle fait, dans le délai d'un an, la déclaration formelle qu'elle le désire ainsi, elle peut récupérer son statut primitif. Les enfants nés de ce mariage mixte suivent naturellement, avec la mère, le statut du père.

Voilà les principales dispositions de la réglementation légale. On peut affirmer que, dans la pratique, les mariages mixtes interviennent uniquement entre hommes européens et femmes indigènes et rarement des femmes chinoises. L'inverse se produit si exceptionnellement, qu'en égard au sujet qui nous occupe, nous pouvons parfaitement ne pas en tenir compte. Les enfants nés de ce mariage mixte sont, d'après la loi, des Européens.

La situation juridique des métis nés hors mariage est tout autre. Dans ce cas la question de savoir s'ils sont Européens ou indigènes est dépendante de la *reconnaissance* ou *non reconnaissance*, situation qui se trouve réglée par le Code civil indien (Tome I, titre XII, 3ᵉ Division, articles 280-289). Par le fait de la reconnaissance, il se crée des liens civils entre l'enfant naturel et le père ou la mère qui l'a reconnu. Nous avons déjà vu plus haut que d'après l'article 109 de la loi organique, ces enfants légalement reconnus d'Européens (père ou mère) sont, d’après la loi, des Européens. Les enfants non reconnus ne sont pas des Européens, mais, partant, des indigènes.

V.

Avec ce paragraphe ainsi que le suivant et dernier, nous entrons dans le domaine du « *jus constituendum* », celui des considérations relatives à ce qui pourrait se faire non pas pour résoudre ce problème difficile — ce que je considère comme impossible — mais en vue de limiter autant que possible la procréation d’une race de demi sang et là où la chose est impossible à éviter, d’en atténuer autant que faire se peut, les conséquences néfastes.

Quoiqu’à ce point de vue la situation actuelle soit beaucoup plus favorable que dans le passé, le nœud du problème réside toujours dans le fait que, dans la société européenne aux Indes, le nombre d’hommes dépasse de beaucoup celui des femmes et que, par cela seul, un mariage avec une femme de leur propre race est une impossibilité pour un grand nombre d’Européens importés. Mais il est un facteur d’un poids aussi important : ce sont les considérations financières qui empêchent un grand nombre de jeunes fonctionnaires et commerçants de se marier avant de quitter les Pays-Bas. Il serait, sans aucun doute, fort à désirer que le départ des Pays-Bas après le mariage fût la règle et que le célibat, même pour les fonctionnaires au début de leur carrière, fût l’exception. Les célibataires échouent presque tous sur l’écueil que je signalais plus haut : l’entretien de ménagères, situation mauvaise, non seulement pleine de danger pour la santé corporelle et morale du jeune Hollandais aux tropiques, mais qui, d’autre part, est surtout funeste parce que, trop souvent, il se trouve par là même retenu d’un mariage avec une fille de son propre pays, même lorsque les relations temporaires sont rompues ou menacent de l’être. Il faut donc, par tous les moyens, engager la lutte contre ce concubinat et le principal de ces moyens c’est l’encouragement au mariage en Europe avant que le voyage vers les Indes ne soit entrepris.

A l’heure actuelle, alors qu’aux Indes le coût de la vie a augmenté beaucoup plus que les revenus et que l’argent a tant perdu de sa valeur, cela est beaucoup plus difficile à réaliser qu'antérieurement, tout au moins pour les jeunes fonctionnaires de presque toutes les branches de service et pour les jeunes employés d'entreprises partilières. Jusqu'il y a peu de temps, dans les entreprises de culture de la région est de la côte de Sumatra, le mariage était même *interdit* aux employés pendant un nombre déterminé d'années; le célibat leur était donc imposé comme une des conditions de leur contrat d'emploi. Ce système absolument immoral et à courte vue, paraît cependant être abandonné définitivement maintenant, mais, dans la pratique, il y a fort peu de différence, soit qu'on ne se marie pas parce qu'il est défendu de se marier, soit qu'on ne se marie pas parce qu'on craint de se marier : dans les deux cas, la suite inévitable c'est la ménagère. Peut-être obtiendrait-on à ce point de vue des résultats avantageux, en admettant que la différence de *traitement* entre les employés et les fonctionnaires mariés et les non mariés soit impossible, si l'employeur doublait néanmoins la prime d'équipement des mariés.

Entretemps se pose de façon urgente la question de savoir ci ces moyens n'arrivent pas trop tard, parce que la lutte contre le système de la ménagère ne peut cependant pas faire obstacle à l'accroissement du nombre des métis par la voie plus régulière des mariages entre Indos. *Voilà* principalement pourquoi la race des métis continue à subsister et croît en nombre; ce n'est nullement le commerce plus ou moins sporadique et surtout beaucoup moins fécond, d'éléments nouvellement importés avec des concubines indigènes. Donc, lors même que le système des ménagères serait complètement extirpé, il ne pourrait jamais être question d'une diminution du nombre des métis surtout parce que ces mariages indiens sont, en règle générale, plus prolifiques que les unions illégales. Nous avons donc à nous accomoder de la persistance de ce groupe. Nous sommes tenus moralement « *to make the most of it* ».

Progressant dans la direction indiquée par la loi néerlando-indigène, nous devons tâcher non seulement en théorie, mais en pratique, d'amener les Indos à devenir des Européens en premier lieu, naturellement, par l'enseignement, mais ensuite et surtout par une fréquentation plus directe, si possible, en favorisant le séjour périodique des individus de cette classe dans la métropole commune. Par cette voie seulement, il est possible de sauver cette race à la longue. Si cela ne se fait pas, il est à prévoir qu'elle se rapprochera petit à petit des indigènes plutôt que des Européens, que cela formera un élément d'opposition qui pourrait, à la longue, devenir un danger pour l'autorité néerlandaise.

Considérés sous ce jour là, les moyens indiqués dans le questionnaire perdent beaucoup de leur valeur absolue. Quant à savoir si l'on facilite ou non les mariages entre sous-officiers et soldats de l'armée indienne et des femmes européennes, si l'on renvoie ou non ces militaires en Europe à l'expiration de leur engagement, cela n'a, pour la solution du problème qui nous occupe, qu'une importance relative. Evidemment, cela ne signifie pas que pareilles mesures ne sont d'aucune utilité, que, par conséquent, on n'a qu'à maintenir le *statu quo*. Au contraire, tout ce qui peut être fait dans cette direction mérite le concours le plus puissant, surtout que précisément, cette naissance et cette éducation à la caserne semblent prédestiner les enfants à descendre jusqu'à l'échelon le plus bas de la société indo.

A l'heure actuelle, la situation aux Indes dans le domaine du mariage entre militaires européens en dessous du rang d'officier et des Européennes, est loin d'être favorable. Quoiqu'on ne mette plus aucun obstacle à pareils mariages pour les sous-officiers, de manière que ces mariages peuvent être librement conclus sous réserve du consentement du commandant de corps, on ne peut cependant pas dire que ces mariages soient encouragés. Au départ d'Europe on fait clairement comprendre aux jeunes mariés ou à ceux qui désireraient se marier que, jusqu'à présent, la construction d'habitations séparées pour les sous-officiers mariés est encore tellement en retard, qu'il n'est nullement probable que pareilles habitations puissent être concédées dans toutes les garnisons, de manière qu'en règle générale on doit *déconseiller* à ces militaires d'amener là-bas une femme européenne. En effet, dans les endroits où pareilles habitations séparées n'existent pas, ces ménages échoueraient dans le « kampong » ou, en dehors d'autres choses plus graves encore, la situation hygiénique est souvent de telle nature qu'une femme européenne serait incapable d'y résister.

Aux militaires en dessous du grade de sous-officier et qui sont envoyés aux Indes pour la première fois, on refuse l'autorisation de se marier et cela dans leur propre intérêt, par ce que, étant mariés, il leur serait absolument impossible de s'en tirer, aux Indes, avec leur solde.

Les anciens soldats, dont l'engagement est expiré, peuvent, s'ils le désirent, rester aux Indes. Ceux qui en profitent sont généralement ceux qui connaissent un travail manuel ou possèdent un art quelconque et qui, par conséquent, sont à compter parmi les éléments utiles. Les indésirables sont renvoyés actuellement aux Pays-Bas en temps utile, c'est-à-dire avant même l'expiration de leur engagement. Sous ce rapport, la situation n'est donc pas défavorable.

On a été moins heureux encore que pour les mesures destinées à favoriser les mariages européens chez les militaires, en édictant des prescriptions administratives en vue de combattre le concubinage parmi les serviteurs civils et militaires du pays. Il doit être mentionné sur les états de conduite, tant des fonctionnaires d'administrations civiles que des officiers, si oui ou non ils vivent en concubinat; dans l'affirmative, il en résulte en théorie, un grave empêchement à une promotion ultérieure; en pratique, cependant, on y tient difficilement la main, précisément parce qu'on est convaincu aux Indes que la concubine existe toujours, qu'elle soit ou non mentionnée sur l'état de conduite.

Le résumé de ce qui précède semble conduire à cette conclusion : une lutte directe contre l'accroissement des métis est une impossibilité vu le nombre et la grande fécondité du groupe actuellement déjà existant. La seule chose qui puisse être entreprise en cette matière, c'est de tâcher de rapprocher davantage le niveau de cette société de celui des Européens de race pure.

L'accroissement de la population indo par le commerce entre les éléments nouvellement amenés d'Europe et des femmes indigènes peut sans doute encore être combattu, mais pas dans la voie qui a été suivie jusqu'à présent aux Indes. Cette lutte devra se faire, en premier lieu, par un apport considérable de femmes européennes, non mariées ou si cela paraît impossible, par une éducation de la femme indo-européenne à un échelon supérieur à celui qui jusqu'ici fut atteint par la majorité d'entre elles.

VI.

La meilleure méthode pour réaliser ces desiderata, le relèvement matériel intellectuel et moral des métis, hommes et femmes c'est naturellement en tout premier lieu de donner un enseignement convenable. A cet égard, les Indes néerlandaises peuvent, sans aucun doute, soutenir victorieusement la comparaison avec d'autres colonies. L'enseignement primaire surtout qui, en général, est de qualité très suffisante est, dans les Indes néerlandaises, aisément à la portée de tous les groupes de la population. De même l'Université technique de Bandoeng et les établissements d'enseignement moyen de Batavia, Sémarang, Djokjakarta, Bandoeng et Soerabaja ainsi que l'École médicale de Soerabaja sont ouverts à toutes les nationalités. Dans l'enseignement primaire seule se trouve maintenue la distinction qui, d'ailleurs, n'est pas sévèrement appliquée entre l'enseignement primaire européen et l'enseignement primaire indigène, distinction qui s'indique d'elle-même par la langue véhiculaire différente. L'enseignement européen ne fait absolument aucune distinction entre l'Européen pur sang et l'Européen de demi sang. Dans la pratique, cependant, dans les centres les plus importants, les écoles dénommées « premières écoles », où il est perçu des frais d'écolage, sont peuplées, en règle générale, d'enfants appartenant aux couches supérieures de la société européenne. Dans les autres écoles, l'élément indo est encore plus dominant.

L'enseignement primaire, qui est de nouveau divisé en enseignement primaire ordinaire et enseignement primaire plus développé, se rattache de lui-même à l'enseignement moyen qui ouvre actuellement la voie non seulement vers le seul institut d'enseignement supérieur aux Indes, l'Université technique, mais aussi vers les académies militaires et maritimes des Pays-Bas, l'Université technique de Delft et même donne accès aux études dans certaines facultés déterminées des Universités néerlandaises pour lesquelles il n'est plus exigé d'instruction classique.

Cela me conduirait beaucoup trop loin de signaler ici les diverses institutions d'enseignement existant aux Indes ou de me plonger dans l'examen des exigences posées aux élèves fréquentant ces écoles. Qu'il me suffise de constater ici qu'en général, au point de vue de la possibilité de recevoir un *enseignement* convenable, les enfants aux Indes ont les mêmes chances que dans la métropole de se préparer à des études ultérieures aux Pays-Bas, à l'exception peut-être de l'étude des langues classiques pour laquelle cette possibilité n'existe qu'à la division de Bandoeng de l'école générale moyenne.

Les quatre écoles civiles supérieures ont absolument le même programme que les instituts de même nom aux Pays-Bas et l'examen final passé à ces écoles donne absolument les mêmes droits. Aussi l'ingénieur formé à Bandoeng se trouve sur un pied d'égalité absolue avec son collègue sorti de l'Université technique de Delft.

A côté de ces quatre écoles civiles, il y a lieu de mentionner également l'école « Prince Henri » à Batavia, qui est à proprement parler, une école civile supérieure avec un cours de trois années, auquel sont rattachés deux cours de deux années chacun pour l'enseignement commercial et pour les sciences maritimes; un cours commercial à Soerabaja, cours de trois années, et surtout l'École générale moyenne à Bandoeng et Djokjakarta déjà nommée, dont le côté le plus marquant est, ainsi que je l'ai dit, qu'elle offre la seule occasion aux Indes de suivre des études classiques.

Pour l'enseignement *technique* également, on a fait beaucoup aux Indes. A l'heure actuelle, il existe, en dehors de l'Université technique, des établissements de ce genre à Batavia (École Reine Wilhelmine, avec formation de machinistes, architectes et ingénieurs des mines), à Soerabaja (École Reine Emma, qui procède seulement à la formation de machinistes et d'architectes) et à Djokjakarta (École princesse Juliana, exclusivement réservée à la formation d'architectes) et en plus une école technique à Bandoeng avec le même programme que l'École de Batavia. Il existe en outre à Batavia, Sémarang et Soerabaja, des cours du soir pour la formation de surveillants et d'architectes, pour le département des eaux et pour les travaux publics civils, et diverses écoles de métiers érigées et entretenues en partie par le gouvernement, en partie par des particuliers.

L'École moyenne d'agriculture et l'École vétérinaire néerlando-indienne à Buitenzorg ainsi que les écoles de culture de Soekaboemi et de Malang, dépendent non pas du département de l'instruction, mais de celui de l'agriculture.

De cet aperçu, forcément très superficiel et incomplet, il appert en tout cas, que si l'Indo a trouvé jusqu'ici si peu l'occasion de s'élever dans la société, la faute n'en est pas du tout imputable au défaut, de la part de l'autorité, d'organiser suffisamment l'enseignement général ou technique.

Des institutions mentionnées, spécialement celles qui ont en vue l'enseignement technique et agricole, n'ont pas du tout à se plaindre du manque d'élèves parmi lesquels cependant un Européen pur sang est la très rare exception. Peut-être le fait qu'on s'aperçoit si peu, socialement parlant, de résultats durables fournis par ces établissements d'instruction érigés et entretenus à grands frais, est-il en partie du moins, la conséquence de ceci : que la plupart de ces écoles n'ont pas encore une existence assez longue pour qu'on puisse déjà émettre un jugement à leur égard. Je crains cependant que la raison principale ne soit ailleurs : que les Indos qui sont à peu près seuls à peupler ces écoles, n'envisagent pas suffisamment qu'après avoir achevé cette étude là, on se trouve seulement devant le début des difficultés, que l'école peut bien enseigner le côté technique de la profession, mais que pour y trouver un moyen d'existence, il faut, après avoir quitté l'école, pouvoir compter sur sa propre initiative. Sur ce terrain également, ce n'est, certes, pas une illusion de croire au danger que le groupe indo n'arrivera pas à comprendre en temps utile que si les indigènes parviennent à occuper des places qui, grâce à ces institutions d'enseignement, leur sont ouvertes à eux également, les Indos pourraient bien arriver trop tard. Je souhaite de tout cœur que d'ici fort peu d'années, les résultats prouvent qu'en cette matière j'ai été trop pessimiste.

Je l'ai déjà fait remarquer à plusieurs reprises : il

n'est pas question de réserver *légalement* aux Européens
pur sang, certaines fonctions aux Indes néerlandaises. Il
existe, il est vrai, certaines fonctions *indigènes* spéciales,
surtout dans l'administration de l'intérieur; mais de là
sont naturellement exclus aussi bien les Européens pur
sang que les Européens de demi sang.

Il résulte de tout cela que toutes les situations officielles
supérieures et les plus élevées sont occupées proportionnellement beaucoup plus par des pur sang que par des
demi sang, le fait n'en est donc nullement imputable à
l'employeur, au gouvernement.

On ne constate pas absolument la même chose dans le
monde non officiel. Les grandes firmes commerciales et
entreprises industrielles font occuper les rangs supérieurs
presque exclusivement par un personnel purement européen. Les fonctions inférieures sont remplies par des Indos
qui n'arrivent généralement pas beaucoup plus loin et par
des pur sang, qui traversent cette période comme une
sorte de purgatoire avant de pouvoir être nommés dans
les rangs plus élevés. Il est cependant une région où l'on
peut parler d'une exclusion nettement prononcée de
l'élément indo, dans le monde non officiel. Je vise le
gouvernement déjà plusieurs fois nommé de la côte Est
de Sumatra qui, étant un marais presque dépeuplé il y a
un quart de siècle, a été métamorphosé en une colonie
modèle dans le vrai sens du mot et dont la Néerlande et
spécialement la Néerlande non officielle, peut être fière.

Car cette colonie, cette région de cultures prospères est
exclusivement la création des *planteurs* et non pas du
gouvernement qui n'eut qu'à suivre les pas des planteurs
de tabac, de thé et de caoutchouc, qui avaient tracé la
voie. Et c'est un fait assez remarquable que parmi le
personnel de ces entreprises géantes, depuis « l'assistant »
à peine entré en service jusques et y compris le fier
administrateur en chef, ne se trouve aucun Indo, que
les Indos ici sont littéralement exclus.

Ceci est probablement à attribuer en partie à la proximité de la Singapore britannique et des entreprises dans
les Straits settlements ou l'*Eurasian* ne compte absolument pour rien. La raison principale de pareille situation
dans une colonie néerlandaise doit cependant se trouver
ailleurs : dans le fait indiscutable que chez le *Néerlandais*

pur sang, on rencontre plus de sentiment du devoir et plus de force de travail que chez l'Indo et que dans les entreprises de cette région, on exige de chaque employé une somme d'énergie qui, probablement, fait défaut chez l'Indo. Cela donne à toute cette région un tout autre cachet : dans la ville de Médan et dans les divers *Estates* l'Indo est une apparition aussi rare que celle du Hollandais blond pur sang dans les terres intérieures javanaises.

Cette différence de point de vue à l'égard de l'homme de couleur de la part des Néerlandais et des Anglais peut conduire parfois à des conséquences assez étranges : j'en ai eu la preuve un jour par une communication que me fit un commandant de la Société Royale des Paquebots, qui assure les communications entre les différentes îles; cette société, après un voyage vers un des ports australiens avait été forcée de changer l'État-major d'un de ses bateaux à vapeur parce que les autorités australiennes ne considéraient pas comme Européens les Indos de l'état-major du navire, et voulait donc leur appliquer les formalités prescrites pour le débarquement des immigrants asiatiques. Il est superflu de démontrer que pareils faits ne sont pas de nature à encourager, chez les Indos, l'amour de la navigation.

Aux Indes néerlandaises, il n'est pas réservé de fonctions déterminées aux métis à l'exclusion des indigènes : certaines fonctions, il est vrai, sont occupées presque exclusivement par des Indos, notamment dans les services de la police et de la douane, mais rien n'empêche qu'à la première occasion un Européen pur sang vienne en considération pour ces emplois.

Depuis qu'il y a quelques années on a introduit aux Indes une milice européenne à laquelle sont soumises toutes catégories d'Européens et dont la tendance principale est de remplacer petit-à-petit l'armée professionnelle existante par une armée de conscription, il ne peut que difficilement être question d'engagement volontaire de la part d'Indos-Européens. D'ailleurs, avant ce temps déjà, le recrutement avait fort peu de succès dans cette partie de la population. Dans la marine, sous les tropiques, les rangs inférieurs, pour autant qu'ils ne doivent pas l'être par des marins néerlandais, sont occupés par des Minahassers et des Amboinais, pour la plupart indigènes chrétiens, dont le remplacement, par des Indos beaucoup plus exigeants, ne constituerait certes pas un progrès.

Il y a des années déjà — l'arrêté royal y relatif date de l'année 1903 — le gouvernement indien a fait des essais d'encouragement de la petite agriculture et horticulture par des Européens peu fortunés et par ceux qui leur sont assimilés, en leur cédant des terres en emphytéose et en leur assurant l'appui financier de l'État. Les terres de l'espèce, qui comprennent aussi des parcelles déjà exploitées par des indigènes ou appartenant à leurs villages mais qui ont été abandonnées depuis, peuvent être cédées en emphytéose pour une étendue maximum de 25 « bouws » (le bouw équivaut à 7,000 mètres carrés environ) et pour un terme d'ailleurs renouvelable de vingt-cinq ans; le prix de location s'élève au maximum ne 1 florin par « bouw » et par an et il peut être accordé exemption du paiement des frais de mesurage et de plan ainsi que des droits de timbre et d'inscription. L'appui financier accordé aux emphytéotes peut intervenir sous forme de crédit, immobilier ou professionnel.

Il résulte de tout cela que le but de ces tentatives n'était pas exclusivement de venir en aide aux seuls Indos-Européens mais bien, en général, à tous les Européens peu fortunés qui pouvaient entrer en ligne de compte à cette fin. Parmi ceux-ci, il y eut aussi plusieurs « Boers » immigrés du Transvaal et de l'État libre d'Orange — car cela se passait peu de temps après la guerre sud-africaine. Néanmoins, ce fut là, pour les pauvres Indos en tout premier lieu, une occasion choisie de s'assurer une meilleure position, quoi qu'il ne puisse pas être question d'une insistance de leur part lorsque cette réglementation fut projetée. J'ai déjà fait remarquer plus haut que des Indos sont parfois attachés à pareilles entreprises agricoles, au besoin comme surveillants ou employés, mais jamais en qualité d'agriculteurs travaillant eux-mêmes. On n'attend plus rien du résultat de ces expériences, résultat qui en tout cas ne doit pas avoir été encourageant : quoiqu'il en soit, il n'a nullement été question d'un mouvement général de la part des Indos de se créer dans cette voie un moyen d'existence. Cela est d'autant plus à regretter que ceux qui sont nés aux Indes supportent à la longue beaucoup mieux le climat

que les Européens importés. On est naturellement libre,
au surplus, de choisir dans une contrée salubre le terrain
à prendre en emphytéose. L'enseignement préalable
théorique nécessaire est, ainsi qu'il fut démontré plus
haut, facile à obtenir. Mais tous ces facteurs favorables
ne peuvent amener dans cette voie la solution d'un problème social difficile, lorsque les personnes qui y sont
intéressées ne veulent pas se défaire de leurs étroits préjugés de race et ne veulent pas travailler de leurs mains
sur leurs propres fonds.

En conclusion de ce paragraphe, je veux citer encore
les chiffres suivants : de 1915 à 1920, le nombre de parcelles acceptées en emphytéose s'était accru de 231 à 283
et la superficie totale de 2,594 à 3,218 « bouws ». Quoiqu'il
y ait donc à constater un certain accroissement, on ne me
taxera cependant pas de trop pessimiste lorsque je considère comme ridiculement minime un chiffre de moins
de 300 petits entrepreneurs agricoles sur un total de
plus de 100,000 âmes.

En matière *d'assistance publique*, le gouvernement des
Indes a admis le principe que l'érection d'orphelinats et
autres établissements de ce genre incombe en premier
lieu à la charité publique, le gouvernement accordant de
son côté de multiples subsides pour l'entretien et le
soutien de pareilles entreprises. De plus, il a créé la possibilité de nourrir et d'éduquer à ses frais, comme pupilles
du gouvernement, en vue de les introduire dans une
sphère d'activité sociale convenable, au maximum
350 garçons et jeunes gens européens. Les « résidents »
(administrateurs provinciaux) sont chargés de la surveillance de l'assistance publique, des orphelinats et autres
institutions publiques de bienfaisance.

La bienfaisance privée a fait largement honneur à cette
traite tirée sur elle par le gouvernement. On trouve des
orphelinats et des maisons des pauvres par douzaines à
Batavia, Sémarang, Soerabaja, Padang, Depok, Soekaboemi, Magelang et Buitenzorg, parmi lesquels, au point
de vue surtout de l'objet de cette étude, mérite d'être
signalée tout spécialement la fondation de M. J. van der
Steur à Magelang, se composant actuellement de
4 instituts dont un pour 400 garçons, un pour 120 filles,
sous la direction des instituts « Orange-Nassau » dont

M. van der Steur est le directeur. Depuis 1896, cette fondation jouit d'un subside gouvernemental. L'armée du salut s'est également acquis en cette matière de grands mérites.

Au point de vue de l'inspection *médicale*, les Indes néerlandaises sont divisées en sections médicales, dont trois à Java et deux dans les possessions extérieures. Les autres régions sont réparties de la même manière que pour les médecins militaires. A la tête de ces sections se trouvent les inspecteurs compétents nécessaires.

Au surplus, les « résidents » sont chargés de la surveillance directe du service médical et des institutions pour malades dans leur région. Sans considérer les institutions particulières telles que le fameux institut Pasteur à Batavia et les maisons d'aliénés et en dehors des psychiâtres, dentistes, pharmaciens, du personnel d'infirmerie, des médecins indigènes, vaccinateurs et sages-femmes nécessaires, le service médical est assuré par environ soixante-dix médecins gouvernementaux.

La disposition suivant laquelle les serviteurs européens de l'État et leur ménage, dont les appointements s'élèvent au maximum à 150 florins par mois, ainsi que les pensionnés, veuves et orphelins, ont la jouissance gratuite du service médical et obstétrique est de très grande importance pour la population indo, surtout que ces dispositions favorables s'appliquent à tous les Européens *nécessiteux.*

Quoique le nombre des médecins gouvernementaux ne soit de loin pas encore suffisant, il appert cependant de ce qui précède qu'en cette matière également le gouvernement fait tout ce qui est possible pour accomplir dignement sa tâche et qu'au point de vue médical aussi il protège autant qu'il le peut les groupes nécessiteux d'Européens parmi lesquels les plus nombreux sont des Indos. L'école indienne de médecine de Soerabaja, ainsi qu'il est dit déjà plus haut, est accessible à toutes les nationalités, donc aussi aux Indos. Si l'école d'instruction pour médecins indigènes, qui est actuellement accessible aux seuls indigènes, est transformée sous peu en faculté de médecine, il en résultera que l'occasion sera également donnée aux Européens de couleur de se préparer à une sphère d'action utile.

Arrivé au terme de ces considérations sur la situation matérielle, morale, intellectuelle et sociale des métis aux Indes néerlandaises, je sens en moi-même surgir la question de savoir si je n'ai pas dépeint cette situation sous des couleurs trop sombres. Malgré tout ce qui a été réalisé et est encore à l'étude dans leur intérêt, par le gouvernement et par les particuliers, il est impossible de ne pas qualifier cette situation de défavorable. Et il ne suffit pas maintenant de se contenter d'en attribuer la faute au caractère et au manque d'énergie de ce groupe de la population lui-même et d'attendre patiemment la suite des événements. Les Pays-Bas sont responsables aussi du bonheur de ces enfants qui, en tout cas, sont également issus de son sang.

Précisément la nécessité pour moi de donner au lecteur une impression exacte de la situation de l'Indo *en moyenne* m'a peut-être amené à ignorer et à négliger les points lumineux pour prêter toute l'attention nécessaire aux nombreuses exceptions (qui, hélas! confirment d'ailleurs la règle). Aussi je répète encore expressément ici que dans toutes les branches de service et dans la plupart des professions libres on trouve des exemples d'Indos qui, malgré les circonstances, défavorables pour eux, que j'ai indiquées ci-dessus, se sont montrés à la hauteur de la concurrence de tout autre groupe de la population, quel qu'il soit.

Le groupe non seulement existe, mais il forme de loin la partie la plus importante des Européens des Indes. On peut regretter qu'il soit jamais arrivé à se former parce que, comme groupe intermédiaire entre deux races, il se trouvait, dès le début, prédisposé à une existence dépendante; mais sa formation était historiquement inévitable. Il pouvait, en effet, être prédit avec une certitude mathématique que si jamais les néerlandais se fixaient dans les Indes il *devait* y surgir un groupe de gens de couleur. Ce serait faire preuve d'une étroitesse d'esprit pharisaïque que de jeter la pierre à nos ancêtres du temps de la Compagnie, qui, sans femmes de leur propre race et dans le plein épanouissement de la jeunesse et de la vigueur, se trouvaient, sous le soleil des Indes, entourés de femmes qui voyaient dans de pareilles liaisons le contraire de l'abaissement et du déshonneur. A leur place nous n'aurions pas agi autrement. C'est pour cette raison précisément que le peuple néerlandais, qui a recueilli, par la voie facile et paisible de l'héritage, ces colonies conquises grâce à une énergie d'acier et au sacrifice de beaucoup de sang, doit, à côté des avantages qu'il en retire, en supporter également les charges et aussi les conséquences des faiblesses excusables de ces fondateurs de colonies. Le peuple néerlandais est donc moralement obligé de consacrer au problème indo son attention tout entière. L'Indo qui, actuellement n'est européen qu'au regard de la loi, doit le devenir également en fait. Et d'innombrables individus ont prouvé que ce n'est pas chose impossible.

Mai 1922.

H. J. SCHEUER,
Membre associé.

Note relative à la condition des métis
en Afrique Occidentale Française.

CHAPITRE PREMIER.

Point de vue anthropologique.

Il convient, pour ce qui est de l'Afrique occidentale française, de diviser en deux catégories les métis provenant d'unions entre personnes de race blanche et personnes de race noire. Les uns en effet sont issus d'indigènes de race blanche (Arabes, Berbères, Peuls) et d'indigènes de race noire, les autres d'indigènes de race noire et de colons ou fonctionnaires européens.

** * **

1º *Métis d'origine purement indigène.*

Les métis d'origine purement indigène sont nombreux dans les régions du Sahara méridional et dans les régions soudanaises voisines du Sahara. Ils proviennent en majeure partie, dans la première de ces deux zones, d'unions entre maîtres de race blanche et femmes esclaves ou serves de race noire; dans la seconde, de relations occidentales entre des voyageurs sahariens de race blanche ou des Peuls habitant le pays et des négresses indigènes. On constate aussi au Soudan l'existence de métis issus de Noirs et de femmes peules, mais, ce dernier cas, spécial aux Peuls, mis à part, l'on peut dire que presque tous les métis d'origine purement indigène appartiennent à la race noire par leur mère et non par leur père.

Ce genre de métissage n'a pas donné naissance à des races intermédiaires, car les métis qui en sont le produit ne s'unissent que rarement entre eux et leurs descendants, au bout de quelques générations, sont presque complètement réassimilés par l'une des deux races. Tout au plus est-il possible de constater chez les Maures et chez les Touareg la présence d'un grand nombre d'individus à cheveux crépus, à nez plus ou moins épaté et à teint très foncé qui ont évidemment du sang nègre dans leur ascendance, mais qui ne peuvent être considérés comme formant une race à part. Chez les Peuls, réserve faite de quelques tribus qui vivent à l'état isolé, le nombre des individus métissés à des degrés divers est plus considérable encore, tellement que, dans certaines régions, l'ensemble du peuple peul se rapproche plus de la race noire que de la race blanche.

De la part des peuples nègres, il y a eu une absorption beaucoup plus radicale des éléments blancs, dont la présence ne se révèle guère au delà de la première génération. Chez les Ouolofs, par exemple, il existe une assez grande quantité de métis de Maures, appelés Pourognes, qu'on reconnaît à leurs cheveux longs et bouclés, à leur nez relativement fin, à leur teint clair, au moins comparativement à celui des Ouolofs de pure race, qui l'ont particulièrement foncé. Mais les enfants nés de ces Pourognes ne se distinguent pas de la masse de la population ouolove. Il en est de même chez les Toucouleurs et les Mandingues pour les métis de Peuls.

* * *

2° *Métis d'origine en partie européenne.*

Les métis de la deuxième catégorie, chez lesquels l'élément de race blanche a été fourni par des Européens (colons proprement dits et fonctionnaires civils ou militaires), sont beaucoup moins nombreux. Il en existe une quantité relativement appréciable dans quelques villes du Sénégal où ont habité depuis le xviie siècle des Européens et surtout des Français, notamment à Saint-Louis, à Gorée, à Dakar, à Rufisque; les uns proviennent de relations entre des maîtres européens et des femmes noires que ceux-ci détenaient comme esclaves au temps jadis, les autres d'unions temporaires ou de relations accidentelles entre des Européens et des femmes indigènes de condition quelconque, quelques-uns de mariages réguliers entre blancs et négresses. Dans la majeure partie de l'Afrique occidentale française, les métis de la même catégorie sont plus rares et proviennent presque tous d'unions temporaires ou de relations accidentelles entre des Européens et des femmes indigènes. Partout, à part peut-être deux ou trois cas exceptionnels, les métis de cette catégorie se rattachent à la race noire uniquement par ascendance utérine.

Dans les vieilles villes françaises du Sénégal, des unions, régulières ou non, ont été fréquemment contractées entre métis, ou bien entre métis et blancs, et il en est résulté un accroissement numérique important de sangs-mêlés à des degrés divers, dans lesquels l'élément noir est allé sans cesse en diminuant. On en rencontre aujourd'hui pour lesquels il faudrait remonter à plusieurs générations en arrière, parfois à une dizaine ou même davantage, avant de retrouver l'ancêtre féminin de pure race noire responsable anthropologiquement du métissage initial. Certains même sont nés et ont été élevés en France. Souvent, les caractères essentiels de la race noire sont difficilement reconnaissables : les cheveux sont lisses, le nez droit, le teint clair, quoique mat. Par ailleurs, il arrive fréquemment que des frères de même père et même mère présentent des types physiques très dissemblables, surtout au point de vue de la couleur de la peau. La plupart de ces métis cependant ont le teint plus ou moins foncé, les cheveu plus ou moins crépelés, et le bout des doigts apparaît blanc sous les ongles plutôt que rosé, en sorte qu'il est relativement facile en général de diagnostiquer un élément d'ascendance noire même chez les métis dont le métissage est le plus lointain et qui sont le mieux réassimilés à l'élément blanc.

L'ensemble de ces circonstances disparates permet de considérer, dans une certaine mesure, cette portion spéciale des métis de la deuxième catégorie comme constituant une race intermédiaire, d'ailleurs instable, dont les limites et les caractéristiques seraient très malaisées à définir aussi bien physiquement que psychologiquement. C'est aux individus de cette race que l'on donnait autrefois, au Sénégal, le nom de *Signares*.

D'autre part, bien des métis de même origine initiale ont été réabsorbés pour la race noire, du fait que des unions se sont opérées entre métis et nègres. Généralement, la première union de ce genre a eu lieu entre un métis de sexe masculin et une négresse, les suivantes s'étant produites sans distinction de sexe. Lorsque ce procédé s'est poursuivi avec quelque constance, les traces dues à la lointaine et unique ascendance de souche européenne ont complètement disparu et les descendants actuels des métis primitifs sont entièrement intégrés dans l'élément noir indigène.

On a déduit de ce fait, comme du phénomène contraire relaté précédemment, et aussi d'observations faites sur les métis de Maures et de nègres, que l'élément de race blanche apporté dans le métissage a moins de force de persistance que l'élément de race noire, tout au moins lorsqu'il est dû à des blancs à cheveux noirs ou bruns. Quelques métis, dont le métissage initial remonte, pour ce qui est de l'apport de sang européen, à un ancêtre anglo-saxon à cheveux blonds, ont conservé bien mieux le type européen et semblent plus rebelles à la réabsorption par la race noire.

En ce qui concerne les colonies de l'Afrique occidentale française autres que le Sénégal, le métissage, sauf de rares exceptions, est beaucoup plus récent. Lorsqu'il s'est écoulé, depuis son origine, un temps suffisamment long pour que plusieurs générations de produits aient pu se succéder, l'on constate en général une tendance manifeste à l'assimilation de plus en plus totale de l'élément blanc par l'élément noir. En effet, les unions entre métis sont peu fréquentes dans ces colonies, en partie par suite de la dissémination des métis des deux sexes à travers de grandes étendues de pays. Les unions entre femmes métisses et Européens, sans être proprement rares, ne donnent pas toujours naissance à des produits, en partie à cause de la nature spéciale de beaucoup d'entre elles. Quant à des unions entre métis de sexe masculin et femmes blanches, il n'en existe autant dire pas, si tant est qu'il s'en soit jamais produit. Au contraire, les unions entre métis des deux sexes et nègres ou négresses sont extrêmement communes.

Aussi, pour ce qui est de la majeure partie de l'Afrique occidentale française, les métis d'Européens et d'indigènes ne constituent pas une race. Ils ne se présentent que sous l'aspect d'individus en nombre restreint, offrant des caractères physiques facilement reconnaissables à la première génération, mais disparaissant ensuite rapidement, parfois dès la deuxième, pour faire place aux caractères typiques de la race noire.

Toutefois, il convient de noter que, au fur et à mesure

qu'il se forme des centres plus prospères, dont la population européenne va croissant, les phénomènes constatés dans les villes du Sénégal tendent à se manifester également dans ces centres. Cette tendance, néanmoins, se trouve combattue en partie par le fait que, dans ces mêmes centres, les Européens, colons ou fonctionnaires, se font accompagner de plus en plus par leurs épouses de race blanche et qu'en conséquence le nombre des unions temporaires avec des femmes indigènes, pouvant donner naissance à des métis, n'est nullement proportionné à l'accroissement de la population européenne.

* * *

Il ne semble pas que la question des métis, en Afrique occidentale française, même au Sénégal, ait jamais fait l'objet d'études spéciales. Aussi ne saurait-on en donner la bibliographie. Pour constituer celle-ci, il faudrait dépouiller les innombrables ouvrages et mémoires consacrés, dans toutes les branches scientifiques, à l'ensemble ou à telle ou telle portion des pays envisagés, et signaler les passages, le plus souvent assez vagues, qui concernent la matière.

Il en serait de même pour ce qui est des données d'ordre historique.

Quant aux statistiques, il n'en a jamais été fait, même d'une manière approximative. Au point de vue officiel, qui n'admet pas la distinction de couleur, ou bien les métis sont citoyens français ou étrangers et se trouvent englobés dans les chiffres affectés aux Européens, ou bien ils possèdent le statut personnel des indigènes et sont comptés avec ceux-ci. Des particuliers pourraient, il est vrai, se livrer à des recherches sur ce sujet, mais celles-ci rencontreraient des difficultés pratiques à peu près insurmontables, en raison de l'immensité du domaine qu'il faudrait recenser et de beaucoup d'autres motifs sur lesquels il paraît inutile d'insister.

CHAPITRE II.

Point de vue social et politique.

De l'exposé qui précède, il résulte qu'il ne saurait être question, en Afrique occidentale française, de castes ou de classes correspondant aux races de métis, sauf en ce qui concerne une partie de la colonie du Sénégal; là, on peut, à la rigueur, considérer une certaine catégorie de métis, issue d'Européens et de femmes indigènes, comme constituant une race, ainsi qu'il a été dit plus haut. Même là, d'ailleurs, l'on ne saurait dire que les métis forment une *classe* à part ni, à plus forte raison, une caste.

Il a été signalé précédemment que de fréquentes unions ont eu lieu depuis le XVIIe siècle et que de fréquentes unions ont lieu encore de nos jours entre des personnes de cette race métisse et des personnes appartenant, soit à la race blanche, soit à la race noire. On doit en déduire que le préjugé de couleur ne s'est pas manifesté autrefois et ne se manifeste pas aujourd'hui, en Afrique occidentale française, de la même manière ni dans les mêmes proportions qu'il s'est manifesté et se manifeste encore dans les colonies britanniques, par exemple, ou aux États-Unis d'Amérique. Il est permis d'ajouter que ce préjugé a moins de force encore de nos jours qu'il n'en a eu jadis et qu'il tend à disparaître, au moins en ce qui concerne les métis. On constate en effet, aussi bien chez les Français de race blanche résidant en Afrique occidentale que chez ceux de la métropole, une répugnance marquée vis-à-vis des mariages entre blancs et négresses ou entre nègres et femmes blanches, mais l'on n'en rencontre que dans une mesure presque exceptionnelle vis-à-vis des mariages entre blancs et métisses ou entre métis et femmes blanches, lorsqu'il s'agit de métisses ou métis possédant une éducation et des usages qui les mettent au même niveau que les Européens.

Du côté des noirs, il ne semble pas y avoir répugnance à contracter mariage soit avec des métis soit avec des blancs, mais il est incontestable que les nègres de race pure, lorsqu'ils ont adopté la manière de vivre des blancs, s'écartent plus volontiers de la société des métis que ne le font les blancs de race pure. Par ailleurs, les noirs demeurés fidèles aux usages indigènes considèrent en général les métis vivant à l'européenne comme des blancs et accordent plus d'importance à la façon de vivre qu'à la race.

Étant données ces diverses constatations, la situation des métis en Afrique occidentale française, même en ce qui concerne les *Signares* du Sénégal, à plus forte raison pour ce qui est des autres catégories, est *une question individuelle ou une question de circonstances beaucoup plus qu'une question de race ou de classe.* C'est sous cet angle qu'il convient de l'examiner, en observant que *les facteurs dominants sont le statut de chaque métis et le milieu dans lequel il vit.*

Pour le statut, ou bien il est celui des Européens citoyens français ou citoyens d'une puissance étrangère reconnue par la France, ou bien il est celui des indigènes non citoyens français. Cette distinction, établie au point de vue juridique par le décret du 16 août 1912 qui a réorganisé la justice indigène en Afrique occidentale française, s'étend à tous les habitants, sans différence de race ni de couleur, et s'applique aux métis au même titre qu'aux autres. Nous verrons plus loin, au Chapitre III, quels sont les métis qui possèdent le statut européen et quels sont ceux qui possèdent le statut indigène.

* * *

1º *Les métis de statut européen.*

Si un métis a le statut européen, il a, en fait aussi bien que légalement, les mêmes droits et les mêmes devoirs que les autres citoyens de sa nation, sans que la nature spéciale de son ascendance puisse exercer aucune influence sur sa situation sociale et politique. Il n'est fait aucune différence entre un citoyen blanc, un citoyen métis et un citoyen noir quant à la place qu'ils peuvent occuper dans l'agriculture, l'industrie, le commerce, l'administration, les sciences, la politique : cette place dépend uniquement des aptitudes de chacun et du hasard des circonstances, nullement des origines ethniques.

Nous voyons des mulâtres occuper des fonctions subalternes et d'autres des emplois de direction dans les grandes entreprises coloniales de l'Afrique occidentale française, soit agricoles, soit industrielles, soit commerciales. L'administration, dans ses différentes branches, compte un nombre appréciable de fonctionnaires métis de toutes catégories et il arrive fréquemment que des agents blancs sont subordonnés à des mulâtres; il en est de même dans l'armée. Des métis se distinguent au barreau, dans l'exercice de la médecine, dans le professorat. Tous les citoyens français, quelle que soit leur couleur, jouissent des mêmes droits électoraux et sont éligibles aux mêmes mandats électifs. Le député envoyé par le Sénégal au Parlement français a été tantôt un blanc, tantôt un mulâtre et tantôt un noir pur, et des hommes de toutes races siègent au Conseil colonial du Sénégal, aux Conseils d'administration des diverses colonies, au Conseil de gouvernement de l'Afrique occidentale française, comme aux Chambres de commerce.

Les conditions de la concurrence économique sont les mêmes pour les métis de statut européen que pour les blancs d'origine européenne, les conditions de vie étant d'ailleurs identiques pour les premiers et pour les seconds et ne diffèrent, dans une certaine mesure, que selon que les premiers ou les seconds sont nés dans la colonie ou hors de la colonie.

Les métis de statut européen qui sont de nationalité française, se considèrent légitimement comme placés au même rang et sur le même pied que leurs concitoyens blancs, ont vis-à-vis de la métropole les mêmes sentiments que ceux-ci. Ils sont également astreints aux mêmes obligations militaires; celles-ci peuvent varier selon que le citoyen a son domicile dans la métropole ou dans la colonie, mais non selon sa race ou sa couleur. D'autre part, la société métropolitaine fait la même place aux citoyens métis qu'aux citoyens blancs et ne tient compte à cet égard que du degré d'éducation, ou bien de la catégorie sociale déterminée par celui-ci ou par le chiffre de fortune, non par la race.

Il n'en est pas exactement de même, en ce qui concerne les relations sociales privées, à l'intérieur de la colonie.

A la vérité, comme il a été dit déjà, fréquents sont les mariages entre blancs et jeunes filles métisses de statut européen ou entre métis de statut européen et jeunes filles de race blanche. Pour autant qu'il s'agit de métis de l'un ou l'autre sexe jouissant du statut européen, l'opinion se montre aussi sévère pour les unions irrégulières entre métis ou entre métis et blanches ou blancs et métisses que pour les unions de même nature entre blancs et blanches. Il existe assurément quelques femmes métisses de statut européen qui vivent, plus ou moins ouvertement ou directement, de la prostitution; mais leur nombre ne paraît pas être sensiblement supérieur à celui des femmes blanches qui, dans les mêmes localités, mènent une existence analogue, si même il n'est pas proportionnellement inférieur.

Cependant il convient d'observer que la société blanche n'ouvre pas toutes grandes ses portes à la société métisse et surtout ne les lui ouvre pas sans une sorte de contrôle préalable, même lorsqu'il s'agit de relations entre personnes que l'on peut considérer comme appartenant au même monde. La société noire européanisée se montre peut-être plus difficile encore à cet égard, ainsi que je le remarquais plus haut.

Le premier de ces deux phénomènes se constate surtout là où les métis de statut européen se trouvent noyés au milieu de métis de statut indigène et surtout d'indigènes de race noire, ce qui est le cas dans presque toute l'Afrique occidentale française à l'exception des villes du Sénégal et de quelques rares centres importants. Les préjugés de race interviennent alors bien davantage et créent aux métis de statut européen une situation beaucoup moins enviable. C'est que dans ce cas, contrairement à ce qui se produit à Saint-Louis ou à Dakar, par exemple, le métis de statut européen constitue une exception et participe des conditions anormales inhérentes à tout ce qui est exceptionnel.

Au point de vue légal, au point de vue économique, au point de vue administratif ou politique, au point de vue de l'accueil réservé par la métropole aux mulâtres qui se rendent en France, il n'y a pas de différence entre les métis de statut européen qui vivent à l'état isolé et ceux qui sont groupés en société. Mais il en existe une, très certainement, au point de vue de la nature des relations qui s'établissent entre les métis et les autres habitants d'une même région.

Les blancs, qui n'acceptent en général les métis qu'avec une certaine réluctance, plus au moins dissimulée, et selon un choix que dictent toutes sortes de circonstances fort diverses, et qui accusent facilement les sangs-mêlés de concentrer en eux tous les défauts des deux races dont ils sont issus sans avoir hérité d'aucune de leurs qualités respectives, répugnent à adopter comme partie intégrante de leur société, au moins à titre privé, des gens dont l'ascendance indigène est trop récente et trop connue pour ne pas se présenter inconsciemment à l'esprit de quiconque les fréquente, et que leur isolement d'autre part, comme leur manque d'éducation, a empêché d'acquérir les usages européens, vite devenus familiers aux métis groupés au sein d'un centre cultivé. Ces mulâtres, de leur côté, sentent très vivement l'espèce de demi-répulsion dont ils sont l'objet de la part de leurs concitoyens blancs et ils en souffrent d'une façon aiguë, d'autant plus aiguë qu'ils tirent vanité de l'élément européen de leur ascendance et que leur orgueil naturel les porte à se rapprocher le plus possible de cet élément et à se tenir le plus possible à l'écart de l'autre élément, qu'ils sont enclins à renier comme une tare honteuse. Il y a là, de leur part, une très curieuse manifestation psychologique, provenant peut-être de ce qu'ils ont hérité de leurs pères le préjugé instinctif hostile à la race noire et de leurs mères les sentiments de vanité et de méfiance qui, à côté de nombreuses et solides qualités, s'observent chez presque tous les nègres.

Cet état d'esprit est d'autant plus fâcheux pour le bonheur des métis que les noirs, au contraire des blancs, se montrent généralement fort bien disposés vis-à-vis des mulâtres et ne demanderaient pas mieux que de les accueillir parmi eux. Seuls, les noirs européanisés font preuve, sous ce rapport, d'un préjugé analogue à celui des blancs et méprisent ces hommes qui ne sont ni des noirs comme eux ni des blancs comme ceux qu'ils ont pris pour modèles. Mais les noirs européanisés ne sont nombreux que là où les métis de statut européen le sont eux-mêmes suffisamment pour former une société en état de se défendre, de s'entraider et de se faire accepter, plus ou moins facilement, par la société blanche.

Il résulte de tout cela que, satisfaisante dans les villes

du Sénégal et dans quelques grands centres, la situation des métis de statut européen l'est assez peu, au point de vue moral tout au moins, en dehors de ces villes et de ces centres. Elle l'y est d'autant moins que les intéressés repoussent avec plus de dédain les avances que la société indigène serait disposée à leur faire.

Il en résulte également que l'amélioration de leur sort ne saurait aucunement dépendre de mesures législatives ou administratives quelconques, puisque la loi et l'administration ne font aucune distinction entre métis et non-métis. Elle ne peut dépendre que d'un changement dans les idées et dans les mœurs et, de ce côté, il n'apparaît pas que l'initiative humaine soit en état de faire besogne utile ou de devancer l'œuvre du temps.

* * *

2° *Les métis de statut indigène.*

De même qu'un métis de statut européen est exactement assimilé à un Européen de race pure, un métis de statut indigène est exactement assimilé à un indigène de race pure non citoyen français. Aux divers points de vue politique, militaire, administratif, judiciaire, la loi ne fait aucune distinction entre l'indigène proprement dit et le métis de statut indigène, quelque soit le degré de métissage de ce dernier et quelle que soit la race de l'un ou l'autre de ses ascendants.

Les métis d'origine purement indigène, issus de nègres et de Maures, de Touareg ou de Peuls, font partie intégrante de la société à laquelle appartient celui de leurs ascendants dont ils suivent la condition, selon que la coutume locale attribue les enfants au père ou à la mère. Le préjugé de couleur n'existant pas de race indigène à race indigène, la situation sociale et morale de ces métis ne saurait aucunement se distinguer de la situation sociale et morale du non-métis faisant partie du même groupe. Il ne sera donc pas autrement parlé d'eux et ce qui suit concerne uniquement les métis issus d'indigènes et d'Européens, mais possédant le statut indigène et non le statut européen.

Il est bien évident que, la loi et la coutume françaises permettant aux sujets et protégés indigènes d'aspirer aux mêmes situations sociales *privées* que peuvent atteindre les citoyens, les métis de statut indigène peuvent, en principe, occuper n'importe quel emploi dans une entreprise agricole, industrielle ou commerciale. En pratique, une telle entreprise, si elle est dirigée par des Européens, ne fera le plus souvent appel à des indigènes et, par suite, à des métis de statut indigène que pour des fonctions subalternes. D'autre part, ces métis de statut indigène, s'ils veulent se livrer de leur propre chef à l'agriculture, à l'industrie ou au commerce, devront se soumettre aux règlements institués à l'usage des indigènes pour le régime foncier, la main-d'œuvre, les patentes, etc, de même qu'ils sont justiciables des tribunaux indigènes et que ceux-ci leur appliquent la coutume indigène et non pas la loi française. Il pourrait y avoir concurrence, sur le terrain économique, entre eux et les indigènes proprement dits, si leur petit nombre n'écartait toute possibilité pour la question de se poser; il ne saurait y avoir concurrence entre eux et les colons européens, puisqu'ils ne sont pas soumis aux mêmes règlements ni au même régime de la propriété.

Ces métis peuvent être tentés de se considérer comme plus liés à la métropole que les indigènes dont ils partagent le statut. Ce sentiment, né de la conscience qu'ils ont de leur origine, se fortifie en eux s'il leur arrive de séjourner en France, car ils s'aperçoivent alors que la société métropolitaine, ignorante des subtilités de la législation coloniale, ne fait pas de différence entre métis de statut indigène et métis de statut européen. Cette constatation, lorsqu'ils ont pu la faire, tend à les aigrir contre des règlements dont ils ne saisissent exactement que le côté défavorable, et, par suite d'une association d'idées assez naturelle, contre les représentants aux colonies de l'autorité métropolitaine, qu'ils accusent de ne point agir en conformité de ce qu'ils croient être l'opinion réelle de la France. C'est ce qui arrive aux métis qui, quoique de statut indigène, ont été élevés à l'européenne et ont fréquenté surtout des milieux européens. Cet état d'esprit les incline à envier leurs congénères de statut européen et, afin d'être assimilés à ceux-ci et aux Européens proprement dits, à solliciter la naturalisation française; on ne la leur refuse généralement pas, s'ils y ont quelques titres, mais, le premier moment de satisfaction passé, ils ne tardent pas à s'apercevoir que le changement de statut n'a apporté à leur sort aucune amélioration sensible.

La société blanche, qui, nous l'avons vu, n'accepte souvent qu'à contre-cœur les métis de statut européen, tient tout-à-fait à l'écart les métis de statut indigène. Elle leur vient très volontiers en aide et se montre pleine de bienveillance à leur égard, en souvenir des pères dont ils sont issus, mais elle ne veut pas se les incorporer. Ils n'en souffrent, d'ailleurs, qu'autant que l'éducation qui leur a été donnée ou les impressions rapportées d'un voyage en France les portent à tourner leurs aspirations vers un milieu qui leur demeure fermé.

Dans le cas contraire, c'est-à-dire s'ils ont été élevés dans le milieu de leurs mères indigènes, ils ne sauraient regretter de ne point être accueillis dans une société qu'ils ignorent et considèrent comme étrangère; par contre, ils arrivent généralement à occuper une situation avantageuse dans la société indigène, qui, elle, les accueille à bras ouverts et leur témoigne même une certaine prédilection, en raison des qualités spéciales qu'elle attribue à leur ascendance paternelle et de la supériorité qu'elle accorde à celle-ci. On a cité, il est vrai, des cas de métis d'Européens persécutés et parfois mis à mort par les indigènes aux mains desquels ils avaient été abandonnés par leurs pères; mais, outre que ces cas sont fort rares et n'ont presque jamais été établis nettement, il convient d'observer qu'ils se rapportent tous à des époques auxquelles les indigènes résistaient les armes à la main à l'occupation européenne et avaient ou croyaient avoir des motifs de se venger du père sur la personne de son enfant.

En ce qui concerne plus spécialement les métis de statut indigène appartenant au sexe féminin, il a été maintes fois constaté que les jeunes mulâtresses ayant reçu dans les écoles une éducation européenne fournissaient une proie presque fatale à la prostitution, parce que leur éducation les inclinait vers des goûts dispendieux et en même temps les portait de préférence du côté des Européens, alors que leur statut et leur situation, sans parler des idées reçues, les empêchaient d'être recherchées en mariage par ces derniers. Au contraire, celles qui demeurent dans le milieu familial indigène deviennent en général d'heureuses et excellentes mères de famille, à la suite de mariages, conformes à la coutume locale, avec des noirs de leurs pays et de leur entourage.

Il résulte de ce qui précède que les métis de statut indigène ont un sort d'autant plus enviable qu'ils ont été moins détournés du milieu maternel, c'est-à-dire qu'ils ont été orientés davantage du côté indigène, tandis que leur situation morale est d'autant plus malheureuse qu'ils ont été poussés plus obstinément vers le milieu paternel, c'est-à-dire européen.

Il en résulte aussi, par une sorte de corollaire, que les tentatives faites, soit par des particuliers, soit par l'administration, dans différentes colonies de l'Afrique occidentale française, en vue de donner une éducation spéciale aux métis de statut indigène, de les arracher à l'emprise du milieu maternel et de les rapprocher du niveau paternel, ne sont point à encourager, non plus que le système consistant à les faire élever en France.

Il serait préférable, semble-t-il, qu'il n'y eût pas de métis du tout en Afrique occidentale et que les deux races en présence s'associassent sans se mélanger. Mais, dès le moment que l'on se trouve en présence d'un fait accompli, dont le renouvellement d'ailleurs paraît inévitable, il convient seulement de chercher à ce que ses conséquences soient le moins funestes possibles. Pour arriver à ce résultat, il y aurait lieu de veiller à ce que le métis de statut indigène, tout en recevant l'aide matérielle et morale que lui doit son père naturel ou, à défaut de père connu, la société européenne, fût élevé dans le milieu indigène auquel il appartient par sa mère et par son statut, et selon la civilisation propre à ce milieu. De plus, en dehors des cas où il existe une véritable société métisse vieille de plusieurs générations et, par suite, viablement constituée, il conviendrait, chaque fois qu'un enfant métis vient à naître dans d'autres conditions qu'à la suite d'un mariage régulier, de limiter le nombre des métis de statut européen en conseillant au père de ne point faire accorder ce statut à son enfant par l'effet d'une reconnaissance légale, plus souvent intempestive qu'utile.

CHAPITRE III.

Point de vue strictement juridique.

Comme il a été dit plus haut, la législation en vigueur dans l'Afrique occidentale française, consacrée notamment par le décret du 16 août 1912, établit une distinction, parmi les habitants des colonies du groupe, entre personnes de statut européen et personnes de statut indigène, sans que la race puisse influer en quoi que ce soit sur cette distinction.

Ont le *statut européen* toutes les personnes qui jouissent, soit par droit de naissance, soit du fait de la naturalisation, soit en vertu de la loi du 29 septembre 1916, qui a déclaré citoyens français les natifs des communes de plein exercice du Sénégal et leurs descendants, de la qualité de citoyen français ou de celle de citoyen d'une puissance reconnue par la France. (1)

Ont le *statut indigène* toutes les autres personnes, c'est-à-dire, en fait, les habitants de l'Afrique occidentale française qui sont sujets français ou étrangers, ou protégés français ou étrangers, sans avoir la qualité de citoyen français ou de citoyen étranger.

Donc, en ce qui concerne plus spécialement les métis, le statut européen est acquis de droit :

1º A ceux qui sont issus d'un mariage régulier contracté par un citoyen français ou un citoyen étranger, quel que soit le statut et quelle que soit la nationalité de la mère à l'origine, la loi française disposant que le statut et la nationalité de l'époux absorbent le statut et la nationalité de l'épouse;

2º A ceux qui, nés hors mariage de la liaison d'un

(1) Sont en outre assimilés aux personnes de statut européen, mais seulement au point de vue spécial de la compétence des tribunaux appelés à les juger, les indigènes, même non citoyens français ou non citoyens d'une puissance reconnue par la France, du Maroc, de l'Algérie, de la Tunisie, de la Tripolitaine, de l'Egypte et, d'une façon générale, des possessions françaises autres que l'Afrique occidentale et l'Afrique équatoriale françaises et des possessions étrangères autres que celles comprises entre ces deux groupes de colonie, lorsque ces indigènes résident en Afrique occidentale française. Cette disposition du décret du 16 août 1912 ne saurait être interprétée comme conférant aux indigènes susvisés la qualité de citoyen français ni aucun des droits civils et politiques attachés à la possession de cette qualité.

citoyen français ou d'un citoyen étranger avec une femme de statut et de nationalité quelconques, ont été légitimés par le mariage régulier contracté subséquemment entre leurs auteurs;

3º A ceux qui, quels que soient leurs ascendants, ont obtenu par décret la naturalisation française; .

4º A ceux qui, quelle que soit la nationalité et quel que soit le statut de leur père, qu'ils soient issus ou non d'un mariage régulier, fussent-ils même de père inconnu, sont nés sur le territoire de l'une des communes de plein exercice du Sénégal (Saint-Louis, Gorée, Dakar, Rufisque);

5º A ceux qui, par leur père ou par leur mère, descendent d'un natif ou de l'une des communes susvisées.

Le statut européen est encore attribué aux métis qui, nés hors mariage d'un père citoyen français et d'une mère indigène, ont été légalement reconnus par leur père, à condition toutefois, ainsi que l'a établi la jurisprudence, qu'ils n'aient pas été auparavant reconnus par leur mère, soit explicitement, soit implicitement par la simple mention du nom de leur mère sur l'acte de naissance aux registres de l'état-civil du lieu d'origine de l'enfant.

D'autre part, sont de statut indigène les métis nés, ailleurs que dans l'une des communes de plein exercice du Sénégal, soit de père et mère inconnus, soit de père inconnu et de mère ayant elle-même le statut indigène, soit de père et de mère connus ayant tous les deux ce dernier statut, soit d'une mère indigène et d'un père européen qui n'a pas reconnu son enfant ou ne l'a reconnu qu'après la mère.

Rien, dans la loi française, ne s'oppose au mariage régulier d'un citoyen français avec une femme de statut indigène : celle-ci, comme il a été dit précédemment, prend, du fait même de son mariage, la nationalité et le statut de son époux. Donc, la femme métisse de statut indigène, du jour où elle est épousée légalement par un citoyen français, échange son statut personnel contre le statut européen. Bien entendu, les métis issus du mariage régulier d'un citoyen français avec une femme noire ou métisse de statut indigène, ou légitimés par un tel mariage, ont le statut de leur père, c'est-à-dire le statut européen.

Par contre, la loi française ne saurait consacrer légalement le mariage d'une femme européenne avec un indigène ou un métis de statut indigène. Une telle union ne se pourrait contracter que sous l'empire du droit coutumier local des indigènes et conformément à ses dispositions; non sanctionnée par la loi civile française, elle serait considérée par elle comme inexistante. Par suite aux yeux de la loi française, les enfants métis issus d'une telle union n'auraient point de père connu et conserveraient le statut européen de leur mère. Dans ce cas, il pourrait y avoir conflit entre la loi française et la coutume indigène : pour celle-ci, en effet, ou bien l'union contractée serait considérée comme irrégulière — et, en droit indigène l'enfant né d'une union libre suit la condition de sa mère, — ou bien, ce qui serait plus probable, puisque nous avons supposé que l'union aurait été contractée conformément aux dispositions du droit coutumier local, la coutume indigène considérerait cette union comme un mariage régulier selon le droit indigène : mais alors, selon les tribus ou les provinces, la coutume veut tantôt que l'enfant suive la condition de sa mère, tantôt qu'il suive la condition de son père.

Les métis nés de père et de mère ayant tous les deux le statut indigène, par exemple les métis nés d'une négresse et d'un Maure, d'un Touareg ou d'un Peul, sont naturellement tous de statut indigène.

Paris, le 29 décembre 1922.

MAURICE DELAFOSSE,
Membre effectif.

La question des métis en Indo-Chine.

La question des métis se rattache d'une manière générale, et par voie de conséquence, à la question des unions entre les races blanches et les races indigènes, qu'il s'agisse de mariages légaux ou simplement d'unions libres.

En Indo-Chine, la chose se complique de ce fait qu'il existe un genre d'union qui, aux yeux des blancs, est irrégulière, tandis qu'aux yeux des jaunes elle constitue un acte parfaitement honorable et faisant partie du statut personnel et de la tradition populaire : c'est le mariage dit du deuxième degré, dont les titulaires s'appellent femmes deuxième, troisième, etc., et que la famille annamite admet parfaitement de voir contracter avec un blanc, même s'il est déjà marié légalement en France.

La femme indigène qui contracte une union de ce genre a une situation parfaitement délimitée, et les enfants provenant de ce genre d'union ont un statut personnel et une situation sociale qui ne le cède guère à la situation des enfants légitimes.

En conséquence de quoi, le même enfant d'un blanc et d'une jaune est, aux yeux du blanc, un enfant naturel et, aux yeux de l'indigène, un enfant parfaitement légal et de conditions reconnues.

Il est inutile d'insister pour comprendre comment un tel état social, qui existe depuis des siècles en Indo-Chine, complique la question des métis, et comment il crée, entre le père défaillant et la mère abandonnée, un malentendu intellectuel et social d'où découlent les conséquences les plus imprévues et les plus cruelles.

En Indo-Chine, comme partout ailleurs, les unions qui donnent lieu à la naissance d'enfants métis se font presque exclusivement entre l'homme qui arrive en conquérant et la femme qui est du milieu indigène; car il est extrêmement rare que le contraire se produise, et qu'une jeune fille française épouse un jaune; ce cas exceptionnel ne se présente que lorsque le jaune devenu citoyen français a été élevé en France, y demeure, et y a trouvé non seulement une situation mais une intellectualité générale française; et dans ce dernier cas les jeunes métis sont français de naissance; et dans l'état présent de notre législation la question ne se pose pas pour eux.

Reconnaissons enfin cet axiome psychologique qui n'est pas fait pour nous aider : la question des métis peut bien être envisagée anthropologiquement, socialement, politiquement et juridiquement, elle n'en est pas moins au premier chef une question sentimentale, de telle sorte que, hors de toutes les méthodes et de tous les raisonnements, elle est soumise, dès l'origine et en dernier ressort, aux mouvements passionnés, imprévus et parfois désordonnés du cœur humain.

I.

Les métis dans les colonies françaises n'ont pas toujours donné les plus grandes satisfactions à ceux qui avaient accepté ou provoqué leur développement.

En leur créant une place à part dès l'origine, nous avons cru leur marquer une attention spéciale et pour ainsi dire de faveur, tandis qu'à leurs yeux, du moins, ils prétendent que nous les avons marqués dès leur naissance d'une détermination qui les diminue. Or, en Indo-Chine, comme dans toute colonie nouvelle, nous sommes libres de faire ou de ne pas faire des métis.

Et il faut nous en expliquer immédiatement; il y aura toujours des métis malgré la fâcheuse impression que cause ce mot, parce que la langue française veut qu'on appelle ainsi les produits de l'union entre individus de couleur différente. Le métis restera donc toujours comme un terme nécessaire dans la grammaire, mais il ne faudrait pas qu'il en sortît.

Il est vrai que tant qu'il y aura dans nos colonies des Français à sang ardent ayant des heures inoccupées et le regret de leur intérieur, tant qu'il y aura des indigènes curieuses de se rapprocher, pour un gain matériel ou intellectuel, de la race conquérante, nous aurons des enfants de sang métis : cela est indiscutable, mais est-il bien nécessaire d'envisager et de créer une caste métisse dans celle de nos colonies qui a la chance de ne pas en avoir encore?

La race métisse est un produit de la nature et la caste métisse est un produit à la fois de l'éducation et de notre goût pour les distinctions ethniques et légales; donc, tout le problème moral se résume en ceci : Est-il utile à une colonie comme l'Indo-Chine d'avoir une caste métisse, et, ce point éclairci, quelle éducation devrons-nous donner aux enfants de sang mêlé pour qu'ils constituent ou ne constituent pas une race intermédiaire?

On vient de voir que nulle famille, comme nulle femme ou nulle jeune fille asiatique ne pouvait éprouver de honte (je ne dis pas de répulsion) à former avec un blanc un foyer, qui est une annexe du foyer laissé en France par ce blanc; l'inconvénient était que ces unions, parfaitement normales suivant la coutume jaune, étaient nécessairement temporaires et fugitives à cause de nos règlements pour le séjour des Français aux colonies. En effet les principaux responsables étaient dans les commencements les fonctionnaires, les militaires et les marins qui ne pouvaient faire que deux ou trois ans de séjour en Asie française; les deux ou trois ans révolus, l'avancement rêvé obtenu, et l'enfant arrivé dans le ménage provisoire, ils reprenaient le bateau avec force serments de revenir au plus vite.

Et quatre-vingt-dix fois sur cent, ils ne pouvaient pas ou ne voulaient pas revenir; ils se faisaient en France une situation sociale et familiale, suivant la loi et la coutume française, et qui, par conséquent, était inattaquable.

Quant à la femme indigène, sans appui et sans argent, elle tombait au pire, ou, si elle avait du courage, elle se sauvait dans son village natal, y élevait tant bien que mal son enfant, plutôt mal que bien, et elle courbait la tête sous le réprobation générale, non pas parce que son enfant était illégitime, (seuls les peuples de civilisation occidentale ont encore cette austérité suprême) non pas non plus parce que cet enfant était le fils d'un vainqueur, mais, parce que, d'après la mentalité indigène, la femme n'avait pu être ainsi abandonnée par son mari d'occasion que parce qu'elle avait mal tenu son ménage, ou qu'elle avait causé à son seigneur et maître de valables griefs.

Et encore qu'elle fût innocente de tout cela, la malheureuse sombrait dans l'isolement et dans la misère; chacun sa vie.

Telle était la situation dans les premières années de notre installation en Indo-Chine.

Dès 1892, mon ami Constant MORICE et quelques braves gens, dont je suis fier d'avoir été, et qui étaient tous célibataires (ce qui donne plus de valeur à leur intervention) songèrent à la protection de ces enfants; ils fondèrent une petite société qui valait surtout par ses bonnes intentions.

Et on choisit comme Président le Directeur du service postal au Tonkin, M. BROU; on ne pouvait mieux choisir; tous les vieux Tonkinois ont gardé le souvenir de M. Brou sortant de sa maison ou de son bureau et ayant tout autour de lui non pas seulement les métis du Hanoï, (il n'y en aurait pas eu assez) mais tous les petits bambins de toutes les couleurs auxquels il distribuait des caresses et des sapèques, et qui le poursuivaient dans les rues de leur interminable théorie.

Les temps ont marché, les évènements se sont succédé; il y eut bientôt, approximativement du moins, deux mille petits métis en Indo-Chine; on ne pouvait donc plus faire de la charité spontanée et de la protection fragmentaire, il fallait, devant l'encombrement, créer des ressources, et, pour ne pas les dilapider, faire des catégories.

II.

On a donc séparé les enfants métis en deux espèces, suivant qu'ils sont ou ne sont pas reconnus par leur auteur français. Les premiers, disait-on, sont français de l'aveu même du père, les autres doivent demeurer dans la race et dans l'anonymat où le père les a laissés.

Ce raisonnement serait juste si tous les hommes, étant parfaits, prenaient toujours les responsabilités de leurs actes, conséquences comprises, et si nos codes, très stricts en la matière, ne mettaient parfois les parents dans l'impossibilité légale de reconnaître leurs enfants, alors même qu'ils en ont envie.

Notre loi est ainsi faite, que, malgré une notable amélioration à son austérité primitive, les enfants perdus ne pourront être retrouvés ou se retrouver eux-mêmes qu'au moyen de la recherche de la paternité : or, cette recherche est à peu près interdite encore à l'heure actuelle, elle ne pourra s'exercer complètement que du jour où nos codes et nos conventions admettront qu'un homme peut avoir dans plusieurs pays, et en même temps, des enfants de plusieurs femmes, ce qui est une reconnaissance détournée, mais tout de même absolue, de la polygamie.

Or, nous n'en sommes pas encore là, bien que notre expansion coloniale nous mette en relations continuelles et très étroites avec des peuples où la polygamie fleurit depuis des siècles sans nuire, d'autre part, à la verdeur et à la multiplicité des individus.

Quand le père a reconnu son enfant métis, soit légalement, soit, à défaut de la légalité, par les soins et par l'éducation qu'il lui donne, tout va bien, et la situation très facile à établir; dans les colonies le personnel de l'État peut représenter le père absent ou disparu et interpréter au mieux sa volonté. Mais, quand le père, volontairement ou non, est défaillant, il apparaît juste qu'en dehors de tout argument de morale, nous ayons à rechercher et à reconnaître le meilleur intérêt de notre patrie, qui a besoin de relever socialement et d'utiliser économiquement les enfants naturels, attendu que nous ne lui fournissons pas assez d'enfants surnaturels.

Donc, là où nous n'avons plus qu'un parent réel et reconnu, lequel en Indo-Chine est toujours la mère, nous avons à démêler et à exaucer au plus près le désir de la mère au sujet de son enfant; nous n'avons pas de meilleure indication; nous n'avons même que celle-là et ce désir est sacré et notre devoir étroit est d'y satisfaire.

Or, en Indo-Chine le désir des mères et aussi celui des enfants (quand ils deviennent assez grands pour en exprimer un) est presque toujours de donner aux fils la nationalité du père; la question des filles se trouve réservée, car les Annamites, qui ont assez d'indifférence pour les enfants du sexe féminin, les laissent volontiers disparaître dans la race indigène où ils sont rapidement confondus.

Quant aux garçons, les mères voient, dans l'accession à la mentalité et à l'éducation française, un moyen de se rappocher du protecteur, d'en espérer l'aide, et aussi de faire plus tard avec ses enfants de petits fonctionnaires ou employés, ce qui est l'idéal de l'Annamite hiérarchique et respectueux.

Les mères qui n'ont pas cette ambition, soit qu'elles en soient empêchées par leur propre famille, soit pour indignité, soit pour tout autre motif, quittent les villes où elles sont en contact avec les hommes de race blanche et rentrent dans la communauté de la race avec leurs enfants, à qui elles font oublier l'entr'acte européen; ce cas se présente surtout lorsque la famille de la mère possède une quantité appréciable de terrains de rizières sur lesquels la présence d'un garçon est une richesse indiscutable. Mais c'est là l'exception et il faut être assuré que les mères, qui demeurent sur les lieux où les enfants sont nés, essaient de leur faire obtenir la nationalité du père, ou, tout au moins, les avantages pécuniaires et sociaux qui y sont attachés.

Notre devoir de Français, aggravé encore par les obligations que les pères défaillants oubliaient de remplir, n'est pas de voir si ces petits sont plus ou moins des Français de droit et d'après les textes; notre devoir est de faire, avec ces Français de fait, des Français d'âme et de qualité : à cela, deux seules choses peuvent pourvoir, la protection pendant la petite enfance, et, pendant l'adolescence, l'éducation.

III.

La protection avertie et consciencieuse comporte d'abord la distinction entre les métis réels et ceux qui, ne l'étant pas, cherchent à se faire passer comme tels; il est d'autant plus nécessaire d'opérer cette distinction que, en général, le véritable métis est discret et un peu honteux, tandis que celui qui proclame hautement l'être est un imposteur.

Il faut dire à l'honneur du tempérament français que, sauf le cas d'impécuniosité ou d'impossibilité légale, l'homme, qui se croit en conscience responsable de la naissance de l'enfant issu d'une union mixte, se désintéresse rarement de lui.

Par contre, la fierté et l'individualisme du caractère français n'admettent pas qu'un homme supporte à son foyer la preuve vivante, ou jugée telle, de l'indignité de sa compagne. Donc, et d'abord, les soins donnés sous le toit conjugal ou extra-conjugal à l'enfant métis, *la convivance* du foyer, et les plus petits soucis de l'éducation de l'enfance sont des preuves morales et probablement toutes puissantes que l'enfant est bien celui du Français, époux ou compagnon de la mère indigène.

Au point de vue physique, la race de la mère apparaît, sur les traits et dans toute l'allure de l'enfant, bien plus fortement que la race du père; néanmoins, on peut considérer que les cheveux complètement noirs et que le teint brouillé du visage sont preuves de la paternité blanche; il semble donc que l'on puisse être assuré en deux cas : ou le père est certain que l'enfant est de lui, ou il est certain que l'enfant n'est pas de lui, et dans ces deux cas le devoir du protecteur est marqué et facile. Reste le cas du doute, c'est-à-dire celui où le chef du foyer n'est pas sûr ni d'être, ni de ne pas être le père.

A notre sens, c'est ici que, à défaut de perspicacité, doit intervenir la fierté de la race blanche, et il faut encore s'en expliquer presque avec brutalité, de peur d'être dupe ou d'être bourreau.

Comme on l'a dit plus haut, la femme indigène n'a pas de honte à fonder, suivant sa propre tradition, un foyer avec un blanc; mais, et malgré tout, elle s'y trouve intellectuellement et socialement étrangère; en certains cas, comme celui d'une rébellion populaire, ou de l'habitation dans un pays lointain et sans police, cette union peut lui être reprochée par certains indigènes arriérés ou irrédentistes; c'est là, non pas une justification, mais un prétexte, peut-être une excuse, pour la femme indigène, de rechercher, dans la trop grande intimité de relations avec un homme de sa race, un réconfort social et une garantie de sécurité.

Cette tendance de la femme indigène a beaucoup diminué depuis 1900, et depuis l'établissement de la paix française; mais elle était fréquente dans les commencements; les premiers blancs qui occupèrent le pays la connaissaient bien, et se méfiaient toujours à la fois de la fidélité de leurs compagnes et de l'origine réelle des enfants qu'elles leur donnaient.

Si de ces unions, où rien de noble et de durable ne

persistait, des enfants naissaient, c'était un grand malheur pour eux et pour l'État, car le père jugeait qu'il savait à quoi s'en tenir sur l'affection problématique et sur la fidélité plus problématique encore de sa « congai » et refusait toujours de reconnaître, dans l'enfant, une œuvre pour laquelle il pensait avoir eu un ou plusieurs collaborateurs. La mère qui n'avait participé à aucune des dignités de la jeune fille ou de la femme était à la fois incapable ou insoucieuse du devoir de son état. Le peuple annamite, fort au courant de cette médiocrité morale, faisait réagir son juste dédain sur les enfants, qu'il appelait des « conhoans », et qui retombaient forcément au niveau très inférieur de leur mère, et ne devaient jamais remonter l'échelle sociale. Avec de tels produits, il n'est pas d'homme de bon sens qui puisse songer à reconnaître une race et moins encore à constituer une caste métisse.

Par contre, les unions de second rang, dont nous avons parlé plus haut, confèrent à la femme et aux enfants, du point de vue indigène, un statut et des droits tels qu'il n'y a place ici ni pour le dédain, ni pour l'oubli. Les enfants masculins, dits *fils de commune lignée*, sont, de de par la loi annamite, inférieurs aux fils légitimes en ce qui concerne les rites; mais ils leur sont égaux en tous points pour les successions et ils sont supérieurs aux filles légitimes pour l'établissement de la descendance; ils jouissent d'ailleurs, dans l'ordre social indigène de la considération qui est accordée à leurs auteurs.

Ici, l'honorabilité de la mère, l'estime dont elle est entourée chez ses compatriotes, nous donne le goût et nous impose le devoir de nous occuper des enfants abandonnés, volontairement ou non, par le père européen. C'est de ce seul sentiment, partagé par nous tous, que sont nées les sociétés de protection des métis; j'ajoute, en ce qui concerne le droit de la mère à s'occuper de ses enfants, que la loi traditionnelle lui crée une situation fort convenable, même en cas de rupture du foyer et de disparition de son chef; car, d'une part, le Français qui s'en va peut recourir au divorce, par consentement mutuel, qui est admis dans la loi indigène; et s'il a négligé cette formalité, le code jaune reconnaît nettement la liberté absolue de la mère à tous les points de vue, et sans décision judiciaire spéciale, au bout de trois années d'abandon prouvé du mari.

Ce caractère de temporanéité est consacré par toutes les facilités qu'offre la loi annamite : la séparation, le divorce et la répudiation; la femme indigène est accoutumée à ce statut familial; elle ne peut donc se trouver blessée de ce que les Français agissent envers elle comme font ses compatriotes eux-mêmes avec l'agrément de la race et de la tradition, c'est à dire du passé et de l'avenir. On doit s'assurer ici qu'on recherche, pour la mère indigène, une position régulière aux yeux des siens, et, pour les enfants, une situation normale et déjà précisée par les lois nationales de l'un des deux pays, celui du père ou celui de la mère.

Il ressort de toutes les considérations précédentes que, quelques difficultés que le problème présente dans les thèses qu'il soulève, il est loin d'être insoluble dans la pratique à condition que nous ayons toujours devant les yeux la nécessité que nous impose notre fierté de race, et qui est de ne laisser perdre aucune goutte de sang réellement français, n'en coulerait-il qu'une seule dans les veines de l'enfant : celle-là ennoblit toutes les autres et nous contraint.

IV.

La première Société de protection des métis fondée au Tonkin en 1892, se transforma et s'agrandit avec le temps; de nombreux Français s'en occupèrent avec dévouement et continuité, parmi lesquels il convient de citer les Présidents des groupes initiaux : MM. REVERONY, BONIFACY, GALUSKY; cette société fut reconnue d'utilité publique en 1907 pour lui permettre de prendre possession d'un terrain que lui concédait gratuitement la ville de Hanoï pour l'édification d'un asile; elle prit dès lors une assez grande extension.

Ses ressources provenaient de concours particuliers; encore que ceux-ci fussent nombreux, et que les grandes villes du Tonkin lui vinssent en aide, cette société reconnaît nettement que le but qu'elle poursuit est au-dessus de ses moyens, du moment que les jeunes métis doivent par principe demeurer en Indo-Chine où leur situation est extrêmement délicate entre les Français et les Annamites.

Cette déclaration qui est toute récente (septembre 1921) est à retenir, car elle montre le danger économique tout autant que politique à créer et à maintenir une caste métisse dans un pays déjà si peuplé et grevé de toutes sortes de charges.

La Société a donc envisagé la possibilité d'envoyer en France les plus solides et les plus méritants de ses pupilles. C'est la théorie contraire à celle que les Anglais ont mise en pratique vis-à-vis de leurs half-cast : les Anglais les maintiennent sur le sol de l'Inde et ils deviennent, par une coutume quasi générale, les intendants, les contrôleurs, et même les usufruitiers des terres dont l'Anglais chef de la famille demeure le nu propriétaire.

Pour nous Français, cet exemple est perdu, car nous avons peu de colons sédentaires, et encore moins de propriétaires terriens définitifs; nous ne pouvons donc agir que d'après les données de notre propre fonds, et, en ce qui concerne l'envoi et le maintien en France des pupilles de nos sociétés de protection, la question ne se pose que depuis que nous avons vu comment nos indigènes, venus dans la métropole pour la grande guerre, supportaient bien le climat et le statut français. Au point de vue de la pratique cette question reste donc entière.

Il apparaît que les obstacles auxquels se heurte aujourd'hui la société de protection tonkinoise n'existent pour ainsi dire pas quand il s'agit des filles; celles-ci ont, en effet, un avenir à peu près certain dans la colonie, parce qu'il est reconnu que la jeune fille métisse, tout en n'étant pas une ménagère de premier ordre, rehausse cependant le foyer auquel elle est destinée par un certain nombre de qualités qui lui appartiennent en propre, et que, en tout cas, elle relève le niveau moral et social des foyers indigènes qu'elle peut être amenée à créer.

La Société tonkinoise de protection des métis vient de construire un orphelinat de jeunes filles, lequel reçoit une subvention officielle du Gouvernement général. Elle s'apprête cette année à compléter cette institution par la formation d'une école professionnelle féminine, dont le but sera d'enseigner aux jeunes filles métisses des métiers suffisamment rémunérateurs, de faire connaître et de vendre leurs travaux, et de leur procurer des situations en rapport avec leur instruction professionnelle.

Cette école comprendra aussi un quartier qui recevra les jeunes filles ayant déjà dépassé l'âge scolaire, et qui est destiné à jouer le rôle que joue en Europe la Société de protection de la jeune fille.

En Cochinchine, une Société philanthropique s'est créée à Saigon sous la présidence de M. DURRWELL, président honoraire à la Cour d'appel, mort l'année dernière.

Elle avait pour but de rechercher, dans les villages de la colonie, les enfants métis que les familles désiraient voir élever en France; ces enfants étaient groupés familialement dans le grand orphelinat de Cholon, lequel compte aujourd'hui environ 200 pupilles, dont une grande partie n'a pas plus de trois ans, car la société a bien soin de les adopter dans le plus bas âge.

Ils recoivent une instruction primaire et les premiers rudiments de l'éducation européenne; on leur fait prendre de bonnes habitudes d'hygiène physique et morale, c'est à dire le goût de la propreté et du travail; ils grandissent à l'orphelinat et ils y sont élevés jusqu'à ce qu'ils aient l'âge et les connaissances nécessaires pour se guider seuls dans la vie; lorsqu'ils quittent l'orphelinat, ils sont en possession d'un métier qu'ils peuvent exercer, soit dans les villes françaises de la Cochinchine, soit dans les centres indigènes.

Cette société atteint donc à la fois les buts de la protection de l'enfance et de l'éducation de l'adolescence : vers douze ans, quand ils savent lire, écrire et compter en français, les pupilles sont orientés suivant leurs goûts et leurs aptitudes, les uns vers l'enseignement de nos collèges, les autres vers nos écoles de mécanique pratique, les autres enfin vers nos écoles de dessin et d'art industriel; certains même peuvent entrer dans l'administration, ou, possesseurs de bourses gagnées au concours, peuvent aller en France continuer leurs études et parfaire leur adaptation.

V.

Voilà donc l'enfant métis soigneusement sélectionné d'après son origine; le voilà, grâce aux sociétés de protection, pourvu d'une bonne santé et d'une bonne instruction première; quelle éducation allons-nous lui donner? Ce ne sera évidemment pas une éducation indigène, puisque nos efforts viennent de le soustraire à ce milieu; mais sera-ce une éducation française ou une éducation mixte, qui fera de tous ces adolescents une caste à part, autrement dit, devons-nous, par nos principes éducateurs, favoriser la constitution d'une caste métisse?

Pour répondre par l'affirmative, il faut :

1º Que la race métisse d'Indo-Chine se distingue naturellement par quelques caractères originels qui lui soient spéciaux exclusivement, caractères que l'éducation ultérieure se chargerait de développer.

2º Que nous ayons intérêt à créer cette caste.

3º Que cette caste trouve une place facile et convenable dans la vie économique de la colonie.

En effet, il ne suffit pas, pour consentir à la constitution d'une caste métisse, que ses rejetons soient nés d'unions multiples entre les deux races affrontées par les destins; il faut surtout qu'il puisse se former, avec les sentiments innés, les passions moyennes et les traditions intellectuelles, un amalgame qui ne soit ni une monstruosité, ni une exception de la normalité humaine. Il faut que, de cet amalgame, puissent se dégager un caractère et une personnalité spéciaux à une caste intermédiaire, et que ce caractère et cette personnalité lui déterminent un statut intellectuel et passionnel fort net.

Or, en ce qui concerne le métis demi-jaune, nous n'avons jamais pu, malgré des observations répétées, discerner en lui une spécialisation intellectuelle ou morale; il existe à ce sujet une excellente étude de Monsieur le Colonel Bonifacy, qui a fait une enquête auprès des instituteurs et institutrices chargés de l'éducation et de la surveillance des petits métis, ceux-ci ne descendant pas spécialement des Français, mais de tous les nationaux d'Europe.

Il a remarqué des métis presque toujours aussi forts que leur père, souvent plus forts comme taille; grâce à une bonne alimentation ils se rapprochent beaucoup plus de l'Européen que de l'indigène; les traits comprennent les caractères des deux races, mais le plus souvent la race maternelle l'emporte : quelle que soit la couleur des cheveux et des sourcils, les yeux et les cils sont noirs ou bleu foncé; on a même remarqué, dans une famille de douze métis, trois albinos; les yeux sont quelquefois bridés, rarement obliques; la couleur de la peau varie beaucoup; elle est généralement mate et basanée, les muqueuses sont moins rouges que chez l'Européen, l'accent est lent et doux, quoique différent de celui des créoles des anciennes colonies; tous les métis présentés jusqu'à ce jour dans les conseils de revision sont bien constitués et robustes.

Cependant, au point de vue de la ressemblance avec l'Européen, il y a une grande différence entre le métis jaune et le mulâtre; un œil un peu exercé reconnaît toujours une moitié, un quart, un huitième de sang noir; au contraire, on ne reconnaît pas toujours une moitié de sang jaune, et il est presque impossible d'en reconnaître un quart.

Au point de vue intellectuel et moral, l'enfant métis, s'il est élevé dans un milieu européen, diffère peu des autres enfants européens; mais s'il est abandonné à un milieu indigène il revient très vite à l'indigène, et ne songe plus à la façon occidentale de vivre. Il faut insister sur ce fait, fort curieux, que les colons établis définitivement en Asie recherchent en mariage de préférence les jeunes filles métisses comme plus souples et plus intelligentes; elles se marient bien plus vite que les jeunes filles européennes.

Les termes de cette enquête du Colonel BONIFACY sont d'une éloquence pratique extrême, en ce qu'ils démontrent victorieusement comme très hasardeux de désirer former une caste à part; les métis jaunes, s'ils n'ont pu monter à la condition blanche, se replongent d'eux-mêmes dans l'élément indigène sans chercher plus longtemps à s'en différencier; c'est là un très fort argument contre la création d'une caste métisse dans les colonies asiatiques des puissances blanches.

Au point de vue politique la conclusion est la même; quelles que soient leurs vertus individuelles, les métis ne sont jamais qu'un embarras pour leur pays, s'ils y forment une classe de déracinés. Et cela est de toute évidence; car, quel que soit le nom qu'on leur donne, les métis n'ont et ne peuvent avoir qu'une situation diminuée au regard de la situation prépondérante des Blancs, et une situation louche au regard de la situation effacée des indigènes ; ils acquièrent quelques avantages et ne les ont pas tous ; ils sont donc pleins de dédain pour la race dite inférieure qui n'a rien de ce qu'ils ont, et pleins de haine envieuse pour la race supérieure qui ne leur a pas donné tout ce qu'elle a (Voir la note I).

Au point de vue moral, une éducation spéciale pour les métis serait insuffisante d'abord et injurieuse ensuite ; car si nous élevons tous les métis à part de tous les autres enfants, nous ne ferons qu'accroître les sentiments innés de dédain et d'envie que l'enquête BONIFACY à mis en lumière ; c'est le *traitement métis*, si généreux, si charitable qu'il paraisse, qui constitue l'erreur initiale, où tomberaient les sociétés de protection si elles voulaient se prolonger en sociétés d'éducation spéciale.

En effet, comment ces petits métis connaissent-ils le nom européen ? Ils ont eu un père français, ou d'une autre nation d'Europe, qui s'est empressé de les abandonner, eux et leur mère ; et au lieu de les aider à disparaître dans le peuple anonyme, profond, et qui oublie, d'autres Blancs, par des actes publics, vont marquer que ces enfants forment une caste à part ; ils vont les préparer à des métiers intermédiaires entre les indigènes et les blancs, et ils les poussent à un statut ethnique auquel ne répondent aucune nécessité sociale et aucun moyen économique ; voici donc le langage qui leur est tenu :

« Tu ne connais de l'Europe que ton père qui t'a fait naître avec une tare, et que nous, tes bienfaiteurs, qui, par nos bienfaits, marquons cette tare pour toujours ; c'est pourquoi tu vas beaucoup aimer l'Europe et la servir. » Ne croit-on pas rêver ?

Il y a plus fort : les œuvres de protection et d'éducation des métis ont, pour amis et bienfaiteurs, des indigènes de la race inférieure aux blancs, c'est-à-dire ici des jaunes ; cela est précisément un comble : quand nous relevons soigneusement les fautes, les écarts, les oublis de nos compatriotes vis-à-vis des femmes asiatiques, et quand tout est bien catalogué, les femmes abandonnées comme les enfants sans nom et sans foyer, nous nous tournons vers les indigènes et nous leur disons :

« Voilà ce que les nôtres ont fait aux vôtres, à présent

donnez-nous de l'argent pour réparer les torts qu'on vous a faits. »

Beau spectacle à donner à nos protégés! et à quelle philosophie morale se réfèrent donc des actes d'une aussi naïve et dangereuse philanthropie? Donc, nous n'avons aucun avantage à élever les métis au dessus de la race inférieure, si nous ne les haussons pas d'un seul coup vers la race supérieure; et encore si leur ambition est ainsi satisfaite, nous aurons toujours à compter avec la révolte, dans leurs veines, d'un sang qui n'est pas le nôtre.

On voit combien cette question de l'éducation des métis est la clé de tout le problème; c'est d'elle que va dépendre le destin social des enfants reconnus dignes de la recevoir et aptes à en profiter.

Il apparaît donc que nous devons admettre à cette éducation des enfants qui seront indubitablement fils de blancs, et aussi fils d'indigènes suffisamment éclairés pour désirer, pour leurs rejetons, l'éducation française, et applaudir à toutes ses conséquences familiales et sociales; ces conditions ne se trouveront pas réunies aussi souvent qu'on le pense; mais une fois la présence de ces éléments dûment constatée, ce ne sera pas l'éducation élémentaire ou rudimentaire, ni même une éducation à côté, que nous devrons aux enfants qui auront été l'objet de notre sélection; c'est une éducation européenne, c'est-à-dire tout à fait française, en ce sens que, non seulement, nous leur donnerons la même éducation qu'à nos propres enfants de France, mais que nous les mêlerons à nos petits français sur les bancs de l'école; par ainsi nous amoindrirons, jusqu'à la faire disparaître plus tard, la double tare du sang mêlé et de la descendance extra légale.

VI.

A ce point de vue un essai extrêmement intéressant a été fait sur tout le territoire de l'Indo-Chine par M. le Gouverneur-général KLOBUKOWSKI et a été poussé à fond par M. le Ministre des colonies, Albert SARRAUT; dans différentes villes du protectorat on a créé des collèges mixtes d'enseignement primaire, supérieur et secondaire moyen, dont les cours sont suivis à la fois par les petits

Français, de qui les parents fonctionnaires ou colons, ne veulent pas se séparer, et par les jeunes indigènes, de qui l'intelligence et la nouvelle situation sociale justifient l'accession à ce degré de notre enseignement national.

Il y a là un moyen, lequel est le meilleur de préparer entre nos protégés et nous cette collaboration morale efficace dont nos discours et nos livres sont remplis, mais qu'on ne rencontre pas assez souvent hors de nos livres et de nos discours.

Ce sera d'un exemple excellent que d'affronter dès leur enfance les petits blancs et les petits jaunes. Car chacun de nous, arrivé à l'âge d'homme, n'a pas individuellement de dédain ou de répulsion préconçus pour tel indigène que ses fonctions ou ses qualités personnelles nous font rencontrer sur le terrain neutre de l'administration ou des affaires. Mais nos préjugés de race nous empêchent de mettre collectivement sur notre plan social, et dans ce lieu conventionnel qu'on appelle le monde, les indigènes qui y auraient tous les mérites et tous les droits intellectuels.

Et cela uniquement parce qu'ils n'ont pas la figure faite comme la nôtre, et que leur peau est jaune orangée ou jaune citron. Tous les raisonnements n'y changeront rien, parce que nous sommes des hommes faits en face d'autres hommes faits, et que nous n'avons le goût de rien modifier aux empreintes ineffaçables que nous ont faites notre éducation et nos préjugés.

Mais il n'en sera pas ainsi des enfants qui ont l'âme plus malléable et plus généreuse. L'enfant ne fait pas de lui-même de distinction de caste, de convention et de couleur, il ne différencie ses compagnons que par l'intelligence et l'agrément des mœurs, et il n'a pas tort. S'il prend donc l'habitude de considérer, tout jeune, l'indigène comme un camarade de classe et d'étude, il n'aura aucune peine à le considérer plus tard, dans la vie, comme un auxiliaire et même comme un associé; par ainsi un des plus délicats problèmes de notre avenir politique se trouvera résolu sans qu'on y pense, à la condition toutefois que les parents des petits Français mélangés aux indigènes n'y mettent point d'obstacle en se scandalisant de cette coéducation, et qu'ils veulent bien reconnaître que les sentiments humains, éclos chez leurs enfants à la suite de cette coéducation, seront toujours supérieurs aux sentiments égoïstes et particularistes professés par les générations précédentes.

Enfin, il y aura grand avantage, pour les jeunes gens des deux races, à pouvoir faire leurs études sans quitter la colonie; ce ne serait qu'en désespoir de cause et faute de toute autre solution, que l'on pourrait accéder au désir des sociétés de protection des métis, lesquelles réclament l'envoi de leurs pupilles en France comme agriculteurs, comme employés, comme artisans, comme ouvriers d'art et même comme soldats. En restant en Indo-Chine, nos métis la connaîtront mieux et seront mieux préparés, au point de vue physique comme au point de vue moral, à devenir et à rester de bons citoyens de ce pays; et surtout ils ne seront pas déracinés de leurs familles, et pourront recevoir, au milieu des leurs, l'éducation intime et personnelle que les meilleures institutions d'État sont impuissantes à donner (Voir la note II).

Les naturalisés Français pourront, peut-être avec moins d'inconvénient, venir travailler dans la métropole, et même y remplir des fonctions stables, à la seule condition qu'ils sachent que, à cause de cela, ils auront désormais, soit en Europe, soit en Asie, à se tirer d'affaires tout seuls.

Mais pour la plupart des métis et des familles de métis, ce sentiment d'éducation familiale demeure infiniment vivace; l'amour du foyer y constitue la pierre angulaire de toute la vie sociale, et il n'est pas surprenant que l'indigène considère comme incomplet celui qui a vécu toute sa jeunesse loin du foyer familial et de ses enseignements.

Un notable Annamite du Hué, qui a ses fils en France, m'écrivait dernièrement cette phrase textuelle : « Hors de chez nous nos enfants sont instruits, mais ils ne sont pas élevés; ils ne connaissent ni la tendresse de la maison ni sa direction morale; car malgré toute leur bonne volonté les maîtres et les professeurs ne peuvent s'occuper individuellement du caractère de chacun d'eux. »

Quant au point de vue économique, il est certain que nous sommes déjà très serrés en Indo-Chine entre une population jaune très dense et des colons français assez nombreux; c'est là une situation si grave qu'il existe aujourd'hui un véritable prolétariat blanc.

Que ce soit par des petits employés de l'État, ou par des militaires libérés, ce prolétariat existe, ne peut pas durer; car il souffre, et sa souffrance et sa médiocrité inguérissable montrent à nos protégés un spectacle fâcheux très capable de diminuer notre prestige. Le Gouvernement local cherche des moyens pratiques de supprimer ce prolétariat, dans le présent par des rapatriements, et, dans l'avenir, par le remplacement des blancs par les jaunes dans les emplois inférieurs de l'administration.

A plus forte raison il n'y a pas de place pour une caste métisse; ce serait commettre une maladresse économique et même une mauvaise action que d'inviter à la table sociale des convives pour lesquels nous n'aurions préparé ni la place ni les mets du festin.

J'ai besoin d'appuyer une déclaration aussi vigoureuse de l'opinion d'un homme d'État français dont on connaît les idées arrêtées et l'énergique entêtement, M. AUGAGNEUR, ancien gouverneur général de Madagascar, et présentement gouverneur général de l'Afrique équatoriale française.

En Indo-Chine, comme à Madagascar et en Afrique, dit M. AUGAGNEUR, la question est entière, et nous pouvons lui donner telle solution qui nous semble utile. Or la formule est simple; le gouvernement, l'administration doivent ignorer l'existence des métis; le métissage est un fait physiologique, ce n'est pas un fait social; il n'existe pas dans l'état civil. Il est normal et de bon sens que tous les individus nés aux colonies aient la qualité que leur confère leur état civil, et soient nantis des droits que comporte leur extrait de naissance. La pire des pratiques serait de favoriser, soit par une législation spéciale, soit même par des institutions privées, subventionnées ou non, la formation spéciale d'une classe de sang mêlé. Les métis qui ne pourront ou ne voudront être francisés vivront en indigènes, resteront dans le milieu indigène, et y disparaîtront; leur progéniture retournera à l'origine première, et ce sera là le sort du plus grand nombre. Les autres, devenus réellement français tant par la race que par l'éducation, s'isoleront de la race ancienne.

Élevés avec les Français, ils ne soulèveront pas la défiance, parce que leur nombre sera tout de même restreint, parce que leur éducation les garantira de toutes les tentations hasardeuses, et que, ainsi, ils ne pourront former une classe à part et devenir inquiétants. Administrativement, les métis n'existent pas, et il ne faut pas encourager la reconnaissance des enfants métis.

On voit l'irréductibilité des convictions de M. AUGAGNEUR, il faut néanmoins que nous en fassions notre profit, tout aussi bien que des opinions professées, à l'autre bout du monde politique, par un écrivain Indo-Chinois M. Ernest BABUT, de qui les idées extrêmement avancées sont bien connues. Le métis, écrit-il dans une brochure publiée en 1907 à Hanoï, reçoit une étiquette ridicule dont il ne sera jamais délivré ; l'homme du monde antique marqué du sceau de la fatalité, le chrétien chargé du péché originel trainaient des boulets moins lourds que le sien. Car s'il y a des accommodements avec le ciel, il n'y a rien à espérer avec la bêtise humaine. Faire avec les métis une race mixte, une race spéciale, voilà le danger qu'il faut éviter par dessus tout.

On nous rendra cette justice que, ni dans nos règlements politiques et administratifs, ni dans nos écrits d'hommes indépendants, nous n'avons allusionné, un seul instant, les embarras causés à la métropole française par les castes métisses instituées dans nos autres possessions, surtout dans les vieilles colonies ; dans ces dernières, en particulier, l'élément métis, après avoir joui de tous les traitements de faveur, est devenu si nombreux que son influence dépasse celle de l'élément immigré français, et si turbulent que la vie politique et sociale de ces colonies s'en est trouvée interrompue et même menacée.

Nous aurions eu là des arguments pratiques bien forts, et grâce auxquels nous aurions facilement triomphé de toutes les théories adverses. Nous ne pouvons certainement pas les oublier, mais nous avons pensé que notre thèse serait meilleure et mieux défendue si nous passions ces arguments là nous silence, et si nous ne faisions état que de ceux de la logique, du bon sens et de la raison.

Nous devons donc, par principe et par tous les moyens, empêcher l'éclosion d'une nouvelle caste sur le plan social, et faire les meilleurs efforts pour que les métis disparaissent individuellement dans l'une des deux races en présence et dans l'un des milieux sociaux actuellement existant en face de nous; il nous plaît d'ajouter, comme correctif immédiat et bienfaisant, que nous voulons que ce refus de reconnaître un statut spécial aux métis soit avantageux au plus grand nombre possible d'enfants issus d'unions mixtes.

Nous ne voulons certes pas que nos possessions soient un jour victimes des métis grandis en nombre et en audace; mais nous ne voulons pas davantage que ces métis soient dès à présent victimes de la rigidité de nos codes, ou de l'insouciance légale, ou de l'impuissance financière de leurs auteurs.

Nous insistons pour que les gouvernements locaux, seuls capables de s'entourer de tous les contrôles et de toutes les garanties, mettent à la portée de nos métis les institutions et établissements, où ces demi-français trouveront les éléments intellectuels moraux et sociaux qui constituent la totale condition française.

Marquis Albert DE POUVOURVILLE.
Membre associé.

NOTE N° 1.

A l'appui de ce qui vient d'être dit, nous ne saurions mieux faire que de copier textuellement le compte rendu de la dernière assemblée générale de la Société de protection cochinchinoise, compte rendu où le Secrétaire, M. Marcel DIPUCHAUD, marque avec beaucoup de précision les sentiments de certains de nos métis : « A la dernière réunion de notre société un jeune Français de cette condition protestait, et estimait que les bourses allouées pour se rendre en France n'étaient pas assez nombreuses. Je lui rappelai alors que tous les enfants de France, eussent-ils leurs parents, n'étaient pas bacheliers ou licenciés, que bien souvent, sans être orphelins, à treize ans déjà ils maniaient la charrue ou l'outil.

Nous n'avons pas demandé à venir au monde, me répondit mon interlocuteur.

J'étais parfaitement de son avis, mais tout de même, moi, membre de la société, j'éprouvais comme un serrement de cœur à constater que tout notre dévouement se résumait pour quelques-uns de nos protégés à ajouter un peu plus d'amertume à leur nom de français.

Celui qui m'interpellait serait peut-être, sans notre aide, agriculteur ou coolie, alors que, grâce à des Français, relativement instruit, il était arrivé à une bonne situation. Il se plaignait encore, regrettant que nous ne l'eussions fait avocat ou docteur pour le moins. »

NOTE N° 2.

Extrait du compte rendu de l'Assemblée générale de la Société de protection au Tonkin, du 20 septembre 1921.

La Société de protection des enfants métis abandonnés est trop pauvre et trop mal armée pour pouvoir, malgré son dévouement, faire face à la tâche écrasante qu'elle remplit de son mieux. Et puis le jeune métis envoyé en France resterait encore sous sa tutelle; enfin il est hors de doute qu'on lui laisserait suffisamment d'enfants en bas âge en faveur desquels elle pourrait utiliser son activité charitable et maternelle.

Les pupilles de l'Indo-Chine envoyés en France échapperaient aux rigueurs d'un climat si pénible pour les adolescents, se développeraient physiquement une fois logés, nourris, traités au point de vue de l'hygiène de la France; les tirailleurs tonkinois, qui nous revinrent dans un si bel état de santé après la guerre, prouvent le bien fondé de notre appréciation; bien armés pour la lutte, pour l'existence, traités sur le même pied que tous leurs camarades, nos jeunes métis pourront acquérir une situation bien différente de celle qui leur est réservée ici; ce n'est certes pas la première fois que le problème a été posé, mais ce qu'il importe de faire ressortir c'est que jamais la France ne s'est trouvée en face d'une nécessité aussi impérieuse de faire appel à l'activité de tous ses enfants.

PIÈCES OFFICIELLES.

Extrait du Bulletin officiel de l'Indo-Chine française.

Année 1907. — Nº 10.

RAPPORT

AU PRÉSIDENT DE LA RÉPUBLIQUE FRANÇAISE

suivi d'un décret portant reconnaissance comme établissement d'utilité publique de l'Association de protection des enfants métis (du 31 juillet 1907), Nº 380.

Paris, le 31 juillet 1907.

MONSIEUR LE PRÉSIDENT,

L'Association de protection des enfants métis s'est proposée pour but de pourvoir à l'entretien et à l'éducation des enfants métis abandonnés par leur père ou qui se trouvent privés des soins indispensables, en raison du départ de la colonie de celui-ci et de l'indigence de leur mère.

Cette Association est déjà venue en aide à de nombreux enfants au Tonkin et elle est certainement appelée dans l'avenir, si les moyens lui en sont donnés, à contribuer efficacement dans ce pays à la protection de l'enfance délaissée.

La reconnaissance d'utilité publique lui procurerait le moyen d'accepter régulièrement les dons qui lui sont offerts déjà et de prendre possession d'un terrain mis à sa disposition gratuitement par la Municipalité de Hanoï en vue de la construction d'un asile où seraient recueillis les jeunes métis abandonnés.

La demande qui m'en a été faite m'a été transmise avec l'avis le plus favorable par M. le Gouverneur général de l'Indochine, et la section des Finances, de la Guerre, de la Marine et des Colonies du Conseil d'État qui l'a examinée lui a donné son approbation.

J'ai, en conséquence, l'honneur de soumettre à votre haute sanction le projet de décret ci-joint ayant pour but de reconnaître comme établissement d'utilité publique l'Association de protection des enfants métis.

Veuillez agréer, Monsieur le Président, l'hommage de mon profond respect.

Le Ministre des Colonies,
MILLIÈS-LACROIX.

DÉCRET :

LE PRÉSIDENT DE LA RÉPUBLIQUE FRANÇAISE,

Sur le rapport du Ministre des Colonies,

Vu la Délibération en date du 13 juin 1906 de l'Assemblée générale de la Société de protection des enfants métis du Tonkin et les autres documents produits à l'appui de la demande de reconnaissance comme établissement d'utilité publique;

Vu le projet de statuts de la Société qui prend le titre d'Association de protection des enfants métis;

La Section des Finances, de la Guerre, de la Marine et des Colonies du Conseil d'État entendue,

DÉCRÈTE :

ARTICLE PREMIER.

Est reconnue comme établissement d'utilité publique l'Association de protection des enfants métis dont le siège est à Hanoï.

ARTICLE 2.

Sont approuvés les statuts de la dite association tels qu'ils sont annexés au présent décret.

ARTICLE 3.

Le Ministre des Colonies est chargé de l'exécution du présent décret.

Fait à Rambouillet, le 31 juillet 1907.

- Signé : A. FALLIÈRES.

Par le Président de la République,
Le Ministre des Colonies,
MILLIÈS-LACROIX.

Extrait du Bulletin officiel de l'Indochine française.

Année 1912. — N° 6.

N° 200. — *Circulaire au sujet de l'abandon des enfants naturels.*

Saïgon, le 20 juin 1912.

Le Gouverneur général de l'Indochine, à Messieurs le Général de division, Commandant supérieur des troupes du groupe de l'Indochine, le Gouverneur de la Cochinchine et les Résidents supérieurs au Tonkin, en Annam, au Cambodge et au Laos.

Par dépêche circulaire n° 202, en date du 8 mai dernier dont vous trouverez ci-joint copie, M. le Ministre des Colonies m'a signalé la pénible situation qui est faite dans certaines colonies aux enfants nés des unions passagères entre fonctionnaires ou militaires et femmes du pays.

J'ai l'honneur d'appeler votre attention sur les considérations exposées dans cette circulaire et je vous prie de vouloir bien rappeler aux Européens placés sous vos ordres les devoirs que leur imposent dans les cas de l'espèce les principes les plus élémentaires de justice et d'humanité.

Albert SARRAUT.

Paris, le 8 mai 1912.

Le Ministre des Colonies à Messieurs les
Gouverneurs généraux et Gouverneurs
des Colonies,

J'ai été saisi par la Société d'Anthropologie de Paris de plaintes relatives à la situation qui est faite, dans certaines colonies, aux enfants nés des unions passagères entre fonctionnaires ou militaires et femmes du pays.

Il adviendrait fréquemment que lors de leur retour en Europe ou de leur départ pour d'autres colonies, les pères abandonneraient, sans plus s'en préoccuper, les enfants nés de ces unions.

Tout en étant persuadé que les cas qui m'ont été signalés constituent des exceptions qu'il serait injuste de généraliser, j'ai l'honneur d'appeler votre attention sur la nécessité de rappeler aux fonctionnaires et militaires placés sous vos ordres les devoirs que leur imposent dans les cas de l'espèce les principes de la plus stricte humanité. Bien qu'aucune sanction légale ne les oblige à reconnaître leurs enfants naturels, ils doivent au moins assurer leur éducation et les mettre en état de subvenir à leurs besoins.

J'ajouterai qu'au point de vue politique nous avons le plus grand intérêt à éviter toute mesure et tout refroidissement pouvant nous aliéner la population métisse. Or l'abandon des enfants naturels constitue l'une des causes possible de mésintelligence entre les divers éléments de la population, outre qu'il est de nature à jeter le plus grand discrédit moral sur les principes dont déclare s'inspirer notre civilisation. Je vous prie de vouloir bien attirer l'attention du personnel civil et militaire de la colonie placé sous votre autorité sur les considérations qui précèdent et qui ne manqueront certainement pas de frapper tous ceux qui ont le sentiment de leur devoir envers eux-mêmes, comme envers la France, dont ils sont aux Colonies les représentants responsables.

A. Lebrun.

La question des métis du Congo belge.

I. — Point de vue anthropologique.

Je ne veux pas faire de compilations et baser mes réponses sur des recherches libriques ; je ne veux envisager la question qu'au point de vue spécial du Congo belge, colonie nouvelle, et où il y a peu de métis ; je laisse aux personnes qui ont habité d'autres colonies le soin de parler de ce qu'elles ont pu constater de visu.

a) Les caractères physiques des métis résultant du mélange de blancs et de noirs — d'hommes blancs et de femmes noires comme c'est le cas heureusement exclusif au Congo belge — se rapprochent davantage de ceux du noir que de ceux du blanc, c'est-à-dire du type de la mère, comme c'est en général la règle dans la nature.

Le caractère psychologique se ressent également de la prédominance de la mère.

Ces cas ne sont pas sans exception, mais constituent la majorité.

Le type mulâtre, les femmes surtout, ne manque pas de forme et d'élégance et est souvent même beau et vigoureux.

b) L'occupation relativement récente du Congo belge n'a pas laissé le temps suffisant pour qu'une race intermédiaire puisse s'y être créée et s'y développer.

D'ailleurs, les naissances résultant des rapports entre blancs et noires sont rares, très peu nombreuses au Congo belge. Il faut rechercher la raison de cela dans l'infécondité de la majorité de femmes congolaises — infécondité due, à mon avis, essentiellement au fait que les hommes abusent, au Congo, dans les villages, de la jeune fille impubère. Cela est surtout vrai pour les esclaves domestiques, classe dans laquelle, précisément, se recrutent celles qu'on est convenu d'appeler les ménagères d'Européens. Cette funeste habitude est invétérée et générale parmi les noirs de la race Bantoue ; mais elle a dans le cas qui nous occupe, les métis, une influence plutôt heureuse, car le petit nombre de mulâtres au Congo est cause que leur présence ne constitue pas un danger pour l'avenir et que la question des métis ne se pose pas encore dans la Colonie.

Les Européens se conduisent, en général, très bien à l'égard de leurs enfants de couleur. Rares, très rares, sont ceux qui les abandonnent — beaucoup ont ramené leurs enfants en Europe —; mais la plupart les ont fait élever et éduquer dans les missions, de manière à assurer leur avenir en leur donnant les connaissances nécessaires pour trouver plus tard un emploi dans la Colonie. Malheureusement, il faut bien le reconnaître, les métis mâles trouvent ainsi à s'établir, mais la situation de la mulâtresse, à moins qu'elle n'épouse un autre mulâtre, reste précaire, car elle est exposée à déchoir à son tour au rôle de concubine d'Européens.

Outre l'influence ancestrale maternelle qui exerce son action sur la mulâtresse et la prédispose aux complaisances sexuelles, le fait qu'au Congo, il y a une énorme majorité d'hommes blancs, jeunes, en pleine force de l'âge et qui forcément se sentent plus attirés par une mulâtresse, déjà plus rapprochée d'eux d'un échelon, que par une négresse pure, provoque une continuelle sollicitation des faveurs de la mulâtresse que la coquetterie et le besoin de luxe innés chez la femme, joints à la paresse native héritée de la mère, poussent fatalement sinon à la vraie débauche tout au moins au concubinage avec un Européen.

Ce que je viens de dire répond, partiellement, en ce qui concerne le Congo belge au paragraphe II.

II. — Point de vue social et politique.

a) Je dois ajouter qu'il est heureux que les Européens se soient souciés de leur progéniture de couleur, car sinon la coutume interviendrait formellement et l'enfant d'esclave domestique, quelle que soit sa couleur, serait esclave domestique dans la tribu à laquelle appartient sa mère.

Ainsi que je l'ai dit plus haut, le nombre très restreint de mulâtres des deux sexes, au Congo belge, fait qu'il n'est guère possible de répondre aux autres points soulevés en *a*). Il n'y a guère eu de mariages entre blancs

et mulâtresses et l'opinion publique congolaise ferme
volontiers les yeux, moyennant certaines réserves à observer par les intéressés, sur les situations résultant d'unions
libres de l'espèce.

Cependant, il convient, malgré cela, de reconnaître que
l'opinion publique, dans les colonies, est moins disposée
à admettre les mariages de ce genre que l'union libre.

Elle n'admet que difficilement l'élévation de la femme
de couleur au même rang que la femme blanche et c'est
pourquoi elle tolère l'union libre, alors qu'elle se cabrerait
souvent devant l'union légitime, elle se cabrerait surtout
et, violemment, contre l'idée du mariage d'un noir ou
d'un mulâtre avec une blanche ou même d'une union
libre de ce genre — ceci pour répondre à *b*) deuxième
alinéa. Je dois ajouter que je ne vois guère la possibilité
de combattre l'habitude du concubinage dans une colonie
comme le Congo, où le nombre des ménages européens
est extrêmement limité et où il y a prédominance considérable de célibataires dans toute la force de l'âge. Le
concubinage, sous certaines réserves de décorum indispensables, est, tant dans l'intérêt de la race européenne
que de la race indigène, préférable à la prostitution,
source de maladies vénériennes. Il ne faut certes pas
permettre qu'il soit pratiqué ouvertement et en quelque
sorte officiellement; mais l'interdire serait une faute à
tous égards, une faute contre la nature et un encouragement au développement de la prostitution.

Il n'existe pas au Congo belge de restrictions usuelles
ni légales écartant les métis de certains emplois où leur
réservant des emplois à l'exclusion des indigènes; mais il
n'existe pas davantage de mesures pour favoriser l'établissement de mulâtres comme petits propriétaires et
concessionnaires ruraux.

J'ai d'ailleurs dit plus haut qu'il n'existe pas, au Congo
belge, de race mulâtre. Le mulâtre y est plutôt un
accident.

III. — Point de vue strictement juridique.

a) Au Congo belge, l'indigène est sous la tutelle de la
magistrature, mais la loi ne fait aucune distinction entre
gens de couleur et blancs. L'indigène congolais ou le

noir et le mulâtre étranger au Congo, se trouvent à tous égards sur le même pied que les Européens, lorsque l'indigène congolais est inscrit sur les registres de la population civilisée, c'est-à-dire qu'il cesse d'appartenir à une chefferie.

Cependant, certaines législations font une distinction entre blancs et gens de couleur, telle la loi sur la vente des vins et boissons alcooliques. Pendant la guerre, il y eut interdiction de vente aux gens de couleur de bière, pain, sucre, etc.

b) Rien dans la loi congolaise n'interdit le mariage entre Européens et indigènes. — Néanmoins les cas furent excessivement exceptionnels, de sorte qu'il est permis de dire que les métis congolais sont nés d'unions libres—. J'ai exposé que, sauf le cas d'intervention expresse du père européen, l'enfant d'une noire tombe sous l'application de la loi coutumière indigène qui régit sa mère, à moins que celle-ci ne soit inscrite au registre de la population civilisée.

c) La législation concernant la paternité est la même au Congo qu'en Belgique.

Bruxelles, le 31 juillet 1921.

Dᴿ DRYEPONDT,
Membre effectif.

La question des métis dans les colonies portugaises

par M. le docteur SILVA TELLES
Professeur à l'Université et à l'Ecole de médecine tropicale à Lisbonne.
Membre associé.

Les conditions ethniques des colonies portugaises diffèrent tellement, que la question des métis se présente différemment suivant la colonie que nous envisageons. En Extrême-Orient, en Chine, à Malaca, à Ceylan, en l'Inde, en Afrique et au Brésil les premiers Portugais ont laissé, sous la forme de croisements de la race de nombreuses traces de leur passage. Plus tard, en l'Inde, ces croisements des Européens avec les femmes indigènes ont été considérés par la grande figure historique qui s'est appelée Afonso de Albuquerque comme un facteur essentiel de la domination portugaise. L'Eglise les a favorisés également, en facilitant le mariage des soldats portugais. Il était indispensable, conformément à la politique coloniale de ce temps, que les Portugais se fixassent ethniquement en Outre mer. Leur influence deviendrait progressivement plus grande au fur et à mesure que le métissage se serait accru en quantité.

Le régime des castes en l'Inde a, jusqu'à un certain point, une base ethnique ; la supériorité dans la hiérarchie sociale traduit fréquemment une supériorité du type ethnique. Un type négroïde, restes d'une population primitive qui se reliait probablement avec la souche noire africaine, constitue la population inférieure de l'Inde sud-occidentale. Par contre, la caste supérieure se distingue, principalement parmi les Indiens non chrétiens, « gentios », par des traits de ressemblance qu'ils présentent avec les peuples de l'Asie Occidentale, notamment les Sémites, très différents des races mongolique et noire. En diverses régions de l'Hindoustan septentrional et central les caractères ethniques révèlent des ressemblances évidentes avec ceux de divers types de l'Europe.

On comprend, dès lors, que les croisements luso-indiens fusssent nombreux au début de la colonisation par faux-ménages et plus tard par la nécessité de léga-liser la situation des enfants issus de ces unions. En ce temps les voyages du Portugal aux Indes et vice-versa n'étaient pas aisés ni fréquents. Ceux qui se rendaient en l'Inde avaient toutes les probabilités de se fixer sur ce vaste territoire. Les femmes européennes n'accompa-gnaient pas les soldats et les commerçants. Les croise-ments avec les femmes indigènes étaient donc un résul-tat naturel.

Pour ces mêmes motifs en divers pays de l'Asie qui ne se trouvent point actuellement sous la domination portugaise et où l'autorité du Portugal ne s'est pas fixée pendant un large espace de temps le métissage s'est fait également, comme il fallait s'y attendre. A Java, à Malaca, à Madrasta et à Ceylan, la tradition portu-gaise vit encore à travers de nombreuses expressions portugaises et des noms de familles qui demeurèrent dans ces colonies anglaises et hollandaises. Toutefois, comme la domination portugaise a été remplacée par celle d'autres nations, le sang portugais a cessé d'in-fluer sur l'accroisssement du métissage primitif. Dans toutes ces colonies les mariages de ces métis avec les indigènes et peut-être avec des métisses d'autre prove-nance ont fini presque par faire disparaître les traces de la souche portugaise.

En Chine et plus particulièrement à Macao les croi-sements furent et continuent à être nombreux. Divers motifs ont contribué à la réalisation de ce phénomène.

On sait que la femme métisse de Portugais avec Chi-noise ainsi que de Portugais avec Indiennes possède des traits d'une correction et d'une grâce remarquables. En raison de circonstances que les lois de l'hérédité n'ont pas encore expliquées, quelquefois le produit croisé ressemble à la souche paternelle, ce qu'on voit le plus couramment parmi le sexe féminin ; d'autres fois, cette ressemblance rappelle le type indigène. Les mariages des Européens avec les métisses de Portugais avec Indiennes et de Portugais avec Chinoises sont devenus un fait courant. Les Européens qui arrivaient à Macao et en l'Inde y séjournaient pendant de nombreuses années, ou s’y fixaient définitivement. De la sorte, des familles étaient constituées, dont les mœurs ne différaient aucunement de celles des familles purement européennes. Il n’y avait, en réalité, de la part de ceux qui venaient d’arriver dans ces colonies aucune répugnance à se lier aux métisses. Cependant, le croisement avec les indigènes commençait presque toujours par une union illicite, et ce n’était que plus tard que la naissance des enfants issus de ces unions forçait les Portugais à la légaliser.

En Afrique les faits ne se sont pas passés de la même façon. Jusqu’au XIXme siècle l’influence portugaise n’a été qu’une influence purement de combat. Les Portugais n’étaient pas nombreux et les colonies s’étendent sur une très vaste superficie. L’hostilité du climat, d’une part, et l’état considérablement arriéré des indigènes, en pleine sauvagerie, d’autre part, obligeaient les Portugais à la permanence sur le littoral. L’un ou l’autre plus hardi qui osait pénétrer dans les terres habitées par les nègres, ou bien arrivait par son audace à les dominer absolument et à créer pour son usage personnel un harem, ou bien il était alors victime de son imprudence.

Peu à peu la domination portugaise s’est accrue et, à l’exclusion d’une ou d’autre région plus insoumise l’autorité portugaise a été reconnue par tous les indigènes. Les routes, les voies ferrées, les postes militaires, les missionnaires, voilà autant d’éléments de pacification. Les dernières guerres que nous avons soutenues en Angola ont été causées par l’intrigue germanique. Les Allemands ont cherché à déclancher un mouvement de révolte chez les Cuamatas et les Cuanhamas afin de pouvoir justifier l’invasion qu’ils projetaient de notre grande colonie de l’Afrique Occidentale.

Depuis l’époque des découvert jusqu’à aujourd’hui, le contact des Européens avec les indigènes africains a été épisodique. Toutefois, au cours du dernier quart du XIXme siècle, lorsque la tranquillité dans les colonies permit aux négociants de pouvoir les parcourir librement et de se fixer dans l’une ou l’autre des zones les moins aguerries, lorsque les colons ont commencé à s’y créer des intérêts agricoles et commerciaux, le métissage s’est produit fréquemment et toujours du fait de liaisons illicites. Cependant, au contraire, de ce qu’on a observé en l'Inde et en Chine, les femmes « half-cast » furent moins appréciées par les Européens que les métisses de l'Asie. C'est pourquoi il ne s'est point créé une population métisse. Celle-ci, en l'Inde et à Macao, s'est jointe plus ou moins aux Européens de pure origine suivant leurs conditions de vie ; en Afrique les produits des croisements furent, les uns abandonnés par leurs progéniteurs et les autres adoptés et en général envoyés en Europe afin d'y être éduqués. Les premiers par manque de ressources d'une part et du fait de l'ignorance de leurs mères d'autre part, se sont confondus peu à peu avec la population indigène.

On observe la répétition de ces faits encore aujourd'hui mais les croisements ne tendent pas à s'accroître parce qu'il se produit actuellement une circonstance qui était absolument exceptionnelle il y a à peine vingt-cinq ans. Les fonctionnaires, les négociants et les agriculteurs se font déjà accompagner de leurs femmes. Au fur et à mesure que les conditions hygiéniques s'améliorent dans les colonies, l'horreur du climat qui mettait en fuite l'élément féminin, est en voie de disparaître graduellement. En outre, les voyages du Portugal vers les colonies et vice-versa se font aujourd'hui rapidement et avec aisance. Ceux qui par nécessité professionnelle n'ont pas à se fixer dans les colonies y séjournent, en règle générale, peu de temps.

Il faut donc établir aux colonies portugaises, une distinction entre le métissage de l'Asie et celui de l'Afrique.

Les caractères ethniques chinois sont plus profondément accentués parmi le type croisé. Ce sont notamment les yeux qui révèlent ce croisement. La couleur du groupement mongol s'atténue par le métissage avec la souche portugaise. Un autre caractère qui montre la provenance de l'élément indigène c'est la saillance des malaires. En l'Inde c'est la peau qui indique le degré du croisement. La forme du crâne, son indice horizontal, la léptorrhinie et l'orthognatisme, lorsque la femme indienne n'appartient pas au type négroïde, correspondent aux caractères européens. En Chine comme en l'Inde, au fond du tableau constitué par les indigènes, les métis se distinguent formant des groupements de race plus ou moins divers avec transitions ethniques parfois très graduelles vers le type portugais légitime. Au Portugal, comme on sait, outre un notable croisement avec les types nordiques, la grande majorité de la population se distingue par la couleur brune de la peau, les yeux et les cheveux noirs, la petite taille, la léptorrhinie, la dolicocéphalie et l'orthognatisme. Il y a des types portugais qui se confondent avec les Berbères. On comprend, que de leur part, en présence de métisses indiennes et chinoises ils n'éprouvent point une *répugnance organique*. suivant l'expression employée par le Dr Orgeas. Cependant, en Afrique, il n'en est plus de même. Le prognanisme des noirs, leur couleur et les caractères des cheveux constituent un facies ethnique absolument différent. En présence des produits métis africains les Européens sentent, en général, qu'il existe un antagonisme de race allant jusqu'à cette répugnance organique. Toutefois, à proportion que le sang africain est peu à peu dominé par celui des Européens en conséquence du croisement entre les métis ou du croisement de ceux-ci avec des Européens, phénomènes que l'on constate peu fréquemment, les antagonismes disparaissent graduellement.

Dans les facilités ou les difficultés du métissage, ainsi que dans les possibilités de son accroissement ou diminution, nous devons tenir compte de ce facteur de nature affective. En Chine comme en l'Inde la tendance sociale des métis évolue entièrement vers le sens de se joindre aux Européens. En l'Inde, par exemple, le mariage d'un indien pur, si cultivé qu'il soit, avec une femme de race blanche, qu'elle soit européenne ou bien de descendance exclusivement européenne ou même métisse, est absolument rare. Les types croisés cherchent à cacher, autant que possible, leur origine ethnique mixte. En Chine, d'après nos informations, ce conflit moral n'est pas si accentué. En Afrique, le métis, tant qu'il y vit, n'est pas pour les indigènes d'une catégorie, supérieure au point de vue social, et n'est point considéré par eux égal aux Européens.

Nous sommes persuadés que le métissage ne tend pas à s'accroître dans nos colonies. Bien au contraire, au cours de ces dernières années l'émigration des indigènes vers l'Europe a été considérable tant en l'Inde qu'en Chine. A l'heure actuelle, étant donné la situation cambiale, favorable aux individus qui vivent en l'Inde et en Chine, ceux-ci ont un plus grand intérêt à faire élever leurs enfants au Portugal.

En l'Inde, on a constaté la disparition de nombreuses familles ; le pourcentage des familles de pure origine européenne et des types métis décroît sensiblement, mais le métissage est en voie de se déplacer des tropiques vers la métropole, où nombre d'Indiens purs constituent de la famille et leurs enfants sont, pour tous les effets, considérés comme étant des Européens.

Le tableau sommaire que nous venons de présenter sur les conditions du métissage dans les colonies portugaises de l'Asie et de l'Afrique fait entrevoir que la question des métis ne se montre pas sous le même aspect dans toutes les colonies portugaises. A Macao, possession coloniale très petite, le chiffre des Européens est peu élevé. Les célibataires qui s'y fixent finissent par se marier, si bien qu'il n'y a aucun antagonisme entre les individus de pure origine européenne et les métis. Ceux-ci sont, en général, élevés à Hong-Kong ; ils se livrent au commerce, sont intelligents et cultivés. Le croisement se manifeste par la couleur mate de la peau et notamment par les caractères des yeux. En tout l'Extrême Orient, au Japon et en Chine, ce sont ces descendants des Européens les meilleurs et nous pouvons ajouter les seuls éléments qui continuent la tradition portugaise dans ces lieux. Leur influence sociale, plus ou moins considérable, dépend de leur degré de culture et de leurs moyens d'existence. Il n'existe donc nul antagonisme entre les Portugais purs et les Portugais croisés.

En l'Inde, les circonstances ne sont point identiques. Autrefois, les descendants de pure origine européenne et les métis formaient avec les Portugais qui y arrivaient une grande unité sociale. Ils se consacraient, presque tous, à la carrière militaire. C'était une ancienne tradition de combats et de guerres à soutenir sans répit. Il y a un siècle à peine, tous les Portugais se battaient héroïquement dans les défilés des Ghats Occidentaux contre les potentas hindous. Dans la colonie de Goa, sur la région plane du littoral on a réussi à christianiser le peuple et celui-ci, tout au moins dans sa partie cultivée, commença à se rapprocher de ses maîtres, oubliant d'anciens conflits. Il y avait de grands seigneurs, héritiers de noms les plus illustres du Portugal. En ce temps, la haute noblesse s'en allait combattre en l'Inde. En règle générale, ceux qui s'y rendaient ne quittaient plus le pays et constituaient de la famille, soit avec des descendants de pure origine portugaise, soit avec des métis. Mais, peu à peu,es circonstances politiques se sont modifiées. Les guerres terminées, l'armée n'a plus été une profession marquante, le nombre des Européens s'est accru, les voyages vers l'Europe devinrent plus fréquents, de sorte que l'élite de cette population qui avait consolidé la souveraineté portugaise dans ces régions commença à se tourner vers la mère patrie. Il s'est établi, de ce fait, un courant migratoire, notamment depuis 1871, à l'occasion de l'extinction de l'armée coloniale de Goa. L'exode ne cesse point. L'émigration vers lescolonies de Mo ambique et d'Angola, vers la colonie britannique voisine de Bombay et encore vers le Portugal s'accroît de telle façon, que tout nous porte à croire que les Portugais croisés et les descendants de pure souche européenne tendent à disparaître de notre colonie. Il ressort des études entreprises par le Dr Germano Corrêa, professeur à l'Ecole de Médecine de Nova Goa, la crainte que ce phénomène se produise dans un délai pas très éloigné.

A Macao et en l'Inde, on n'a pas constaté, en réalité, un antagonisme quelconque entre les Européens de souche pure et les croisés de Portugais et indigènes. Ainsi qu'il est aisé de le supposer, il y eut des froissements de part et d'autre, analogues à ceux qui se sont produits dans les colonies hollandaises, françaises, espagnoles et anglaises ; mais les uns et les autres n'ont jamais constitué des sociétés antagoniques et hostiles. Les conditions de vie aisées ou difficiles des métis furent la seule raison qui contribua, suivant les cas, à les rapprocher ou bien à les éloigner de la société des Portugais. Il est certain que de la part de ces derniers, le bon sens qui eut évité des conflits a parfois manqué. Toutefois, lorsque les Européens cherchaient à les humilier en les qualifiant de métis, ceux-ci leurs répondaient aggressivement en leurs rappelant que au cours de toute l'histoire militaire de l'Inde ils s'étaient battus côte à côte avec un égal courage.

Le fait le plus important, selon nous, en ce moment, et qu'il faut souligner, est celui du retour graduel de la population indienne d'origine européenne en Europe. Il est regrettable, en vérité, que cela se produise. En l'Inde, la tradition portugaise était soutenue et transmise justement par la partie de la population dans le sang de laquelle coulait l'énergie des ancêtres. Les indigènes, aujourd'hui encore plus qu'autrefois, ne ressentent pas pour la patrie d'origine des Portugais cet amour sacré que la génération que ceux-ci avaient laissée en Orient a toujours révélé.

En Afrique, le problème du métissage présente une signification différente. Cependant, en aucune colonie il n'existe des inégalités juridiques entre les Portugais et les métis ou indigènes. Au point de vue de la loi ils sont égaux, soit dans la métropole, soit dans les colonies. Ce qui les sépare c'est leur degré de civilisation. On comprend, dès lors, qu'en Afrique, au contraire de ce qui s'est passé en l'Inde et en Chine, où il existait déjà une civilisation avant l'arrivée des Européens dans ces régions, les nègres, du fait de leur notable état arriéré et de leurs caractères ethniques, constituent des éléments de métissage d'une catégorie inférieure. Il nous semble, ainsi que nous l'avons déjà dit, que le chiffre de métis n'aura point de tendance à s'accroître ; en Afrique, la *classe* métisse n'existe guère. Les Portugais, lorsqu'ils légalisent la situation de leurs enfants, ont soin, en règle générale, de les séparer du milieu maternel. Eduqués au Portugal, aucun métis de Portugais avec négresse ne songe plus à retourner dans son pays d'origine ; il cherche dans la patrie de son père, où aucune profession ne lui est interdite, à se créer une situation sociale.

En ce qui concerne nos colonies africaines, celle du Cap-Vert diverge, à ce sujet, des autres. Le métissage existe, en réalité, au Cap-Vert ; on en constate des traces chez des métis occupant à l'heure actuelle, au Portugal, une haute situation ; mais il s'est produit au Cap-Vert un phénomène qui mérite d'être signalé : les premiers métis ne se sont joints qu'à des métis et à des Européens.

De la sorte, il s'est effectué une dilution du sang croisé avec le sang pur. La situation de ces habitants au Cap-Vert a différé de celle des métis d'Angola, de San Thomé et de Mozambique.

La question des métis dans les colonies portugaises n'a, à notre sens, aucune importance politique. Leur idéal et leurs tendances sont identiques à ceux des Européens. La loi ne les sépare point. En Afrique, la répulsion organique est individuelle. Dans les Ecoles de la métropole, les antagonismes de n'importe quelle espèce sont méconnus. La vivacité de l'intelligence des métis, souvent très remarquable, les porte parfois à des situations en évidence. On ne trouve pas au cours de notre histoire coloniale le plus léger épisode ayant trait à des conflits entre les Portugais et les métis.

Nous nous abstenons d'entrer en considérations sur les problèmes anthropologiques concernant ces croisements de race, car leur étude exige des statistiques que nous ne possédons pas encore et sans lesquelles il n'existe point de base solide pour établir des affirmations scientifiques.

Juillet 1923.

Dʳ SILVA TELLES,
Membre associé.

Extension intensive et rationnelle des cultures des indigènes et leur rapport avec le développement économique des Colonies tropicales

par É. DE WILDEMAN.

Membre associé.

L'extension des cultures des indigènes, qui attire actuellement, à divers titres, dans tous les milieux coloniaux, si vivement l'attention, nous paraît en effet un des plus importants facteurs du développement économique des colonies elles-mêmes.

Toutes les colonies tropicales se sont préoccupées de cette question, que beaucoup avaient, jusque dans ces derniers temps laissée à l'arrière-plan; nous voyons le Gouverneur Merlin (Afrique occidentale française), déclarer en décembre : « Débarrassés de ces œuvres d'études, mes services locaux d'agriculture devront s'attacher plus diligemment qu'ils ne l'ont fait par le passé, à l'amélioration de la culture indigène » (1).

Durant la guerre, le Congrès d'Agriculture coloniale, organisé à Paris par l'Union coloniale française, avait créé une section de l'Agriculture indigène et dans les questions qu'elle avait posé à des rapporteurs nous trouvons : « Quels organismes préconisez-vous pour préparer, et déterminer, le développement de l'Agriculture indigène? — Enseignement, apprentissage? — Foires, marchés, concours, etc.? — Œuvres d'assistance et de prévoyance? — Greniers coopératifs? — Crédit agricoles? », toutes questions que nous auront à reprendre, car toutes

(1) Ém. Baillaud. — Rapport à la Section des matières grasses du Conseil supérieur des Colonies sur les mesures à prendre en vue de l'amélioration de la production des matières grasses, et plus particulièrement sur la création de Stations expérimentales consacrées à l'arachide et au palmier à huile *in Bulletin des Matières grasses de l'Institut colonial de Marseille*, 1922. Nᵒˢ 1-2 p. 5 (discours du 19 décembre 1921 à l'occasion de l'ouverture de la Session du Conseil du Gouvernement de l'A. O. F.).

elles ont pour l'extension des cultures indigènes leur rôle à remplir (1).

La nécessité de l'extension rationnelle de ces cultures, faites par les indigènes et pour eux, découle du principe, que personne ne conteste pensons-nous : importance inéluctable de l'agriculture pour le développement matériel et moral de toute colonie.

Mais si personne ne croit devoir refuter cette vérité, il nous semble cependant très utile d'insister sur elle, car beaucoup de coloniaux cherchent à faire donner le pas à d'autres problèmes coloniaux; les uns ne voient dans la colonie que l'exploitation de ses richesses minérales, d'autres envisagent principalement l'exportation de la mère-patrie, et cherchent surtout à définir quelle peut être la capacité d'absorption d'une colonie.

Certes, ces questions ont leur importance et nous ne voudrions pas qu'elles soient réduites de valeur, mais elles sont handicapées par celle de l'agriculture, qu'il est dans une colonie encore neuve, nécessaire de résoudre, dans ses grandes lignes, avant toutes les autres.

La culture des végétaux, comme leur exploitation rationnelle, a sur toutes les autres exploitations des avantages nombreux pour le pays. D'abord les végétaux et les animaux, dont l'élevage confine aux pratiques agricoles proprement dites, jouissent de la belle propriété de se reproduire assez aisément; ils donnent ainsi à l'homme la possibilité de créer des richesses, d'entretenir celles qui existent naturellement.

La culture prise dans le sens étroit possède même sur l'élevage un très grand avantage; elle n'a besoin que d'elle-même. La plante, grâce à peu de soins, peut se perpétuer indéfiniment, l'animal est vraiment parasite, il dépend des végétaux: si la culture ne peut mettre à sa disposition une nourriture abondante lui permettant de vivre, et de lutter contre ses nombreux ennemis, il doit disparaître.

En 1909 et 1910, le Groupe d'études coloniales de l'Institut Solvay (Université de Bruxelles) avait mis à l'étude des questions de ce genre et les avait envisagées très

---

(1) Voyez : M. P. QUESNEL. — L'agriculture indigène en Cochinchine. Gouvernement général de l'Indochine. Saïgon 1918.

largement, tenant compte non seulement de l'agriculture, mais même de l'élevage, ces rapports furent présentés par MM. C. Janssen et Dr Dryepondt et par
nous (1).

La question des cultures tropicales a également été
étudiée par l'Institut dans un rapport discuté à la Session
de Paris et dû à M. le Professeur Zolla (2), mais elle l'a
été d'une façon différente de celle que nous voulons présenter. Elle était d'ailleurs tout autrement posée, il
s'agissait de mettre en relief les méthodes le mieux
appropriées pour faire produire, outre-mer, les matières
premières dont nos industries ont besoin pour vivre.

Il y a pour solutionner les deux aspects de la question
« cultures » des méthodes identiques à utiliser, et d'ailleurs M. Zolla le faisait remarquer, ces aspects de la
question sont, parfois, très intimement liés.

Dans l'étude du développement des cultures indigènes
nous ne ferons guère allusion aux facteurs : climat, sol;
nous n'avons pas à nous occuper des capitaux, mais nous
devons en envisager un autre peut être plus important :
main-d'œuvre.

Ce facteur examiné déjà par M. Zolla, dans le rapport
auquel nous faisons allusion, ne le sera pas ici dans ses
détails; nous l'envisageons d'une façon spéciale; nous ne
le considérons pas au travail pour le capital, mais nous
entrevoyons surtout sa formation.

Nous trouvons d'ailleurs le facteur main-d'œuvre rappelé, partout, à la base de tout progrès social ou économique, non seulement dans les colonies, mais aussi dans
nos métropoles, et c'est, pensons-nous, justement par
suite de l'importance de ce facteur, que dans les colonies
tropicales nous devons en premier lieu envisager la très
grosse question des cultures indigènes.

Le développement de ces cultures, surtout si on les
examine, au point de vue de la production de vivres,
qui dans les colonies de l'Afrique tropicale viennent si
souvent à manquer, aura une action indiscutablement très
nette sur la main-d'œuvre.

(1) Voir : Annexes I.
(2) D. ZOLLA. — Les méthodes à appliquer pour faire produire aux
colonies les matières premières à utiliser dans la Mère-patrie. Institut
colonial international. Session de Paris 1921.

Nous devons impérieusement songer à l'indigène et cela, tant pour satisfaire à l'engagement que nous avons pris comme colonisateurs, que dans notre intérêt de propriétaire. Car « l'Afrique équatoriale et congolaise sans habitants serait un pays sans valeur » (1).

Nous avons eu l'occasion de traiter à diverses reprises cette question et en 1909, nous avions écrit : « C'est par l'étude des cultures indigènes, par celle des plantes vivrières, par leur extension, que l'on agira le plus efficacement sur la mentalité du noir. Ces études ont pour les colonies tropicales elles-mêmes, un autre genre d'importance, considérable d'abord parce que ces plantes doivent être largement cultivées pour permettre aux indigènes et aux blancs de lutter contre l'anémie, et ensuite parce que la culture de ces plantes peut donner des bénéfices sérieux à ceux qui les entreprendront ».

Déjà en 1909 M. Guebhard le faisait remarquer à propos du développement de Fouta-Djalon : « C'est de l'impuissance causée par la misère physiologique et morale que vient l'incapacité des Foulahs à tout travail. Il faudrait, pour y porter remède, pendant plusieurs années, les restaurer par une nourriture abondante sans qu'il leur en coûtât une fatigue trop grande » (2).

Cette appréciation du rôle des cultures vivrières est, nous semble-t-il, des plus exacte; cette phrase peut s'appliquer à l'état dans lequel se trouvent, actuellement encore, un très grand nombre de peuplades africaines, en particulier en Afrique centrale.

Notre collègue Aug. Chevalier avait émis la même appréciation et avait conclu en 1908 que les mesure à employer pour développer la production de denrées alimentaires sont des plus urgentes (3).

Tous les Congrès coloniaux tenus depuis, celui de Paris 1918, le Congrès colonial national de Bruxelles, 1920, ont repris ce thème, et admis, que la faiblesse du

(1) Aug. Chevalier. — La culture du Bananier en Afrique tropicale en vue de l'alimentation du noir in *Revue de Botanique appliquée*, 31 août 1922, n° 12, p. 414.

(2) *In Revue Coloniale*, Paris 1909, n°⁸ 71 et 72: L'agriculture au Fouta-Djalon, p. 141; travail qui renferme sur les cultures de plusieurs plantes, que nous signalerons des renseignements intéressants.,

(3) Aug. Chevalier. — *L'Afrique centrale française*, Paris 1908, p. 427.

noir : pour le travail dans les factoreries et les plantations, dans la lutte contre les maladies, était due à un déficit dans l'alimentation, à une mauvaise alimentation.

Et en reprenant le même thème, M. L. Fourneau, commissaire de la République française au Cameroun, se résumait : « Avoir de l'argent, avoir du matériel, avoir du personnel » (1).

Cela ne suffirait peut être pas si le personnel n'est pas pénétré de l'idée qu'il faut développer le noir et l'associer d'une façon de plus en plus intime à tous les travaux à faire dans les colonies.

Une nourriture saine et abondante aura indiscutablement une répercussion rapide sur la santé des individus, sur la race elle-même et sur l'augmentation de la population, absolument insuffisante dans la plupart des colonies tropicales (2). Cette production de vivres agira également sur la stabilisation de la famille indigène. Par cet ensemble de faits elle amènera, au bout d'un certain temps, la constitution d'une main-d'œuvre non seulement plus nombreuse, mais encore à rendement de meilleur en meilleur.

Or, n'est-ce pas là ce que recherchent actuellement les sociétés capitalistes européennes qui veulent faire fructifier des fonds en établissant des cultures de grand rapport dans les colonies !

C'est d'ailleurs sous cette impulsion somme toute que M. Bertin soumit au Congrès des bois coloniaux de Bordeaux (juin-juillet 1922) le vœu suivant : « Que soient prises toutes les mesures capables de favoriser l'accroissement de la population indigène constituant la main-d'œuvre indispensable aux exploitations, telles que l'amélioration de l'alimentation, de l'hygiène et de l'assistance médicale. Que l'éducation professionnelle des indigènes soit organisée ».

La question que nous soulevons encore une fois ici, le fut déjà par nous en 1913, au troisième Congrès international colonial tenu à Gand.

<hr>

(1) *In Le Problème de la population.* Union coloniale française. Comité d'action agricole coloniale. Fasc. 11 Paris 1920.

(2) Cf. DE WILDEMAN EX ZOLLA *in* C. R. Réunion de Paris 1921 de l'Institut colonial international.

Nous y disions entre autre :

Faut-il faire d'une colonie, le plus rapidement possible, et exclusivement, une région capable d'exporter des produits de culture, utilisables par la mère-patrie; produits de cultures établies par le blanc et dans lesquelles le noir devient comparable, à certains points de vue, à la main-d'œuvre agricole de nos régions tempérées?

Faut-il au contraire chercher à étendre les cultures existantes, celles qui se trouvent entre les mains des indigènes, chercher à les sélectionner, essayer de transformer le noir, agriculteur nomade et souvent irrationnel, en un paysan cultivant pour son bénéfice des plantes dont les produits sont utilisables sur place par lui et sa famille, puis par le blanc, à en faire donc un paysan capable d'alimenter les marchés locaux?

En résumé, faut-il, avant de songer à l'exportation, songer à la vie matérielle indépendante de la Colonie?

Ces deux façons de comprendre la colonisation agricole, qui semblent s'exclure, ne peuvent séparément donner, d'une manière permanente, des résultats satisfaisants.

Il faudrait les combiner; mais à votre avis, il y a lieu de donner la préférence, dans un pays neuf, à la seconde méthode, en l'étendant petit à petit de façon à pouvoir, au bout d'un certain temps, passer à l'application de la première.

M. Demontès a pu dire, au Congrès de l'Afrique du Nord, avec justesse : « La grande colonisation produit; elle ne peuple pas, elle consomme peu. Avec la petite colonisation, l'occupation matérielle du sol, l'extension des relations commerciales avec la métropole, les transformations ethniques et sociales chez le peuple vaincu sont mieux assurées ».

M. Willis, du Jardin botanique de Ceylan, est d'avis qu'un des buts à atteindre est de faire de l'indigène un salarié et que pour cela il faut : « Encourager les indigènes à gagner un salaire sur les domaines des capitalistes ».

Nous ne sommes pas de cet avis, nous nous rangeons à celui de beaucoup d'autres coloniaux et nous persistons à croire, comme nous l'avons dit ailleurs : « En créant pour le noir, par la culture, une source de revenus constants, on l'attachera au sol et on aura fait faire plus de progrès à la civilisation du centre de l'Afrique qu'en cherchant à faire travailler, plus ou moins, l'indigène dans une plantation dirigée par le blanc, car on aura fait un paysan, un cultivateur connaissant la valeur de son sol, au lieu d'un ouvrier salarié » (1).

« Il faut, comme l'a dit un jour M. le Ministre de l'Agriculture du Brésil, Pedro de Toledo, attirer les indigènes et les travailleurs nationaux à la société et mettre à profit leur activité, leur énergie et leurs aptitudes », et cela par des méthodes que nous envisagerons.

L'État du Congo avait naturellement déjà saisi l'importance des cultures vivrières, il avait même poussé à l'extension de celles-ci; en 1907, il publia un petit traité (2) à la tête duquel il inscrivait :

« Il importe que des plantations vivrières soient établies partout dans le but de pourvoir d'une façon complète au ravitaillement du personnel. »

Comme on le voit par ce texte, on ne songeait guère à l'indigène dans son ensemble, et l'on envisageait surtout celui qui était attaché à un service gouvernemental. C'était certes déjà un progrès; c'est d'ailleurs en suivant ce procédé que dans les Indes Néerlandaises, les grandes firmes exploitantes, et les Stations expérimentales, se sont formé de la main-d'œuvre de valeur.

Mais déjà en 1917 le Gouvernement de la Colonie belge, par une ordonnance-loi, avait prescrit : « Art. 23 *g)* de faire annuellement dans la chefferie, et au bénéfice exclusif de ses membres, des travaux de rapport, des cultures vivrières ou des plantations de produits d'exportation ».

C'était là déjà un très grand progrès.

Beaucoup d'études sur la production agricole des colonies de l'Afrique tropicale et centrale ont été publiées, mais on peut reprocher à beaucoup d'entre elles d'avoir été « écrites, comme le disait M. Arcin, en 1907, à un point de vue presque exclusivement européen; en traitant des questions économiques en vue de résultats pratiques, de ne pas s'inquiéter assez de la mentalité du noir » (3).

<hr>

(1) Voyez par exemple H. ROLIN. Les lois et l'administration de la Rhodésie. Bruxelles, 1913.

(2) État Indépendant du Congo. Département des Finances : Culture des plantes vivrières, potagères et fruitières, Bruxelles 1907.

(3) A. ARCIN. — *La Guinée française*. Paris, Challamel, 1907, p. IX.

On a dit parfois que la solution de la question des cultures des indigènes, de celles destinées à l'alimentation du noir de l'Afrique, par exemple, est des plus simple; il suffira pour la solutionner de faire ordonner que chaque indigène, chef de famille, cultive une étendue de terre en telle plante, ou qu'il amène sur un marché une certaine quantité de produits : racines ou fruits alimentaires; produits capables de lui permettre de vivre avec sa famille ou de faire vivre les habitants des régions voisines avec lesquelles il pourra échanger des produits.

Certes, la contrainte imposée à tous les indigènes, ou à toutes les communautés, pourra donner des résultats; bien des indigènes seront amenés peut-être, par cette manière, petit à petit, à cultiver plus régulièrement un sol défini et à obtenir plus qu'il ne sera nécessaire pour la vie.

Mais déjà certains coloniaux pensent trouver à la mise en vigueur d'un travail forcé de ce genre quelque objection! Si l'indigène ne juge pas nécessaire d'obtempérer à cet ordre, s'il ne veut pas fournir au marché voisin un produit qu'il pourra offrir en échange d'un autre, comment devrons-nous le forcer à faire de la culture?

Cette objection avait été prévue par M. le Gouverneur général Lippens; dans une de ses dernières ordonnances, il faisait ressortir que cette obligation de faire cultiver par le noir les plantes nécessaires à sa subsistance et celle de sa famille ne peut être imposée par la force. Celle-ci ne pourra certes faire obtenir les résultats désirés, ni surtout des résultats durables (1).

C'est en modifiant la mentalité des indigènes et en les instruisant, en les éduquant, en leur montrant graduellement les avantages de l'extension des cultures, de la récolte des produits de cueillette dans la brousse et dans les forêts, que l'on parviendra lentement, mais beaucoup plus sûrement, à des résultats définitifs.

Mais pour arriver à ce but, nous devrons trouver chez les administrateurs coloniaux, chez les agronomes de la colonie un ensemble de qualités que l'on ne peut trouver que chez une élite d'hommes.

Dans ce domaine, qui frise la spécialité, l'Administra-

(1) Cf. *Bulletin Soc. belge d'Études coloniales*, janvier 1923, p. 87.

teur colonial devrait donc être doublé d'un agronome ou chercher, franchement, la collaboration de ce dernier. Il devra y avoir là, comme en toutes choses coloniales une association des deux éléments : administration et science agricole, à première vue très disparates.

Hélas trop souvent dans les colonies tropicales ce n'est pas l'entre-aide que nous trouvons, mais un antagonisme personnel, et systématique, néfaste pour la marche en avant de la colonie!

C'est une occasion de rappeler les mots que le Ministre Sarraut prononça en 1922 à l'École coloniale de Paris : « Mais les élites ne s'improvisent pas. Elles se préparent, se modèlent sous la règle lucide des disciplines et des Écoles qui ont pour mission de mûrir leur expérience et d'orienter leurs facultés d'action ».

La contrainte fixée par les Administrateurs coloniaux en vertu d'arrêtés de leurs chefs, par laquelle une certaine étendue de terres doit être cultivée par l'indigène ne peut cependant, même si l'indigène consent, donner des résultats si le cultivateur n'est pas soutenu et encouragé par les représentants de l'autorité. Nous devons même ajouter que le résultat de telles contraintes sera fréquemment nul, si avant la mise en exécution de ces arrêtés il n'a pas été fait, sur les cultures indigènes de la région, des études approfondies.

Rien n'est aussi néfaste pour le déclanchement d'un mouvement, tel celui de l'extension de cultures, que de devoir revenir sur les objets de cette culture, de faire toucher du doigt, par l'indigène, les erreurs du blanc.

Il faudra, nous le verrons, réaliser d'autres conditions encore pour obtenir vraiment une extension rationnelle et durable des cultures et il ne faut pas s'illusionner, cette extension ne pourra être obtenue qu'au bout d'un certain temps. Il est mauvais en questions coloniales, comme en toute question sociale d'ailleurs, de heurter trop vivement les mœurs et coutumes des indigènes surtout quand il s'agit de les amener à un travail dont beaucoup ne comprennent encore ni l'importance, ni la nécessité, car leurs besoins sont nuls ou si peu développés.

Nous devons bien envisager que le but poursuivi, en nous rendant aux colonies, n'est pas uniquement d'y faire fortune. Les colonies ne sont pas faites seulement pour la métropole, elles ne constituent pas pour elle, comme l'a dit M. Sarraut, un marché privilégié (1).

L'indigène doit nous préoccuper, et cela, comme nous l'avons dit plus haut dans notre intérêt, comme dans le sien; nous avons à mettre en valeur non seulement les richesses naturelles que seul l'indigène peut nous procurer; mais aussi la richesse humaine; elle peut nous être nécessaire dans bien des circonstances!

Pour travailler avec l'indigène, il nous faudra, dans bien des régions, essayer de l'amener petit à petit de ce stade de propriétaire collectif à avoir mal défini, à .celui de propriétaire individuel dont le bien, régi par des règlements de plus en plus stables, sera garanti par l'État. Il faut en effet, comme nous l'avons soutenu depuis des années, faire des efforts constants pour fixer l'indigène.

Envisageant la culture des produits alimentaires nous disions : « Le travail à effectuer le retiendra au village, l'attachera au sol, transformant le nomade, vivant au jour le jour, en un paysan attaché à son champ, qui peut lui procurer le moyen de vivre avec sa famille, et lui permettra de satisfaire les besoins que le commerce avec le colon aura créés » (2).

On le voit, la solution de la question des cultures indigènes est loin d'être aussi simple qu'on se l'imagine, car elle soulève des points d'interrogation variés. Il est de ces points sur lesquels nous aurons à revenir; mais il nous paraît superflu d'insister sur la question des moyens de transport comme sur celle des voies de communication. Ces deux questions, comme celle de l'hydraulique agricole, préoccupent tous les coloniaux, elles sont de celles que l'on doit examiner pour le développement économique et industriel de toute colonie, par conséquent pour celui des grandes cultures, mais à notre avis l'extension de la culture indigène n'exige pas une réalisation immédiate de ces vastes programmes envisagés parfois; il convient cependant de demander la mise en œuvre de

<hr>

(1) Cf. SARRAUT. — *La mise en valeur des Colonies françaises* Payot (1922) Paris, p. 84.

(2) DE WILDEMAN. — *Ressources végétales du Congo* in *Revue Générale*, Bruxelles, mai 1906, p. 632.

toutes les bonnes volontés pour faciliter les échanges entre les indigènes et éviter dans la plus large mesure possible le portage, néfaste non seulement pour la santé de l'individu, mais pour la race; il constitue en outre la perte d'un temps qui pourrait être employé pour un travail plus fécond.

Si dans certaines colonies, en particulier en Afrique, on a souffert dans la situation actuelle, c'est non pas uniquement parce qu'il nous manquait ce vaste outillage, indiscutablement très favorable à toute extension économique, mais en grande partie parce que jamais, au bien rarement, une politique agricole a été suivie. On a été dans la mise en œuvre des desiderata lancés de la métropole, au petit bonheur et, fréquemment, lors des successions, inévitables, dans les sphères directrices, on a considéré comme sans importance, les travaux des devanciers.

Nous serons amené, de l'exposé que nous devons faire, à conclure qu'il devient de toute nécessité pour un Gouvernement colonial, d'avoir dans son programme général, des principes d'une politique agricole.

Ces principes larges devraient pouvoir être considérés comme immuables jusqu'au jour où, scientifiquement, ils sont démontrés erronés. Ils devraient être mis en œuvre lentement, mais avec sûreté et persévérance, par les dirigeants de grades variés, en connaissance de cause.

Nous tenons cependant à déclarer bien haut que notre exposé, forcément très incomplet, ne peut être considéré comme un Programme de politique agricole coloniale!

Récemment M. Y. Henry, inspecteur général de l'Agriculture, a fait paraître un exposé du Programme agricole de la Campagne de 1921, pour le Gouvernement général de l'Afrique occidentale française. Nous sommes de son avis quand il dit : « On ne saurait définir dès à présent cette politique; la question est trop complexe et trop peu connue. Mais on peut en dégager les grandes lignes et se tracer une méthode de travail en partant de cette vérité qui saute aux yeux de tout esprit averti, que d'une action rapide et méthodique de notre part dépend que les espoirs de notre pays ne restent pas des illusions, et que nos principaux produits d'exportation ne soient pas éliminés des marchés mondiaux » (1).

Certes, toutes les questions que nous examinerons ici, beaucoup très sommairement, et qui ont été passées en revue dans de nombreux essais de programmes agricoles coloniaux, devraient entrer dans un programme de politique agricole coloniale; mais il ne peut être question, en peu de semaine, de présenter un aperçu de ce qu'il faudrait pouvoir faire, même si on ne peut tout réaliser du jour au lendemain.

L'établissement d'un programme agricole, si nécessaire, est, nous l'avons dit, trop complexe, pour être exposé sans mûres et longues réflexions, il demande la coopération de nombreux spécialistes, se rattachant à des sciences variées; l'agriculture coloniale est non seulement sous la dépendance de facteurs climatiques, sous celle de facteurs géologiques, mais aussi sous celle des facteurs humains, comme sous celle de facteurs économiques.

Un programme de politique agricole coloniale, le plus important probablement pour l'avenir des colonies, doit être une véritable synthèse de tous les autres programmes coloniaux, car sans la coopération de toutes les connaissances acquises, de toutes les forces vives de la colonie et des métropoles, il sera impossible de faire sortir, victorieusement, l'agriculture coloniale du marasme dans lequel elle est périodiquement plongée.

* * *

(1) Y. Henry. — Le *Programme agricole*. Exposé du programme, Campagne 1921. — Paris, E. Larose, 1922.

On trouvera en annexes à ce travail les textes des décrets et arrêtés réorganisant l'enseignement de l'Agriculture tropicale en France, les services et le personnel de l'Agriculture aux Colonies; savoir :

1º Décret du 3 août 1920 réorganisant l'École nationale supérieure d'agriculture coloniale;

2º Décret du 8 novembre 1921 donnant au « Jardin colonial » et à l' « Ecole nationale supérieure d'agriculture coloniale » le titre d' «Institut national d'agronomie coloniale ».

3º Décret du 1er août 1921 organisant le personnel des services techniques et scientifiques de l'Agriculture dans les Colonies autres que l'Indochine.

4º Arrêté du 20 octobre 1920 organisant un cadre de conducteurs agricoles et forestiers en Afrique occidentale française.

5º Décret du 31 décembre 1920 instituant les services d'Agriculture en Afrique occidentale française.

6º Arrêté du 12 avril 1921 organisant les services de l'Agriculture, de l'élevage et des forêts en Afrique occidentale française.

Pour entrer plus avant dans l'étude d'une partie du problème agricole colonial : Cultures indigènes, il faut envisager, d'après nous, les cultures faites « par et pour les indigènes » sous deux aspects.

1º Culture de produits destinés directement à l'alimentation des indigènes, des colons et des agents européens;

2º Culture de produits commerçables destinés à des industries : soit métropolitaines, soit à créer sur place dans les colonies.

Nous ne pouvons faire allusion dans cet exposé à l'élevage, très intimement lié à l'agriculture proprement dite, il est indiscutable que son extension favorisera largement celle des cultures et que bien des moyens que nous préconisons pour ces dernières pourraient être utilisés pour promouvoir l'élevage de races variées d'animaux de la ferme. Nous examinerons seulement quelques cultures à titre exemplatif.

Culture de produits destinés directement à l'alimentation des indigènes, des colons et des agents européens.

Pour les raisons que nous avons signalées plus haut, pour la constitution d'une race forte, de mieux en mieux à l'abri des épidémies, il faut examiner la sous-question ci-dessus en premier lieu.

Nous l'avons dit, beaucoup de coloniaux, considèrent cette question sans grande importance et très aisée à résoudre, puisque pour eux il suffira d'ordonner la culture de quelques plantes, pour le Congo par exemple : *manioc, patates douces, bananes, sésame, canne à sucre, arachides,* plantes indigènes ou depuis longtemps cultivées par les noirs africains; *riz* cultivé depuis assez longtemps, mais sur une fabile surface d'abord, devenu au Congo depuis la guerre une plante de grande culture, faite par l'indigène sous la pression du blanc.

Mais une telle ordonnance n'est pas chose si facile à faire appliquer. Si on veut obtenir des résultats, il faut pouvoir donner une réponse à bien des questions qui seront posées ou devraient être posées?

Quelle sera par exemple l'étendue qu'un indigène doit consacrer à la culture pour obtenir le rendement nécessaire à l'alimentation normale d'un certain nombre d'individus?

L'Administration peut-elle fixer cette étendue, variable, pour les divers types de cultures?

Ceux qui considèrent cette question des cultures indigènes comme si facile à trancher, ne songent guère aux difficultés inhérentes à la culture. L'indigène n'a pas à sa disposition un terrain toujours propice et, en plus, il est habitué à faire ses cultures suivant des principes qui lui ont été légués par ses ancêtres, bons peut-être pour les périodes passées, mais dont beaucoup ne sont plus du tout en rapport avec les méthodes agricoles. Ces pratiques, telles celles du brûlage de la couverture forestière, de la brousse, de la jachère, sont en opposition directe avec les procédés que nous devons nous efforcer à inculquer à l'indigène dans l'intérêt non seulement de son propre avenir, mais encore dans celui du développement de la Colonie elle-même.

Le choix des cultures s'impose encore ici. Avant de pousser une culture, il faudra faire de nombreuses enquêtes sur lesquelles avec des collègues, tel notre ami Aug. Chevalier, nous avons insisté à diverses reprises (1).

Ne devons-nous pas reconnaître, que même après des années de recherches, poursuivies il est vrai, disons le franchement, sans programme régulier, nous savons fort peu de choses des plantes cultivées par le noir, même de celles qui sont exploitées depuis longtemps, tel l'*Elaeis* dont on commence à peine à se préoccuper scientifiquement.

Malgré les monographies, dites agricoles, de diverses régions congolaises par exemple, il serait très difficile de répondre à un questionnaire du genre de celui que nous avions proposé en 1909 et repris en 1911.

Pourquoi nous trouvons-nous devant cette difficulté? N'hésitons pas à répondre sans réticence : parce que nous n'avons pu toujours envoyer en Afrique des hommes au courant, des hommes faisant partie d'une élite, des hommes que nous aurions déjà dû former avant leur départ,

---

(1) Voyez entre autres : DE WILDEMAN. — Notes sur des plantes largement cultivées par les indigènes en Afrique tropicale *in Annales du Musée colonial de Marseille*, 2ᵉ série, 7ᵉ volume 1909 tiré à part, p. 96.

de manière à leur faire perdre le moins de temps possible.

C'est donc, on le voit, d'après nous, une nécessité d'allier dans cette question des cultures indigènes, le noir et le blanc, car l'indigène doit être conseillé. L'enseignement sur lequel nous avons insisté, avec d'autres, depuis des années, et dont la nécessité a encore été mise en relief récemment pour le Congo, par la mise au jour d'une étude spéciale, publiée par le Comité permanent du Congrès colonial national de Belgique (1), devra largement intervenir.

Ici se marque donc une première intervention très directe, et suivie, des gouvernements, ou d'associations subsidiées et inspectées par les Gouvernements, dans le développement rationnel des cultures des indigènes.

Ce moyen a été d'ailleurs utilisé dans toutes les colonies actuellement prospères; les Indes néerlandaises nous ont donné à ce sujet des exemples frappants; nous aurions dû les suivre depuis longtemps dans d'autres colonies.

La prescription d'une installation de cultures indigènes, par l'indigène et pour l'indigène, même la création d'une propriété privée bien définie, soutenues par un enseignement plus ou moins développé ne pourront donner des résultats durables que si les enquêtes dont nous avons parlé ont été soigneusement compulsées et si l'indigène trouve chez des particuliers et chez l'État, dans des stations, dans un service central, une aide sérieuse.

Le Gouvernement de la Colonie doit donc avoir à sa disposition un grand nombre d'agents agricoles; les sociétés capitalistes s'occupant de culture, les Missions, auront intérêt à avoir sous la main, et à les préparer, des hommes au courant de ces matières.

Dans le Service agricole, dont le plus beau modèle colonial est le « Département de l'Agriculture des Indes néerlandaises à Buitenzorg « Java » (1), qui devrait exister dans toute colonie tropicale, et doit prendre particulière-

---

(1) Bureau permanent du Congrès colonial national. Rapport sur les questions de l'Enseignement au Congo, *in Le Congo* 1922.

(1) L'organisation très complexe du Département de l'Agriculture des Indes néerlandaises est bien connu, les rapports annuels, les travaux de ses nombreuses sections dirigées par des hommes de première valeur sont partout cités. On trouvera des indications très nombreuses sur l'organisation du *Landbouwvoorlichtingsdienst* créé spécialement pour aider l'agriculture indigène, dans *Jaarboek van Nederlandsch*

ment de l'extension dans une colonie encore en enfance telle que la plupart des régions africaines tropicales ; il faudrait organiser une section spéciale pour les cultures indigènes, comme l'ont, somme toute, créée à Java les Hollandais en fondant leur « Landbouw-Voorlichtingsdienst », qui annuellement publie le « Jaarverslag van

Indie 1920, p. 113 ; on pourra y remarquer que le personnel est constitué par des indigènes et par des européens.

Nous devons certains des renseignements ci-dessus peu connus, et intéressant surtout le développement local de l'indigène à M. le D^r DE BUSSY, directeur du Handelsmuseum du *Koloniaal Instituut d'Amsterdam*, que nous remercions bien vivement de son amabilité.

Mais d'autres organisations de ce genre existent ailleurs et à titre documentaire nous signalerons ici l'organisation et le fonctionnement d'un Service agricole et forestier, de création récente à la Martinique (*Bulletin agricole de la Martinique*, Ann. IV, n° 22, Port-de-France, 1922).

Ce service trouve son origine dans une création de 1904 par une loi du 11 mars, d'un jardin d'essai et d'un laboratoire agricole ; par des lois du 20 janvier 1909 et 26 avril 1909 ces jardins d'essais furent étendus de même que l'enseignement spécial.

Les attributions de la section agricole et son programme se résument comme suit :

1. Recherches scientifiques et expérimentales :

a) Dans les laboratoires (de chimie et technologie agricoles, d'entomologie et phytopathologie) ;

b) dans les jardins d'essai et les champs d'expérience (sur la canne à sucre, et sur les cultures dites secondaires : cacaoyer, caféier, citronnier, etc.).

2. Enseignement et vulgarisation agricoles :

a) Enseignement agricole (dans les écoles primaires ; à l'école normale d'instituteurs, au lycée d'enseignement secondaire, dans une école spéciale d'agriculture) ;

b) vulgarisation et renseignements, par des consultations écrites ou verbales, des conférences, des publications ;

3. Améliorations agricoles et génie rural (études et projets, contrôle des travaux d'exécution et d'entretien).

4. Encouragement à l'agriculture :

a) Primes aux cultures secondaires, à l'enseignement agricole, etc. ;

b) indemnités et subventions pour améliorations permanentes, drainage, irrigation, etc.)

c) expositions et concours agricoles ;

d) coopération et mutualités agricoles (syndicats, coopératives sociétés de crédit, etc.).

Quant à la section forestière, ses attributions comportent :

1. Surveillance et conservation des forêts existantes (appartenant au Domaine ou aux particuliers) ;

2. Exploitation rationnelle des bois et forêts domaniaux ;

3. Reboisements : correction des rivières et des cours d'eau torrentueux.

Le budget de 1922 comprend : direction et laboratoire : 48,000 fr. ; jardins d'essai : 103,600 fr. ; forêts : 60,060 fr. Celui de 1922 comporte en outre un crédit de 50,000 fr. pour travaux de reboisement et un autre crédit de 30,000 fr. pour encouragements à l'agriculture.

den Landbouw-Voorlichtingsdienst » malheureusement pas dans le commerce ».

Ce même organisme lance dans la circulation des tracts « Korte Berichte uitgaande van den Landbouw-Voorlichtingsdienst » publiés en hollandais, et même en malais et en javanais et les « Mededeelingen · van het Algemeen proefstation voor den Landbouw ».

Un périodique malais « Pemimpin Pengoesaha Tanah », émanant de ce même service est destiné à faire connaître aux indigènes les progrès et les cultures récentes, de même qu'un « Volksalmanak » tiré annuellement à quelque 100,000 exemplaires, en javanais, malais et sundanais.

* * *

Si nous pouvions examiner ici toutes les cultures indigènes, susceptibles de mettre à la disposition des coloniaux une matière alimentaire utilisable, nous serions amené à bien des observations quant à leur valeur inégale et par suite, à faire ressortir la nécessité d'en abandonner certaines d'entre elles, et vulgariser d'autres.

A Madagascar, on s'est déjà beaucoup préoccupé du choix des cultures et l'on semble s'être arrêté sur : *riz, pois du Cap, manioc, maïs, haricots, tabac, arachide, ricin, girofle, vanille, soie,* sur lesquels on concentre les efforts; produits qui à des titres divers attirent l'attention des indigènes et des Européens.

Nous devrions dire, par exemple, que la culture de manioc laissée totalement entre les mains de l'indigène dans le but d'en obtenir une pâte alimentaire, n'est pas de celle que nous désirerions voir pousser, et cela pour différentes raisons.

La préparation de la farine de manioc, par les indigènes, est une opération trop sommaire pour la production d'une matière alimentaire de première valeur, car très souvent elle est entachée par la présence d'un poison dont on ne peut contester l'action néfaste sur l'organisme humain et sur l'animal; en outre, cette culture incite l'indigène à se déplacer et empêche tout progrès stable (1).

Il en est naturellement tout différemment si le noir se

____

(1) É. DE WILDEMAN. — *Mission permanente d'études de la Cie du Kasaï.* Bruxelles, 1910, p. 186-196.

préoccupe seulement de la culture et transmet sa récolte brute à une usine voisine, dirigée par le blanc, qui transformera par des procédés scientifiques, et modernes, les cossettes de manioc en une fécule de valeur non seulement pour le commerce local, mais aussi pour l'exportation.

C'est ce que nous avons vu se produire en partie à Madagascar sous l'impulsion du Gouvernement et de sociétés particulières. Le manioc est là-bas, comme dans la plupart des régions continentales de l'Afrique, cultivé par l'indigène ; sa production a augmenté dans des proportions notables depuis que dans la région de Tamatave et dans le Sambirano de vastes cultures, à direction européenne, se sont créées, que des usines se sont installées un peu partout. Une grande partie de la production de l'indigène et de celle des usines est consommée sur place, mais l'exportation qui en 1908 atteignait 24 tonnes de manioc en cossettes ou broyé, atteignit en 1921 : 21,000 tonnes.

L'Administration cherche à intervenir dans cette culture en faisant améliorer, parmi les indigènes, les procédés de culture et en introduisant des instruments aratoires (1).

Dans les Indes néerlandaises, la culture de cette même plante s'est développée tout aussi largement (2).

Mais nous passons ainsi de la culture alimentaire proprement dite, à la culture industrielle; nous insisterons sur elle.

Dans l'alimentation du noir, comme dans celle du colon, il entre outre les graines féculentes et des oléagineux tels : sésame, arachide, huile de palme, dont il existe des variétés nombreuses, dont il faudrait fixer les qualités, d'autres plantes : légumes verts, tubercules, fruits.

Si nous envisageons la question sous cet angle, on nous répondra peut-être que le moyen le plus sûr est, pour ce genre d'alimentation, l'introduction dans les

(1) Nous devons certains renseignements sur les cultures indigènes poussées à Madagascar, à M. le Directeur de l'Agence économique de Madagascar et dépendances de Paris, auquel nous adressons tous nos remerciements.

(2) *Products of the Cassava. Publication of the division of Commerce. Depart. of Agriculture, Industry and Commerce. Buitenzorg (Java).*

colonies : de graines de nos légumes et de nos fruits européens, de pommes de terre, qui, pour la plupart, se développeront dans les régions tropicales.

Des légumes européens peuvent, sans conteste, être, avec intérêt, introduits dans les colonies; mais parmi les légumes indigènes, il doit se trouver, et il se trouvera, des types dont une culture rationnelle pourrait tirer grand parti, comme parmi les fruits tropicaux, au Congo par exemple, il en est beaucoup qui, à la suite de peu d'efforts de sélection, pourraient être comparables, à plus d'un titre, à ceux que nous importons (1).

N'a-t on pas cherché en Afrique l'origine de certaines de nos plantes européennes de grande culture; et n'avons-nous pas vu émettre l'hypothèse, fort plausible, que les célèbres « haricots de Soissons » sont issus de races de haricots africains. Sous des formes très variées les indigènes de l'Afrique tropicale cultivent d'ailleurs de nombreuses légumineuses, ce sont donc là des plantes dont il convient de développer et de sélectionner les cultures.

D'Afrique nous serait également venu le melon, et, dans toutes les zones de l'Afrique tropicale nous rencontrons de nombreuses Cucurbitacées dont bien peu ont jusqu'à ce jour, attiré l'attention des agronomes.

Il y a certains arguments à faire valoir contre les introductions; si d'un côté on peut amener dans le pays une ressource sérieuse, on peut aussi contaminer les cultures surtout, si à l'entrée de la Colonie, il n'existe pas un poste de surveillance bien organisé.

Notre collègue et ami le Professeur H. Jumelle, de la Faculté des Sciences de Marseille, a pu le dire avec raison : « Une autre de nos erreurs a été de vouloir tout d'abord chercher bien loin ce qu'il était possible de trouver en grande partie dans le pays même. Beaucoup de temps et d'efforts ont été perdus par des essais d'introduction de plantes étrangères, il eut été plus prudent, et préférable, de s'efforcer, et avant tout, d'étendre et d'améliorer la culture des espèces qui, en raison de leur

<hr>

(1) De Wildeman. — Les plantes alimentaires des indigènes du Congo belge *in Annales Soc. Scient. de Bruxelles*, XXXVI, 1912, pp. 83-117.

indigénat ou d'une introduction déjà ancienne n'étaient pas soumises aux aléas de l'acclimatement » (1).

C'est d'ailleurs le même principe que le Docteur Dryepondt et nous même défendions en 1911 au « Groupe d'Études coloniales de l'Institut de Sociologie Solvay » en disant : « Au point de vue de la culture maraîchère, il importe de s'efforcer, tout en introduisant certains légumes européens d'acclimatation et de culture faciles, de faire connaître, et de répandre parmi les Européens, l'usage des légumes indigènes. Parmi ceux-ci, il en est d'excellents, et au point de vue hygiénique, leur emploi est bien préférable à celui des conserves » (2).

Malgré, pensons-nous, des rapports très favorables, la cultures des légumes européens sera soumise à des aléas et on ne parviendra à acclimater un certain nombre de nos légumes européens, qu'après une longue période d'essais. La culture et la sélection de ces plantes, sorties brusquement de leur milieu, ne donnera des résultats que par des soins constants, par un renouvellement régulier. Il est loin d'en être de même pour les plantes indigènes ou depuis longtemps en culture, par conséquent acclimatées; leur culture sera en général plus facile et il sera aisé, — les indigènes y sont déjà arrivés dans certaines régions—, d'obtenir par des soins plus rationnels des produits satisfaisant le goût des Européens.

Le Professeur Ch. Flahault, de l'Université de Montpellier, a fait lui aussi, par l'argument suivant, ressortir l'intérêt de l'étude des plantes indigènes : « Qu'il s'agisse de grande culture, de forêts, de prairies, des montagnes pastorales ou des plus modestes vergers, chaque région, chaque zone, chaque point du pays a ses possibilités qu'il faut étudier avec soin, si l'on ne veut pas courir au devant de l'insuccès ou faire de coûteuses écoles ».

De cette appréciation nous ne voulons nullement conclure qu'il faille en Afrique, et dans d'autres régions tropicales, proscrire la culture de nos légumes européens; bien au contraire, l'acclimatement de ces végétaux,

(1) H. JUMELLE, *in Rapports du Congrès de l'Afrique orientale française*, Paris 1911, p. 39.

(2) Dr DRYEPONDT et É. DE WILDEMAN. L'amélioration et le développement des cultures vivrières et industrielles au Congo, *in Bull. Société belge d'Études Coloniales*, n° 78 juillet, août 1911.

œuvre de longue haleine, doit être encouragée et même entreprise par les Stations agricoles gouvernementales, sans que pour cela elles délaissent, ou proscrivent, la culture des plantes indigènes.

Par la voie des enquêtes, de cultures expérimentales dans lesquelles la sélection doit jouer un rôle important, nous obtiendrons dans toutes les cultures, mais surtout dans celles des plantes indigènes des résultats importants; ils nous permettront d'atteindre « le but le plus élevé auquel nous puissions prétendse : reconnaître dans le monde végétal, la place de chaque chose, l'ordre de la nature, afin d'enseigner aux intéressés à mettre chaque chose à sa place ».

Dans bien des colonies la culture des plantes vivrières, du groupe des légumes s'est fortement développée; dans le Congo belge autour de certains centres, les indigènes, et parfois des colons, ont étendu ces cultures et peuvent très régulièrement alimenter le marché local, c'est le cas, semble-t-il, pour Élisabethville (Katanga). C'est encore le cas pour l'Algérie.

A Madagascar, de telles cultures, totalement aux mains des indigènes ont pris aux environs de Tananarive une très grande extension; il existe là une véritable zone de cultures maraîchères. La production a même été telle que des sociétés ont envisagé, et même commencé, la mise en conserve de petits pois et haricots. Déjà la région centrale de la Grande-Ile est capable de fournir des pommes de terre en suffisance pour la consommation locale, et pour l'exportation sur la Réunion et Maurice.

Les indigènes cultivent également pour leurs fruits : pêchers, abricotiers, pruniers, vigne, etc., et plusieurs établissements horticoles indigènes ont été créés produisant : rosiers, œillets, dahlias, pour la fleur coupée.

Ces résultats très remarquables sont dus, il convient de le faire remarquer à l'action soutenue d'une station expérimentale; celle de Nanisana près Tananarive.

Malheuresement, dans ce domaine des cultures indigènes nous nous trouvons pour l'Afrique continentale, encore dans le vague, et c'est, dira-t-on pour aller vite, pour être amené au succès que l'on a proposé l'introduction répétée des plantes européennes, sans peut-être se préoccuper suffisamment de la continuité des efforts.

Ici donc, tout autant, et même plus, que pour les cultures destinées à fournir un aliment plus substanciel, les enquêtes suivies s'imposent, et il convient de revenir une fois encore sur leur nécessité, comme sur celles des stations expérimentales.

C'est le moment de réclamer, dans l'intérêt des cultures indigènes, comme dans celui de toutes celles que l'on voudra entreprendre au Congo, la création d'un service phytopathologique sérieux capable de lutter, dès l'entrée de la Colonie, contre les maladies qui peuvent sévir, et on le sait, capables de se multiplier d'autant plus rapidement que la culture devient plus intensive (1).

Nous ne pouvons cependant terminer ce chapitre, si important, de la culture des produits nécessités par l'alimentation de l'indigène sans dire un mot de la cueillette.

Nous sommes d'accord, nous l'avons rappelé plus haut, avec M. le Ministre Sarraut, pour flétrir cette compréhension de la colonisation, qui veut constituer, pour la métropole, un « marché privilégié » dans lequel la Mère-Patrie prélève les denrées dont elle a besoin, et impose en retour les produits de sa fabrication (2).

On doit admettre, dans leurs grandes lignes, les idées de M. Sarraut sur la question : « La politique économique se réduit ici aux procédés rudimentaires de la cueillette et du troc. C'est proprement la politique d' « exploitation », dans le sens péjoratif du mot, politique d'épuisement et de stagnation qui ruine peu à peu les colonies, les condamne à l'anémie et à la débilité, brise en elles tout ressort d'initiative créatrice. La « cueillette » vient purement et simplement s'emparer dans le domaine assujetti, de la denrée ou du produit spontané, et même, pour

(1) Le Département des Colonies de Belgique a pris, relativement aux maladies, quelques arrêtés : Essences forestières et arbustives. Mesures de protection et de préservation. *Bull. Adm. et Comm* 1591, p. 351; Importations d'agrumes et de pommes de terre. *Bull. Adm. et Comm.*, p. 25; Propagation des maladies et insectes nuisibles aux plantes de grande culture. *Bull. Adm. et Comm.* 1922, p. 396; Importation d'agrumes et de pommes de terre. *Bull. Adm. et Comm.* 1922, p.. 305.

Mais il manque en général, au Congo belge, comme dans les autres colonies africaines du personnel en nombre suffisant, et de compétence suffisante, pour appliquer judicieusement ces arrêtés et ordonnances.

(2) ALB. SARRAUT. — *La mise en valeur des Colonies françaises.* Paris, Payot, 1922.

l'avoir plus vite, n'hésite pas à détruire ce qui le porte ».

« Elle coupe l'arbre pour avoir le fruit et ne le replante pas ; elle s'en remet à la nature du soin de le reproduire. Elle ne songe pas d'avantage à demander à la fertilité du sol, aménagé par une exploitation rationnelle et scientifique l'acclimatation et le rendement de nouvelles cultures, la création et le rendement de richesses nouvelles Elle ne reconstitue pas ce qu'elle a enlevé. Elle saigne, mais ne ferme pas la plaie ; tant pis si l'organisme blessé perd ainsi ses forces vitales. »

Nous estimons cependant que l'on ne peut pas faire un procès si radical à la cueillette, à ce que les Allemands avaient dénommé par un terme expressif : « Raubwirtschaft » ; la cueillette comme la culture peut être soumise à des règlements et il nous paraît des plus regrettable que l'on n'ait pas, depuis des années pris, en Afrique, par exemple, des précautions pour favoriser la cueillette de bien des produits ; si plusieurs d'entre ces derniers n'étaient pas d'une utilité primordiale pour l'alimentation de l'indigène, beaucoup étaient entrés dans sa vie et pouvaient être, pour lui, la source de revenus appréciables.

Il n'aurait pas été difficile à l'aide d'une éductation de l'indigène, et à la suite de certaines précautions, de faire transformer de vastes champs de cueillette en véritables champs de culture, dans lesquels, au fur et à mesure des progrès de la science agronomique coloniale, il aurait été possible de sélectionner, de séparer le bon du mauvais.

Si dans certains cas la cueillette a eu les effets néfastes que dépeint M. le Ministre Sarraut, la faute n'est pas imputable aux indigènes. Laissés à eux-mêmes, ils auraient exploité, sans le moindre doute, plus rationnellement leurs propriétés ; c'est sous la pression du blanc, âpre au gain, que souvent ils ont non seulement épuisé, mais sciemment détruit, certaines de leurs réserves afin d'être libérés d'un travail qu'ils jugeaient excessif, parce que trop brusquement et trop brutalement imposé.

Les procédés de cueillette bien compris, surveillés avec soin et mis en rapport avec les données modernes auraient permis à bien des commerces, à bien des industries locales, intéressantes, de se perpétuer et ils auraient fourni une des meilleures transitions entre la cueillette brutale, irraisonnée et la culture régulière.

Nous faisons ici surtout allusion à deux produits : caoutchouc africain, huile de palme africaine.

Le dernier seul entre dans le domaine que nous avons à envisager dans cette première partie de l'étude, il est d'une notable importance pour l'alimentation et pour la vie de l'indigène. Le premier faisait l'objet d'un trafic important dans le temps; il a été perdu, — et cela est à regretter —, par la promulgation d'un arrêté interdisant la coupe et l'abattage des lianes, arrêté contrecarrant justement une coutume indigène très justifiée.

Cette question nous amène tout naturellement à nous occuper du second groupe de cultures.

Cultures de produits commerçables destinés à des industries métropolitaines ou à des fabriques à créer sur place dans la colonie.

Cette seconde manière de considérer le développement des cultures indigènes se rattache, très directement à la première, car l'indigène amené à cultiver certains produits alimentaires en excès doit pouvoir les écouler sur les marchés; il peut aussi, au lieu de cultiver directement des produits alimentaires, cultiver des plantes dont les produits doivent subir des transformations avant de pouvoir être consommés et de là, naturellement, il n'y a qu'un pas à faire pour cultiver et exploiter des plantes dont les produits pourront être utilisés non plus dans l'alimentation, mais pour les autres nécessités de la vie, de plus en plus compliquée, des indigènes comme du blanc.

Nous sommes amené à réunir ici en un seul ensemble toutes ces industries.

Si l'on examine la série des plantes dont la culture intensive peut être faite dans les colonies, on se rendra bien compte qu'elle est très longue; nous devrions citer : *cacao*, *café*, *thé*, *arachide*, *sésame*, *ricin*, *cocotier*, *Elaeis*, *manioc*, et bien d'autres.

Mais comme le disait récemment encore M. le Lieutenant-Gouverneur Frouse, dans une circulaire sur un Programme d'action agricole au Dahomey, du fait que les

Jardins botaniques coloniaux, les jardins d'essais, les Stations expérimentales ont démontré la possibilité du développement d'une plante de valeur, il ne s'en suit pas indiscutablement qu'elle doit être cultivée en grand dans la colonie : « Ce serait, a-t-il dit avec raison, après beaucoup d'autres, disperser les efforts et risquer de les rendre vains » (1).

Rappelons-nous les paroles du Professeur Flahault que nous rapportions plus haut, et disons-nous qu'avant de nous lancer dans une culture tropicale, et surtout d'y mener l'indigène, nous devons avoir fait un choix judicieux. Il faut déterminer pour chaque région le produit convenant le mieux, eu égard non seulement aux aptitudes culturales actuelles de l'indigène, aux conditions biologiques et commerciales locales, mais encore en songeant aux commerces : local, métropolitain et mondial, envisageant les questions financières comme celles de la consommation. M. Mees en étudiant la question cotonnière le faisait observer, en cultivant successivement dans une même région toute une série de productions on affole l'indigène; il ne comprend pas ce que l'on veut de lui et finit par envisager « chaque culture comme une fantaisie nouvelle de nos blancs; fantaisie qui sera remplacée par une autre l'année suivante » (2).

C'est là indiscutablement le résultat du manque de programme et une suite de ces idées, ancrées chez beaucoup de coloniaux, qui veulent voir produire rapidement, par les colonies, les matières premières nécessaires au développement des industries métropolitaines.

Dans le développement des cultures des indigènes, comme d'ailleurs dans celui de tous genres de cultures, il convient d'aller prudemment; ce sont, répétons-le, des œuvres de longue haleine !

Le choix des plantes à faire cultiver par les indigènes, amènera donc indiscutablement l'abandon de certaines plantes de grande culture. Mais abandonner certaines de ces cultures ne signifie pas que les établissements gouvernementaux auxquels sont dévolus, de par leur nature, la poursuite de toutes les expériences culturales, doivent

____

(1) *L'agronomie coloniale*, janvier 1923 n° 61, p. 24.
(2) Rob. Mees. — *La culture du coton au Congo belge*. Bruxelles, 1919, p. 65.

se désintéresser de ces plantes; bien au contraire, il s'agit, pour les Jardins botaniques et les Stations expérimentales, de conserver ces plantes, de continuer sur elles des expériences. Les conditions culturales et économiques générales se modifient et un jour peut venir où telle plante de valeur, délaissée un moment, devra être reprise. Il faudra en tous cas éviter de refaire ces écoles de monoculture, qui ont laissé dans les colonies tropicales des souvenirs si malheureux.

Ces considérations sommaires nous démontrent bien la complexité de la question et l'impossibilité, pour le agents de la Colonie, surtout dans des colonies neuves encore peu organisées, de la trancher. Il faut indiscutablement l'intervention du service métropolitain, qui dans ces conditions peut seul juger de la situation mondiale d'un produit de l'Agriculture.

Un des beaux exemples de culture, qui, de culture indigène alimentaire, est devenue industrielle, est celle de l'arachide. Cette culture a commencé à prendre de l'extension vers 1840 en Afrique occidentale, grâce à la perspicacité d'un Français, M. Rousseau, représentant, au Sénégal, d'une maison de commerce de Rouen. A cette époque, l'esclavage existait encore à la Côte d'Afrique, il donnait lieu à un trafic important entre la Côte d'Afrique et l'Amérique. M. Rousseau eut un jour l'idée de refuser les captifs qui lui étaient offerts par un chef indigène de Dakar et de proposer à ce dernier la fourniture d'arachides en échange de marchandises européennes. Le chef trouva cette combinaison pratique et au lieu de vendre des captifs, il les utilisa pour l'installation de cultures de la précieuse légumineuse qui devait faire la fortune du Sénégal et celle de beaucoup de planteurs (1). On sait, en effet, l'importance acquise pour cette culture, non seulement en France, mais encore dans les Indes anglaises, et plus récemment en Amérique du Nord (2).

(1) Cf. De Wildeman. Notes pl. utiles ou intéressantes de la flore du Congo, vol. I, Bruxelles, 1905, p. 404.

(2) Il existe une abondante littérature sur ce sujet, nous signalerons parmi les dernières en date : *Études et avants-projets sur l'amélioration de la culture de l'Arachide*, Paris 1922, édité par le Gouvernement général de l'Afrique occidentale française; et le volume des *Actes du Congrès de la production coloniale*, Marseille 1922, consacré aux matières grasses où se trouve une ample bibliographie sur le sujet.

La culture de l'arachide a amené en France, de l'Afrique occidentale, en 1920 : ·3,018,730 quintaux métriques de graines, la consommation française ayant atteint en moyenne pour les années 1909-1913 : 4,096,469 quintaux métriques.

Il est indiscutable, comme le dit M. le Ministre Sarraut, « que les quantités importées en France, trop faibles pour la consommation, pourraient être augmentées facilement, car pour les graines oléagineuses, ajoute-t-il, il n'y a qu'à vouloir, il n'y a qu'à se baisser et à ramasser » (1).

Cela est peut être légèrement exagéré, mais ce qui milite en faveur de l'extension, en Afrique tropicale, de la culture de cette plante, c'est qu'elle est de culture facile et en même temps améliorante pour le sol. On n'a pas encore, à notre avis, suffisamment attiré l'attention au Congo sur ces deux points.

Nous ne voulons pas insister sur les nombreuses propriétés utiles de l'arachide, mais nous avons tenu à la signaler spécialement, car outre sa valeur réelle, elle nous apporte un exemple, elle nous donne une idée de ce que peut l'initiative personnelle dans la mise en valeur d'un territoire.

Bien peu de ceux qui suivent actuellement le rendement considérable de l'arachide en Afrique occidentale, se rendent compte qu'il a suffi d'un mot pour créer cet essor colossal, essor que son initiateur n'a pu même prévoir.

Cet exemple nous prouve également que l'indigène, même le noir de l'Afrique, si arriéré aux dires de beaucoup, peut comprendre aisément l'intérêt de la mise en marche de certaines cultures; il nous montre aussi, à nous dont la mission consiste à diriger l'indigène, la nécessité de manier cette humanité différente, actuellement, de la nôtre, avec une très grande prudence.

C'est donc ici, une fois de plus, l'occasion d'attirer l'attention sur l'importance à accorder à la formation non seulement scientifique, mais aussi morale des hommes dont nous devons faire les pionniers coloniaux.

Insistons sur le fait qu'il ne faut pas prendre à la

(1) ALB. SARRAUT. — *La mise en valeur des Colonies françaises*, Paris, Payot, 1922, p. 192.

lettre les prédictions de M. Sarraut, car pour faire produire davantage à l'arachide, il faut prendre des précautions. Il faudra, comme l'ont démontré les nombreuses recherches poursuivies, avant, pendant et après la guerre, améliorer les graines afin d'obtenir un rendement meilleur, il faudra lutter contre les maladies.

Dans tout cela, il faut l'intervention du Gouvernement, ou d'associations capitalistes, pour la création d'instituts spéciaux, la surveillance des gouvernements, qui ont non seulement pour mission de pousser l'installation de cultures nouvelles, mais aussi d'éviter, dans l'intérêt de tous, la déperdition des qualités des produits, ce qui est un fait général, comme l'ont démontré de nombreuses expériences, dans les cultures abandonnées sans guide (1).

Souvent les indigènes se sont rendu compte par eux-mêmes, sans y être incités directement par le blanc, de l'importance de certaines cultures. Ils ont suivi de près, très observateurs, ce qui se passait dans les plantations européennes; ils ont touché du doigt le bénéfice réalisé et ont naturellement profité de l'exemple.

Nous ne pouvons citer tous les exemples de plantes de grande culture dont l'exploitation pourrait, et devrait, être intensifiée, mais à côté de celle de l'arachide, nous croyons cependant utile de dire deux mots de celle du palmier à huile dont il est d'ailleurs très vivement discuté de nos jours. Il y a ici deux procédés en présence : cueillette et culture. Et les avis sont naturellement très partagés. Dans presque tous les milieux, on cherche à faire prévaloir la culture du palmier à huile par de fortes sociétés capitalistes et l'on ajoute même que si nous voulons lutter avec certain succès contre les progrès faits en culture de cette plante aux Indes néerlandaises, il faut que pour le Congo, comme d'ailleurs pour les autres colonies africaines, on installe en plantations réglées, dépendant des Européens, de nombreux *Elaeis*, comme l'ont fait en Afrique tropicale déjà les représentants de la firme Lever.

Nous ne voyons aucun inconvénient à ce que des cultures d'*Elaeis* se fondent en Afrique grâce aux capitaux

(1) Voir les *Actes du Congrès de la production coloniale de Marseille* 1922 et les citations bibliographiques y relevées.

européens, comme elles se sont déjà fondées en Extrême-Orient; mais il y a place aussi pour une organisation de la cueillette par l'indigène.

Il faut que par une éducation de l'indigène, on retire des palmeraies naturelles ce qu'elles peuvent donner. Il faudra faire comprendre, par un enseignement approprié, que les soins donnés aux palmiers seront largement récompensés.

L'indigène doit être amené à fournir les fruits du palmier à une usine, qui est du ressort de l'Européen. L'indigène ne doit pas faire l'extraction; les procédés du noir sont trop primitifs et laissent trop de déchets, pour les usages locaux il faut améliorer ces procédés.

* * *

Un exemple, très classique, d'une culture industrielle dont les produits sont sans utilité directe pour l'alimentation du noir est celle du *cacaoyer*. Cette culture s'est largement développée parmi les indigènes de la Côte d'Or et elle a fait l'objet d'un grand nombre de publications. Commencée en 1891, l'exportation du cacao, qui était alors de 36 kilos valant 100 francs, avait atteint en 1913 : 51,354,331 kilos valant 62,230,450 francs.

On considérait à cette époque la Côte d'Or comme la région la plus productive en cacao du monde et cela se faisait d'autant plus remarquer que cette production était uniquement due aux indigènes.

Le début de cette culture indigène ne semble nullement dû à une influence européenne directe, et bien que les conditions extérieures, celles données par le climat et le sol soient semblables dans les régions voisines, dans le Gabon, au Dahomey, à la Côte d'Ivoire, et peut-être même au Congo belge, les résultats de la culture de la même plante y ont été beaucoup moins bons.

Il faut donc admettre que les conditions sociales, ayant présidé au développement de cette culture à la Côte d'Or, doivent être considérées comme supérieures, à celles dans lesquelles on a essayé la culture des cacaoyers dans ces autres colonies. Parmi ces conditions, il y a lieu, nous paraît-il, de signaler celle qui résulte de la propriété indigène. Si, dans le temps, les terres semblent avoir appartenu à la tribu, l'extension de la culture, sous une forme permanente, paraît avoir créé la propriété familiale.

Les Anglais ont, dans cette colonie, très naturellement fait des efforts pour favoriser la culture du cacaoyer; ils s'y sont intéressés au début en achetant, à un prix très rémunérateur pour l'indigène, les premières productions; ils ont stimulé les planteurs en leur fournissant des graines, en répandant l'enseignement et en organisant un service de surveillance.

En dehors de cette action, le Gouvernement a fait ensuite intervenir le commerce privé pour acheter le produit et l'industrialiser.

Il faut naturellement pour favoriser un commerce rémurateur issu de cette culture, une intervention combinée et intelligente des commerçants et du Gouvernement.

En Angleterre, où les particuliers se sont fortement préoccupé du commerce du cacao à la Gold Coast, on a élevé contre ce genre de culture des objections dont il n'est pas sans intérêt d'examiner un certain nombre d'assez près, car acceptées sans discussion dans divers milieux, elles pourraient faire rejeter le système qui a à notre sens une très grande valeur et dont il faut poursuivre l'extension, si nous voulons donner à nos colonies le maximum de leur valeur.

M. Tudhope, dans un rapport, qui a été traduit en France par M. Capus pour le « Comité d'action agricole coloniale » (1), considère la culture multipliée en petites plantations familiales, comme défectueuse parce qu'elles donnent un produit relativement inférieur.

La raison dernière ne découle nullement de la condition familiale des cultures; certes, si dans les plantations familiales de la Côte d'Or, se sont glissées des plantes mal entretenues, mal sélectionnées, à rendement peu important, si des maladies se font jour, il ne faut pas incriminer uniquement le système; le Gouvernement doit prendre, en l'occurence, des précautions pour combattre

---

(1) TUDHOPE, LUC ET CAPUS. — *L'industrie du Cacao à la Gold Coast.* Résultats et Enseignements. Paris Challamel, 1919.

Le Comité d'Action coloniale agricole, sous la présidence de M. Chailley, forme une des sections de l'Union Coloniale française (rue d'Anjou, 17, Paris VIII), dont notre collègue M. le Prof. D. Zolla assume les fonctions de secrétaire.

l'indifférence des indigènes qui semble s'être fait jour dans ces dernières années, pour qu'il soit lutté plus efficacement contre les ennemis, parasites animaux et végétaux, qui se développent avec intensité dans toutes les cultures intensives.

Un comité spécial fut d'ailleurs appointé par le Gouvernement de la Colonie pour étudier le danger d'extinction de cette culture que beaucoup avaient même envisagée pour la Côte d'Or, et dans un rapport (1) divers points de cette question ont été envisagés. Nous citerons les recommandations relatives à la protection des forêts que les indigènes détruisaient trop facilement pour l'établissement et l'extension de leurs cultures, la disparition de ces forêts amenant une diminution de la chute d'eau retentissant très fortement sur la possibilité de la culture. Le comité envisageait également une restriction de la culture et par conséquent du rendement, considérant avec justesse qu'il est nécessaire de régler l'extension de cette culture sur les possibilités commerciales. Mais à ce propos il convient de signaler la suggestion de M. Tudhope; il considère que la restriction de la production se fera d'elle-même, « plutôt par la capacité du planteur, que par l'étendue du terrain approprié », et il a, pensons-nous, raison!

Il convient d'ailleurs d'insister, car il ne peut être question d'augmenter indéfiniment cette culture sur l'un des points relevés ci-dessus : protection des forêts. Nous sommes revenus souvent sur lui, et en 1921 M. Gaston Joseph (2) disait aussi : « La forêt est peu à peu détruite par les planteurs, de telle sorte que l'humidité atmosphérique devient insuffisante. Là où le cacaoyer pouvait croître il y a vingt ans, la sécheresse ne permet plus de le cultiver. Les arbres meurent sans qu'il soit possible de les remplacer. On fait de la déforestation, le sol est lavé par le ruissellement qui entraîne l'humus, laissant des cailloux et la roche en surface. Qui reboisera? »

Ce n'est pas le moment de discuter ici cette question spéciale dont nous avons toujours essayé de faire recon-

(1) Cf. *Times trade Supplement*, Saturday 20 déc. 1919, p. 367.
(2) *Colonies et Marine*, n° 30, janvier 1921, p. 58-63.

naître l'importance, mais nous avons tenu à la signaler afin de faire voir, une fois de plus, que l'indigène ne peut être laissé absolument libre dans l'extension de ses cultures. Il faut veiller pour lui à l'avenir même de la culture, et à celui de la colonie toute entière.

Il y a dans l'exagération des cultures industrielles de ce genre un autre écueil, et il doit également préoccuper les dirigeants; c'est qu'en aiguillant l'indigène vers des grandes cultures de rapport, on peut arriver à le détourner de la culture des produits vivriers, et l'on retombe, dès lors, dans une situation néfaste pour l'avenir du facteur humain. Si les vivres viennent à se raréfier, la main-d'œuvre ne sera plus suffisante, ni en quantité ni en qualité, pour entretenir les plantations; elles péricliteront par l'extension des maladies, le manque de soins et la diminution de qualité des produits.

Il se produira à la Côte d'Or, le phénomène général sur lequel nous insisterons encore plus loin : pour être vraiment rentable pour l'indigène, il faut que la culture soit, et reste, faite par la famille; si le planteur indigène est amené à s'étendre en demandant de l'aide à la main-d'œuvre étrangère, il se trouvera pour ses plantation dans des conditions indiscutablement plus mauvaises que le planteur européen bien organisé, et il se rendra très vite compte qu'il n'a aucun intérêt à étendre ses cultures.

Le rapport auquel nous faisions allusion passe, à propos du commerce du cacao, encore d'autres considérations en revue. Nous tenons à les signaler, car elles sont importantes pour toutes les productions coloniales et nous devrons sans doute encore revenir sur elles.

Il désirerait voir établir des centres d'achat, de manière à supprimer la vente sur la plantation et le long des routes, l'octroi de licences et de permis, une organisation rigide du système des poids et mesures, une inspection au port d'embarquement.

Cela nous fait juger à nouveau de la complexité du problème exigeant pour sa résolution une ingérence de l'État. Celui-ci doit intervenir dans la surveillance du commerce; il doit organiser les marchés. C'est là, pensons-nous, une nécessité si l'on veut arriver à améliorer la qualité du produit. Certes, les particuliers pourraient obtenir, peut-être, des résultats similaires à ceux de l'État, mais pour qu'ils soient généraux, il faudrait une entente entre tous les planteurs.

Dans l'extension d'une telle culture, on le voit, il faut envisager des données variées; il faut en premier lieu que l'étendue des plantations soit proportionnée à la main-d'œuvre et aux conditions de vie de cette dernière; elle devra aussi être en rapport avec la consommation mondiale; le Gouvernement doit donc posséder du personnel technique en suffisance et surtout les moyens de régler la culture, pour éviter les dangers d'une monoculture pouvant éliminer la culture vivrière dont l'importance ne peut être assez mise en vedette.

Si dans bien des cas on n'a pu obtenir à la Gold Coast, malgré les efforts tentés, une grande amélioration de la culture, c'est qu'il a manqué les techniciens en nombre suffisant pour surveiller les cultures; c'est là un grand mal, dont souffre cette colonie, comme d'ailleurs toutes celles de l'Afrique tropicale.

On ne s'est pas encore suffisamment rendu compte, dans les métropoles, qu'il faut, pour assurer l'avenir économiques des colonies, une instruction de plus en plus profonde des masses indigènes et un personnel très nombreux, formé en Europe, pour surveiller d'une façon constante la marche des cultures.

La Hollande nous a montré l'exemple dans cette voie, elle a pu développer lentement ses services modèles; en Afrique, nous devons, si nous voulons nous maintenir, aller beaucoup plus vite, toute année perdue représente une avance sérieuse pour nos compétiteurs, avance que nous ne pourrons hélas probablement jamais rattraper!

Le succès obtenu par la culture du cacaoyer à la Côte d'Or, nous montre très nettement la valeur de l'exemple. Cette extension ne s'est pas faite du jour au lendemain; c'est le bénéfice réalisé par les premiers qui a encouragé les suivants.

Nous ne devons donc pas hésiter à montrer l'exemple soit par nos champs d'essais, nos stations expérimentales, soit par des plantations particulières.

Mais on ne peut assez le répéter, ne nous méprenons pas sur le rôle de ces champs d'essais, ils ne sont pas destinés à nous démontrer *la rentabilité* d'une culture mais bien sa possibilité! La rentabilité a pour les plantations de l'indigène, travaillant en famille, une importance très secondaire.

C'est au commerçant à régler les prix de la matière brute, et cela de manière que l'indigène puisse trouver, dans le paiement, une rémunération suffisante du travail qu'il s'est imposé.

Le *cotonnier* est lui aussi un exemple intéressant de plante capable d'être largement cultivée par les indigènes. Certains auteurs ont même prétendu que pour l'Afrique, en dehors de l'arachide, dont nous avons vu le développement dans certaines colonies françaises, c'était la seule plante dont la culture méritait d'être envisagée comme culture des indigènes.

Aussi voyons-nous cette culture poussée dans toutes les colonies, non seulement en Afrique, mais aussi en Asie : Asie française, Asie anglaise et Asie hollandaise.

Pour le Congo, comme pour d'autres colonies africaines, la situation paraissait, dans diverses régions, très favorables, car l'indigène y cultive depuis très longtemps des formes naturalisées. Il aurait peut être été possible de tirer un meilleur parti de ces dernières; nous sommes, pour diverses raisons toujours plus partisan de la sélection de races obtenues sur place; elles donnent en général mieux que les races importées et ont, souvent, beaucoup moins à craindre des maladies, dont plusieurs sont d'ailleurs fréquemment introduites.

Des variétés importées au Congo, celles qui ont le mieux réussi appartiennent à la série des « Upland courtes soies », dans cette série se rangent également, en partie, les plantes cultivées, et exploitées, par les indigènes du Kasaï par exemple.

M. Mees, comme d'ailleurs d'autres auteurs, envisage la production cotonnière sous deux faces; celle provenant des cultures des indigènes, celle produite par de grandes plantations de sociétés.

M. Nogues, au Congrès de la Production coloniale, tenu à Marseille en 1922 (1), insiste, lui aussi, sur les deux formes sous lesquelles la culture du cotonnier peut se concevoir, et en particulier en Afrique : culture sèche

___

(1) NOGUES. — Résultats obtenus par l'Association cotonnière coloniale en Indochine et en Afrique occidentale *in Congrès de la Production coloniale*. Textiles. Marseille 1922, p. 70.

par l'indigène, culture irriguée ou industrielle par les sociétés capitalistes européennes.

Ces dernières n'entrent guère en ligne de compte dans l'étude du problème des cultures indigènes, sauf comme nous l'avons dit, à titre de modèle. Contrairement à certaines opinions ce seront, estimons-nous, les premières, qui, si elles sont bien surveillées, seront capables de donner les meilleurs rendements aux points de vue : prix et quantité.

M. Sarraut, dans son programme de colonisation, suivant en cela une partie des données de MM. Bélime, Y. Henry, F. Vuillet et d'autres (1), a cru pouvoir affirmer qu'aucun résultat sérieux ne pourra être obtenu par cette culture morcellée de l'indigène (2). Il faut cependant remarquer que la plupart de ces auteurs ne veulent nullement faire abandonner cette culture par les indigènes, mais estiment néanmoins que l'irrigation de la grande culture est seule capable de permettre l'obtention d'un rendement important, *c'est la clef du succès.*

Certes, ce n'est pas niable, la grande culture avec irrigation peut donner plus que la petite culture indigène, mais comme le dit M. Nogues, après beaucoup d'autres, une conclusion telle que celle présentée par MM. Bélime, Henry, Vuillet est trop catégorique.

En Angleterre, d'ailleurs, le Comité spécial du Coton a émis très nettement l'opinion que dans les colonies anglaises la culture du cotonnier sera pratiquée pendant longtemps encore par des indigènes travaillant à leur propre compte, comme le faisaient ressortir encore des rapports officiels récents, tel celui de M. H. Duff. Il a conclu de ses observations que le Nigérien anglais est un cultivateur indépendant, cultivant sa propre terre; s'il est bien guidé, instruit et encouragé, on obtiendra

---

(1) *Gouvernement général de l'Afrique occidentale française. Mission Bélime. Les irrigations du Niger.* Études et projets. Paris, Larose 1921.

Gouvernement général de l'Afrique occidentale française. — Les irrigations au Niger et la culture du cotonnier. Rapports par S. HENRY, F. VUILLET, H. LAVERGNE, Paris, Larosse, 1922.

Il faut, d'après ces auteurs, cultiver surtout les colons américains et créer des systèmes d'irrigation dans les régions les plus favorables.

(2) ALB. SARRAUT. — *La mise en valeur des Colonies françaises,* Paris, Payot, 1922, p. 171.

plus, directement de lui, que par tous les autres procédés de culture (1).

M. Aug. Chevalier est un ardent partisan, comme nous, de la culture des races locales, par l'indigène, et il a fait voir en 1920, les résultats qu'avait obtenu, au Dahomey, Eug. Poisson avec les cotons indigènes dont il choisissait les graines (2).

Le 12 mai 1921, le problème de la culture du cotonnier fut porté à la discussion devant la Section de colonisation de la Société d'Acclimatation de France et, à la question de savoir s'il fallait la considérer comme culture familiale ou grande culture, une forte majorité fut favorable à la culture indigène (3).

C'est par culture familiale aussi que les rendements de la culture cotonnière ont passé pour l'exportation : de 18,000 kilos en 1913 à 207,000 kilos en 1920 à la Côte d'Ivoire, après avoir atteint 434,000 kilos en 1918; et tout en considérant là que cette culture, pauvre, est de celles qui ne paient pas le travail quand elle est faite seule, on admet que si l'Administration parvient à faire généraliser la culture intercalaire du coton, il sera possible d'obtenir une exportation annuelle de 1,200 à 1,500 tonnes (4).

Envisageant, en 1910, l'avenir de la culture des cotonniers dans la région du Kasai (Congo belge), nous avions conclu qu'il fallait : « étudier scientifiquement ces plantes à fibres et chercher parmi les races indigènes celle qui est le mieux appropriée au terrain, et appelée à donner les meilleurs rendements » (5).

En Nigérie, le Département de l'Agriculture qui cherche à étendre la culture du cotonnier, s'est fortement préoccupé également de la sélection des races indigènes (6).

(1) *Cotton growing in Nigeria in Bull. Imperial Institute XX*, n° 2 Londres, 1922, p. 58.

(2) AUG. CHEVALIER. — Notre avenir cotonnier dans les colonies et protectorats français, *in l'Essor colonial Paris*, 14-15 déc. 1920, janv., février 1921.

(3) *Bull. Soc. nat. d'acclimatation*, Paris, séance du 12 mai 1914, n° 2, février 1922, p. 30-36.

(4) *Bull. de l'Agence générale des Colonies*, Paris, déc. 1921, p. 105,.

(5) DE WILDEMAN. *Mission permanente d'Etudes de la Cie du Kasai* Bruxelles 1910, p. 227.

(6) *Faulkner in Nigeria Annual Report on the Agricultural Deparment for the year* 1921, Lagos, 14 june 1922.

Il n'est peut-être pas sans intérêt de signaler ici certaines conclusions d'une étude des problèmes cotoniers présentée à l'Institut international d'Agriculture de Rome; comme tous les coloniaux, M. le Professeur Cortesi, de l'Université de Rome, est très partisan de l'extension de cette culture, dont il étudie et résume comme suite la diminution d'importance dans divers centres :

« Les causes de diminution de la production cotonnière mondiale sont dues à la diminution de la surface cultivée et surtout à une diminution de rendement unitaire.

» Cette dernière diminution est due à des causes complexes : décadence des races, par manque de sélection; méthodes culturales souvent imparfaites; parasites qui dans certains pays dévastent ces cultures.

» Le rendement unitaire dépend d'un ensemble de facteurs géographiques et écologiques, à déterminer avec soin et à étudier (1).

Rien dans ces conclusions, très justifiées, n'est en opposition avec la culture faite par des indigènes sous la surveillance de spécialistes blancs; le rendement unitaire nous paraît peu important s'il est racheté par une augmentation de surface et par des soins de culture et de récolte.

Aussi nous sommes totalement de l'avis de notre collègue et ami Aug. Chevalier qui, revenant sur cette question en juillet 1921, a pu dire que « c'est en définitive sur le travail de l'indigène qu'il faut compter pour l'extension des cultures dans l'Ouest africain. En admettant (hypothèse très vraisemblable) qu'un million de familles en Afrique occidentale française puissent cultiver chacun un champ de coton d'un hectare et récolter 50 kilos de coton fibre à l'hectare (sans irrigation), c'est une production annuelle de 50,000 tonnes qui peut être obtenue », et il ajoute « estimons-nous heureux si nous pouvons obtenir cette quantité au Soudan, après dix années d'action réelle » (2).

(1) Dr FABRIZIO CORTESI, professeur à l'Université de Rome et botaniste consultant de l'Institut colonial italien. — Problèmes de culture cotonnière *in Bull. renseign. agricoles de l'Institut int. d'Agriculture de Rome XIII*, n° 8, août 1922, p. 979 et suivantes. On trouvera dans ce travail l'indication d'une ample bibliographie sur le sujet.

(2) AUG. CHEVALIER *in Revue Bot. appliquée*, vol. I, n° 2 1921, p. 106.

Il n'est pas nécessaire d'insister sur le genre d'action à utiliser.

Dans une lettre récente (7 mars 1922), notre collègue résumait d'ailleurs très nettement son opinion, que je partage pleinement : « Il faut amener l'indigène à cultiver les variétés locales de coton, cela dans le « Cotton belt » africain (0^m60 à $1.^m50$ d'eau, avec saison sèche longue) et sans irrigation ».

M. Mees (1) a examine pour la question colon, un autre point, — la situation commerciale du produit des indigènes — naturellement des plus importante pour le développement de ces cultures et pour leur fixation.

Il considère ce problème comme relativement facile à solutionner, et il arrive aux déductions auxquelles ont été amenés les Anglais dans leurs observations sur le développement de la culture du cacoyer à la Côte d'Or.

Il faut donc, et nous sommes d'accord avec lui, que le commerce du produit soit libre, que l'indigène ne soit ni lésé, ni gâté. C'est donc ici aussi à l'État à intervenir dans la fixation des prix et, nous ajouterions, dans le maintien de la qualité ; cela est d'importance primordiale et reconnu de première nécessité dans tous les pays producteurs (2).

M. Mees formule tout naturellement la conclusion qu'il est nécessaire de créer « des fermes d'achats », à proximité des cultures indigènes et en communication avec les centres d'égrenage ; cela aussi est comparable à la création des marchés dont il faut préconiser la création pour le cacao brut, et pour bien d'autres productions coloniales.

M. Mees se pose ensuite la question : « Les usines d'égrenage doivent-elles être : propriété d'État ou propriété privée ? »

Et il répond : « l'État doit prendre toutes les usines à son compte ou ne pas intervenir du tout ».

Il est difficile dans des débuts d'être aussi radical! Nous sommes également très partisan de l'intrevention

---

(1) ROB. MEES. — *La culture du coton au Congo belge*, Bruxelles 1919, p. 70.

(2) Ce sont d'ailleurs ces principes qui ont été observés dans la plupart des pays producteurs du coton et nous les voyons pour la plupart appliqués dans les décrets : Culture, achat et commerce du coton. *Bull. off. du Congo* 1921, p. 675; voyez en outre : *Bull. adm. et comm.*, 1921, p. 572; 1922, p. 12, 48, 173, 426, 761.

pure et simple de l'industrie privée dans la préparation de la matière brute fournie par l'indigène. C'est à l'Européen de se maintenir dans la colonie par l'usinage; et pas plus pour le cotonnier, que pour le cacaoyer, nous ne sommes partisan de faire faire sur place, par l'indigène, la transformation du produit.

C'est également ce même principe qu'aurait voulu voir appliquer M. Houard quand, dans son rapport sur le cocotier au Dahomey, au Congrès de 1922 (Marseille), il pose la question : « Comment doit-on envisager l'extension de la culture du cocotier? » et il n'hésite pas à répondre : « L'expansion du cocotier au Dahomey ne peut être l'œuvre que de petits planteurs et surtout de planteurs indigènes », mais il a soin d'ajouter : « Il y aurait intérêt, cependant, à voir intervenir l'influence européenne dans la préparation des produits et des sous-produits ».

Un très grand nombre de coloniaux sont donc le plus nettement d'avis que l'indigène doit être le cultivateur, et qu'il doit se contenter de ce rôle; le blanc, aidé naturellement par de la main-d'œuvre indigène, doit chercher à faire le produit semi-fini dans les usines de mieux en mieux appropriées, même dans certains cas le produit fini, prêt à être vendu au détaillant.

Ces usines distinctes auraient en général, comme nous le répéterons encore à propos du caoutchouc, très grand intérêt à être montées en coopération. Il faut, à notre avis, si nous voulons tirer parti des colonies, nettement délimiter le travail; les mêmes hommes ne peuvent surveiller l'ensemble des préparations.

La culture est à faire par l'indigène sous la surveillance des agents du Gouvernement, ou de sociétés scientifiques émanant d'associations auxquelles le Gouvernement peut abandonner une partie de ses pouvoirs; la transformation est à faire sous la direction du blanc, avec ses capitaux, mais naturellement sous un certain contrôle du Gouvernement local qui doit aide et protection aux travailleurs.

Ici donc comme pour l'expansion de toute culture, et en cela tous les coloniaux sont d'accord, il faut des stations expérimentales où la sélection des graines se fera sans interruption.

Il y aura lieu de suivre dans les colonies neuves l'exemple donné par l'Indo-Chine, où, aidé par les budgets, l'initiative privée et l'Administration se sont occupées de l'extension de la culture du cotonnier dès 1915, créant des champs d'essais, instituant des concours régionaux indigènes avec attribution de prix en argent.

* * *

Il est un autre exemple plus récent offert par l'extension d'une culture primitivement entièrement en possession de l'Européen, passée partiellement entre les mains de l'indigène et qui, mieux peut-être encore que la précédente, met en relief certains avantages de la coopération du producteur indigène, du commerçant et de l'industriel européens. C'est celle du caoutchoutier du Brésil ou *Hevea brasiliensis*, en Extrême-Orient, Indes néerlandaises et États fédérés malais.

Dans la région de Singapour, au Siam, au Burma, en Cochinchine, à Bornéo, à Sumatra, dans la Malaisie en général, il y a une tendance très marquée des indigènes et des Javanais, même des Japonais et des Chinois immigrés, vers l'exploitation des cultures caoutchoutifères. Déjà de grandes surfaces de terrains sont consacrées par eux à la culture des *Hevea*. Ceux-ci prospèrent en général, car : les terrains sont favorables, les frais de main-d'œuvre très faibles, les taxes nulles; et bien que dans ces temps derniers la vente, pour des raisons économiques, aît dû cesser, les plantations se sont accrues. On avait prétendu dans certains milieux, peu favorables à l'extension des cultures des indigènes, que ces petits champs ne pourraient produire une belle qualité de caoutchouc, mais les natifs ont bien vite compris qu'il leur fallait soigner cette qualité et ils n'ont pas hésité de recourir à un moyen excellent et économique, celui de l'érection d'usines en coopération (Pontianak) (1).

Sous le titre « De Inlandsche rubberaanplant », le « Algemeen Landbouwweekblad voor Nederlandsche-Indie, nº 6, août 1912 », reproduit un article du « Deli-Courant » de Buitenzorg dans lequel M. P. W. Boltjes se réfère en partie à une opinion de M. le docteur Rutgers, directeur de l'A. V. R. O. S. et de l'Agriculture aux Indes

(1) Voyez entre autres : *Inlandsche rubber en Guttapercha cultuur in Algemeen Landbouwweekblad voor Nederlandsche Indie*, 8 sept. 1922, p. 463.

néerlandaises; celui-ci n'a pas hésité à déclarer formellement que trop peu d'attention a été apportée au développement des plantations de caoutchoutiers par les indigènes.

D'après les chiffres publiés par M. Rutgers : Riouw, Palembang, Djambi, Bornéo auraient produit en 1920 : 21,961 tonnes de caoutchouc provenant des cultures des indigènes, et en 1921 il estimait la production indigène à un tiers de la production totale du caoutchouc aux Indes néerlandaises.

Ces chiffres sont aux dires de M. Boltjes exagérés, car, d'après lui, la production indigène aurait atteint en 1920 environ 10,000 tonnes; c'est là encore un chiffre intéressant qu'il ne faut pas, ce nous semble, négliger; il témoigne d'un travail énergique et soutenu de la part de l'indigène et mérite d'être mis en relief. Les indigènes seraient dans ces régions en possession de 45,000,000 de caoutchoutiers, les Européens en possédant 58,000,000.

Très émus d'ailleurs de ces succès des indigènes, les associations capitalistes ont envoyé des missions pour examiner la situation de ces concurrents; d'après les données d'un de ces chargés de mission, M. Schricke, dans la région de Malacca, la situation des plantations caoutchoutifères indigènes ne serait pas aussi florissante que celle des cultures similaires des Indes néerlandaises. Malacca comporterait 650,000 acres de caoutchoutiers entre les mains des indigènes, de cette surface 450,000 seraient en production ayant fourni 60,000 tonnes de caoutchouc, les plantations européennes en ayant produit 160,000.

Nous ne savons pas malheureusement si dans cette surface déjà considérable, consacrée par des indigènes à une culture industrielle, il faut comprendre les 410,000 acres occupés par des Japonais, qui pour sortir de la crise dans laquelle les avait plongé la baisse, des années passées, du caoutchouc, avaient demandé à leur pays un emprunt de 100,000,000 yens (1).

Dans ces rapports, nous trouvons signalé que l'indigène apporte souvent peu de soin à la culture, à la récolte

<hr>

(1) *De Japansche rubbercultuur in Algemeen Landbouwweekblad, voor Nederl. Indie*, 22 sept. 1922, p. 573.

du latex et à la préparation du caoutchouc; mais il ne faut pas oublier que cette production conséquente s'est fait jour à un moment où l'indigène a cherché à lutter contre les bas prix de la marchandise en augmentant sa production, et cela naturellement au détriment de la qualité.

Cette dernière a été encore un argument employé par les sociétés capitalistes contre l'extension de ces cultures indigènes, qui produisent sans conteste souvent un produit brut de qualité secondaire. Mais la qualité du produit nous paraît ici d'importance moins grande, car l'indigène producteur vend sa marchandise non pas directement sur le marché, mais à des intermédiaires qui le font passer par des usines d'épuration. A Singapore, elles existent déjà en certain nombre, recevant non seulement du produit brut de Malacca, mais encore des Bornéo britannique et hollandais, de Palembang, Djambi, Siam et même de Cochinchine.

On estime qu'après cette opération, les prix obtenus par le produit d'origine indigène sont sensiblement équivalents à ceux des produits préparés dans les plantations indigènes.

Les indigènes ont renouvelé ainsi une expérience faite il y a des années à Madagascar, par M. Marchal de Port-Dauphin; ils ont appliqué d'une façon continue le procédé que nous avons conseillé il y a des années pour la purification des caoutchoucs sylvestres africains, procédés qui ont d'ailleurs été reconseillés récemment par le docteur Van Pelt.

Par cette manière d'opérer, les indigènes d'Extrême-Orient ont largement diminué leurs frais; ils nous ont montré qu'ils étaient capables de comprendre l'économie d'une culture, ils sont entrés dans la voie de la concentration des produits bruts dans des centres spécialement outillés pour faire une épuration rationnelle et obtenir une matière de plus en plus uniforme.

Cela nous amènerait naturellement à revenir une fois de plus, comme d'ailleurs M. Boltjes, sur les désavantages du grand nombre d'entreprises européennes, ou autres, ayant chacune une usine de préparation. Il est indiscutable que ces installations coûteuses sont de celles qui augmentent les frais annuels et par suite le prix de revient du caoutchouc.

Nous l'avons dit et répété, et M. Boltjes reprend le même argument, une fabrique unique travaillant le latex de nombreuses plantations sera capable de fournir dans de meilleures conditions financières un produit plus uniforme qui atteindra sur le marché un prix de vente analogue à celui des caoutchoucs des diverses plantations. Ici les indigènes nous ont montré un exemple que les plantations capitalistes auraient intérêt à suivre; mais cela sera difficile pour elles, car il y a trop de questions personnelles en jeu; heureusement pour les plantations des indigènes, ces divergences ne sont pas encore apparues.

L'examen de cette question a déjà fait couler beaucoup d'encre, elle est d'ailleurs d'un intérêt exemplatif de valeur, et a fait ressortir un autre aspect de cette culture, c'est que pour être vraiment économique, les plantations de caoutchoutiers des indigènes doivent être familiales; cette remarque s'applique, comme nous l'avons déjà dit, à tout genre de culture industrielle à faire entreprendre par l'indigène.

Une fois que ces cultures dépasseront une certaine étendue, l'indigène, les membres de sa famille et le personnel attaché directement à sa personne ne pourront plus suffire; il faudra utiliser de la main-d'œuvre salariée; les conditions seront comparables, — si pas plus mauvaises —, à celles du planteur capitaliste européen ou américain et les avantages de la culture se réduiront dès lors très fortement pour l'indigène.

Dans le domaine « caoutchouc », l'indigène nous a montré une fois de plus, sans y être très directement incité, que, formé par la vue d'exemples, il faut tenir compte de lui; dans les conditions actuelles, l'indigène, que nous avons amené à une situation économique déjà supérieure en Extrême-Orient, sera un concurrent que l'on ne peut supprimer. On l'a dit avec raison à Java : « La défense de la plantation pourrait être une solution, mais on ne peut défendre à l'indigène de planter, il faut le laisser en cela totalement libre » (1); nous dirions

(1) Cf. *Landbouwweekblad voor Ned. Indie*, 29 sept. 1922, nº 13, p. 614 et suivantes; on trouvera discutée entre autres cette thèse

plus, il faut l'encourager et cela même dans notre intérêt parce que tout nous porte à nous associer, nous transformateurs, aux producteurs!

Les Indes néerlandaises et anglaises ne sont d'ailleurs pas les seuls pays où la culture des caoutchoutiers soit poussée parmi les indigènes, nous citerons par exemple le chiffre de 900 acres d'Hevea plantés par les natifs de l'Uganda sur un acréage total de 17,500 acres consacrés à cette culture dans la région (1).

Il ne serait d'ailleurs nullement impossible que la production caoutchoutifère, n'entre prochainement dans une phase nouvelle par l'utilisation directe du latex, et par sa transformation, dans des usines spécialement outillées, en un caoutchouc de nature en peu spéciale; transformation que l'on aurait peut-être intérêt à faire au lieu même de l'utilisation.

L'exploitation des essences laticifères se réduirait dès lors à la culture et à l'extraction du latex, qui pourraient être laissées totalement aux indigènes. Le commerce du latex resterait seul entre les mains du capitaliste.

On peut donc prévoir le moment où, comme le disait M. De Neve, de Java, dans un périodique de l'Extrême-Orient : « C'est une question de temps, pour que la production du caoutchouc comme celle des noix de coco, du Sagou, du Gambir, du poivre et du pinang soit pratiquement entre les mains de l'indigène par suite de la possibilité de la production à bon marché » (2).

Cette crainte de la concurrence indigène, se marque d'ailleurs dans les préoccupations de bien des administrateurs de sociétés coloniales et dans des discussions récentes, nous avons même vu le porte-parole d'un groupe belge, demander que : « des mesures soient prises pour que la situation ne soit pas énervée par l'apport de rubber que pourraient produire les petits producteurs indigènes (3) ».

« Les grands concurrents du caoutchouc de plantation sont le caoutchouc régénéré et le caoutchouc des cultures indigènes ».

(1) *Circular* n⁰ 6. *Departement of Agriculture. Uganda Protectorate.*
(2) TH. A. DE NEVE. — De Rubber situatio, *in Algemeen Landbouwweekblad Ned. Indie*, Mei 1922, n⁰ 46, p. 1715; cf. *Indian Rubber Journal*, July 22, p. 16.
(3) Cf. *Bull. planteurs de caoutchouc d'Anvers*, 1922, p. 118.

Ce serait, pensons-nous, aller à l'encontre de tout progrès!

Cette production indigène doit-elle être d'ailleurs considérée comme un si grand mal? Nous ne le pensons pas, nous admettrions plutôt que c'est un bien!

D'une façon générale ne devons-nous pas considérer l'indigène comme propriétaire, dans son pays, de certains droits. Nous ne sommes nullement disposé à accorder tous droits aux indigènes, mais il ne faut pas considérer l'indigène, qu'il soit de race jaune ou de race noire, comme un être inférieur impossible à dégrossir et devant toujours se trouver sous la férule du blanc; la colonisation manquerait dès lors à une partie de sa mission.

D'ailleurs on faisait ressortir à Java (1), non sans raison, que le Service des Renseignements agricoles des Indes néerlandaises avait pu faire comprendre la non-valeur de l'impression répandue là-bas, comme ailleurs, dans certains milieux que « l'agriculteur indigène n'a pas le sens de l'agriculture, qu'il est trop paresseux et trop bête ».

Tout indigène est perfectible, « les races nègres d'Afrique, sont éminemment susceptibles de progrès » (2), et c'est bien « l'indigène qui devra exploiter les plantes de son pays, comme le font nos paysans chez nous » (3).

* * *

L'examen, plus ou moins détaillé, des conditions dans lesquelles se présentent des cultures de plantes alimentaires « par et pour l'indigène », des cultures de végétaux à matières premières pour l'industrie, amène, nous l'avons vu, la mise en relief de la question de l'industrialisation dans les colonies.

Les avis seront ici indiscutablement très partagés; beaucoup de métropolitains ne peuvent admettre qu'il y ait intérêt pour la Colonie elle-même, pour ses habitants naturels, pour les résidents momentanés et aussi pour la

---

(1) Cf. *Indische Mercuur*, 1er juillet 1921, p. 26, p.442.

(2) L. FRANCK. — *La politique indigène au Congo belge*. Discours au Sénat 23 janvier 1923. Bruxelles, tiré à part, p. 2.

(3) Cf. DE WILDEMAN *in La Revue Générale*, mai 1908, p. 632; *Sciences biologiques et colonisation*. Bruxelles, 1909, p. 43 et *in Congrès intern. col. Gand* 1913-1922; O. LOUWERS. — La question de l'Enseignement au Congo *in Le Congo* 1922.

Mère-Patrie, de voir se développer outre-mer, dans des régions, en état relativement primitif, tel notre Congo, des industries capables de transformer les produits bruts obtenus par l'indigène, au prix de ses efforts, en produits finis utilisables directement sur place par les indigènes ou les Européens, ou en produits semi-terminés dont l'exportation vers des centres de finissage serait ainsi très largement facilitée. Tout au plus admet-on, dans certains cas, la transformation de graines brutes en graines fermentées, la séparation des fibres des graines.

Il faudrait cependant bien se rendre compte de la valeur de l'argument suivant présenté pas les Hollandais dans les Indes néerlandaises, bien que pour d'autres colonies, telles celles de l'Afrique, certaines des conditions envisagées par nos voisins ne sont pas encore près de se réaliser. Le commerce international limité par suite de la situation troublée de ces dernières années, et la possibilité d'un isolement total ou partiel, ont fait souhaiter de garantir au moins un minimum d'indépendance aux Indes néerlandaises, et la nécessité de trouver pour la population de Java, dont la croissance n'est plus en rapport avec le développement possible de l'Agriculture de nouveaux moyens de subsistance, ont attiré l'attention du Gouvernement et des particuliers sur le développement industriel de Java. Ce qui a donné lieu à la création, auprès des services du Gouvernement, d'offices spéciaux qui ont été installés en 1918 à la suite des rapports d'une commission gouvernementale (1).

Il y a par la transformation des produits bruts, sur place, des économies notables à réaliser; d'abord dans les frais de transport. Diminués de ces seuls frais, bien des produits pourront être cédés sur place dans des conditions de prix très favorables, d'où la vie sera rendue moins onéreuse dans la colonie et comme corollaire, il y aura une extension de l'usage de ces produits. Il résultera, en définitive, de ces transformations, un bénéfice revenant à la culture, celle-ci ayant amené, dans toute l'acceptation du mot : un développement nettement économique.

(1) *Jaarboek voor Nederlandsche Indie. Samengesteld by de Afdeel. Handel van het Departement van Landbouw, Nijverheid en Handel. Buitenzorg* 1920, p. 139.

Il y a d'autres aspects de l'industrialisation, qu'il faut encore envisager.

Examinons par exemple les résultats de la culture en grand du cotonnier, et celle de la culture du palmier à huile.

Il ne suffit pas de créer dans les colonies, comme on l'a fait au Congo et dans presque toute l'Afrique tropicale, des usines de plus en plus perfectionnées pour le défibrage des graines, il faut engager le noir à transformer lui-même les soies en fils et en tissus. Déjà dans bien des colonies françaises de l'Afrique occidentale, le filage et le tissage sont en progrès parmi les indigènes et en Nigérie anglaise, une bonne quantité de la production de coton des indigènes est tissée à domicile (1).

Le même fait s'est d'ailleurs produit à la Côte d'Ivoire, et si l'exportation du coton, après avoir atteint 434,000 kilos en 1918, est tombée à :

     1919 . . . . 336,000 kilos
     1920 . . . . 207,900 »

c'est que l'industrie du pagne, qui avait presque disparu, a repris de l'activité et a absorbé la plus grande partie de la récolte. Il serait naturellement à souhaiter que cette situation perdure (2).

Un jour doit venir, nous le souhaitons proche, où en Afrique de véritables usines seront érigées pour transformer les soies en fils et même en tissus plus ou moins fins; ils trouveront aisément un débouché sur place.

L'exemple de cette transformation ne nous a-t-il pas été donné par les Indes anglaises, par l'Égypte, la Chine, le Japon et plus récemment par le Brésil où l'impossibilité pour le pays, nouveau producteur de coton, d'exporter sa production qui de 611,900 quintaux en 1915-1916 a passé à 1,326,000 quintaux en 1921-1922, a amené une extension proportionnelle des filatures et des tissages.

En 1920, les 8 fabriques de tissus de coton de l'État de Sergipe ont absorbé 80 p. c. de la production. Aussi

(1) *Faulkner in Nigeria Annual Report on the Agricultural Department for the year* 1921. Lagos, 1922 (Cf. *Bull. Mensuel renseign. agricoles Inst. intern. d'Agriculture de Rome XIII*, nº 11, nov. 1922, p. 1382).

(2) *Bull. de l'Agence générale des Colonies*, déc. 1921, p. 1056.

pour favoriser encore davantage cette culture le Président de cet État, a proposé les moyens suivants : 1) fixer par décret les types officiels du coton, en confiant la classification à un professionnel de compétence reconnue, en chargeant l'Inspecteur de l'agriculture de la taxation, de la classification et de la sélection du produit; 2) exempter de l'impôt sur l'industrie pendant dix ans les municipalités qui auront installé la première presse hydraulique réduisant une balle de 180 kilos à 0m³350; 3) exempter du même impôt pendant la même période, et de la taxe d'exportation pendant cinq ans, la première fabrique qui s'établira pour : la filature fine (24 et au-dessus); la filature anglaise; le tissage employant ces fils; blanchiment; teinture; apprêt, etc.; la filature, le tissage ou autre procédé moderne approprié à la fabrication de la flanelle; le gouvernement contribuant pour 20 p. c. aux dépenses d'installation de chaque manufacture et exemptant pour dix ans les établissements d'égrenage qui sépareront les semences et feront une classification commerciale dn coton» (1).

Nous pouvons suivre de tels exemple et adapter ces méthodes aux conditions locales, africaines par exemple.

Mais il sera nécessaire d'aller encore plus loin, il nous faut des huileries; il n'est pas admissible que l'on laisse perdre cette matière première : graines de coton, dont les Américains du Nord ont tiré, dans ces dernières années, en particulier durant la terrible guerre mondiale. de si grands bénéfices, qu'ils ont su faire partager d'ailleurs à leurs alliés.

Ces huiles trouveront facilement leur emploi sur place (2); si elles ne peuvent dans certains cas entrer ni dans l'alimentation du noir, ni dans celle du résident blanc, elles pourront sans conteste être largement utilisées

---

(1) *Mensagem apresentado à Assemblea legislativa*, 7 sept. 1921 *pelo Corcnel* Dr J.-J. PEREIRA LOBO, *Presidente do Estado. Aracaju*, 1921.

Cf. également : L'Agriculture dans l'État de Sergipe (Brésil), *in Bull. mensuel des renseign. agricoles de l'Institut ont. d'Agriculture de Rome XIII*, n° 7, juillet 1922 où une ample bibliographie sur la question cotonnière est citée.

(2) Dans la Rhodésie du Sud, à Salisbury deux fabriques d'huile fonctionnent et le produit est utilisé dans des savonneries locales et dans l'industrie (*Cf. Current Agric. Problemes in Southern Rhodesia in Tropical Life*, nov. 1922, p. 174).

pour le graissage des machines et fort probablement aussi comme carburant; elles permettront ainsi d'économiser le bois, cette matière que l'on gaspille actuellement si facilement et que nous devrions cependant traiter avec parcimonie.

Il faudra surtout songer à ne laisser enlever de la colonie les déchets de la préparation de ces huiles, les tourteaux dont nous pouvons, et nous devons, tirer parti; ils nous permettent de rendre, au moins partiellement, au sol ce que les récoltes, usagées ou exportées, en ont enlevé. Ne nous faisons pas illusion, dans aucune des régions de l'Afrique tropicale, comme d'ailleurs dans bien des régions tropicales, le sol n'est franchement riche, ni par sa constitution chimique, ni par l'eau qu'il reçoit de l'atmosphère, surtout s'il n'est pas entouré de soins. La chute d'eau est relativement faible en Afrique, et si l'on continue, pour des raisons variées, à déforester, nous ne pourrons pas mettre assez d'éléments en œuvre pour maintenir à cette terre africaine un minimum de valeur.

C'est pour cette raison, entre autres, que nous devons souhaiter de voir se vulgariser sur place les méthodes modernes d'extraction d'huile par les indigènes et se multiplier des usines d'extraction d'huile de coco, d'huile de palme et d'huile de palmiste, d'huile de ricin, de sésame, etc. Nous devons récupérer des produits, utilisables sur place : soit dans l'alimentation humaine, soit dans celle du bétail que nous devons augmenter en nombre, malgré les conditions peu favorables, soit encore pour l'amendement de nos terrains de culture si facilement épuisables sous les tropiques.

M. Antonetti, pour d'autres raisons préconise lui aussi, avec grande raison la multiplication à la Côte d'Ivoire, au Dahomey, et en général, les usines pour le traitement mécanique des fruits du palmier *Elaeis* (1).

* * *

Nous avons montré plus haut comment des cultures purement alimentaires pour indigènes au début, passent à des cultures industrielles, nous pouvons y revenir à

(1) R. ANTONETTI, lieutenant-gouverneur en A. O. F. La Côte d'Ivoire *in La Géographie*, t. XXXVIII, 1922, p. 261 et suivantes.

propos du manioc, dont la culture s'est étendue sous les tropiques : dans la Péninsule Malaise, les Indes néerlandaises, le Brésil, Madagascar et la Réunion, les Indes occidentales, tant comme culture indigène que comme culture capitaliste, produit transformé par les indigènes dans la famille, par les Socités européennes dans des usines déjà très fortement outillées.

A Java par exemple, dans la seule résidence de Kediri, les usines préparant de la farine et des perles, occupent plus de 1000 ouvriers (1).

Mais il est encore d'autres industries, en premier lieu indigènes, qu'il faut protéger, développer ou faire naître.

On ne saurait assez pensons-nous insister sur l'intérêt que les gouvernements, les sociétés commerciales et agricoles ont à pousser l'indigène vers, la pratique de certaines industries permettant l'utilisation des déchets de la culture et celle de matériaux sauvages, souvent à première vue non utilisables; ces petites industries donneraient aux producteurs un moyen supplémentaire de se créer des ressources, qui peuvent devenir importantes, et sont de celles qui favorisent largement l'extension éconoque d'une région.

Les Allemands avaient remarqué l'importance des industries indigènes et beaucoup de leurs voyageurs, ou de leurs agents coloniaux, avaient eu leur attention vivement attirée vers ce point.

Le Dr Braun, attaché à l'Institut d'Amani, frappé du renchérissement des matières premières pour la fabrication des chapeaux, chaises, paniers, nattes surtout originaires de Chine et du Japon, s'était demandé si les Colonies allemandes ne pourraient entrer en ligne de compte dans ces importations (2). Il concluait de ses études que les Colonies allemandes pouvaient produire ces matières, mais peut être pas, dans l'état actuel, dans des conditions aptes à donner des bénéfices à une entre-

(1) Cf. *Products of the Cassava. Publication from the division of Commerce. Depart. of Agriculture, Industry and Commerce, Buitenzorg (Java)*

(2) Cf. Dr BRAUN — *Die Flechtereien der Eigebozenen in Deutsch Ost-Afrik IX*, n° 8 Voir par exemple pour les utilisations possibles des Bambous : D C. C. HOSSEUS. — *Botanische und Koloniaal wirtschaftliche Studien über die Bambus Staude in Beihefte zum Bot. Centralbl. XXXI*, 1913. II.

prise capitaliste européenne. Il en serait naturellement tout autrement si la culture et l'exploitation de ces matières premières est laissée totalement aux indigènes.

C'est d'ailleurs à cela qu'avait songé, pour le Congo le R. P. Renier, quand il chercha à introduire dans la région de Kisantu parmi les familles indigènes, le travail, à domicile, de préparation de fibres extraites des feuilles de bananiers, analogues aux tresses tagales, utilisables dans la fabrication de chapeaux de dames (1).

« A côté des huileries du Congo belge et des ateliers à *Raphia*, dit le R. P. Renier, il y a lieu d'installer les minoteries complètes de farine de bananes et des manufactures de tresses tagales en fibres de bananier ».

Les indigènes de bien des régions africaines, et du Congo belge en particulier, sont arrivés à l'aide de métiers très primitifs à faire des tissus en Raphia, très utilisables en Europe et très employés en Afrique, c'est là avec beaucoup d'autres, une industrie familiale qu'il conviendrait de propager; ce sont des instruments qu'il faut vulgariser et faire progresser.

Un français, M. Duchemin a un jour également envisagé la question de la fixation de l'indigène, par la création d'outils aisés à manier et faciles à employer en famille; il avait eu en vue le défibrage des gaînes de *Musa textilis* ou Abaca dans les Colonies françaises, se basant somme toute sur ce qui était fait pour le même objet aux Philippines depuis un très grand nombre d'années.

La création d'outils, très fortement à signaler aux ingénieurs européens, pourrait être considérée comme secondaire; mais il y a dans l'installation des industries familiales comme le disait M. Main « un système économique dont le matériel n'est que la partie extérieure » (2); ce système, il faut à notre avis fortement l'étendre.

Les rapports au Conseil de Gouvernement de l'Indochine, faisaient remarquer à propos des industries familiales : corderies, féculeries, etc. que si en raison de moyens primitifs, elles produisent peu : « Elles n'en

___

(1) R.-P. RENIER, S.-J. — La question sociale au Congo ou le rôle possible de l'exploitation du palmier et du bananier dans la colonisation au Congo. Anvers. *Tribune congolaise*, 3 avril 1919.

(2) Cf. *Journal d'Agriculture tropicale*, octobre 1908, p.p 295-298.

assurent pas moins l'existence de quantités d'indigènes » (1).

Ce dernier argument devrait déjà suffire pour faire
partager ces industries, et nous faire chercher tous les
moyens capables de les améliorer (2).

Nous devons cependant reconnaître que telle n'est pas
l'appréciation de tous les coloniaux. M. Pleyte étudiant
l'industrie locale de l'Ouest de Java, au point de vue
sociologique et ethnologique, croit pouvoir conclure au
peu d'avenir pour ce genre d'industrie, et si certaines
industries, par exemple celle du chapeau en rotin, ont
fait de grands progrès, c'est par suite, pense-t-il, de
conditions particulières, probablement momentanées (3).

M. le Professeur van Iterson a fait valoir un argument
de certain poids et dont nous devons tenir compte, c'est
que l'indigène préfèrera en général le travail à domicile au
travail de la grande industrie ou de la grande culture,
même si ce dernier doit lui procurer de plus gros salaires;
cette préférence, nous devons la soutenir, dans bien des
cas, chez les populations encore peu avancées, car elle
finira par fixer l'indigène au sol et par modifier petit à
petit son foyer, à lui faire rechercher des commodités,
même un certain luxe, capables de favoriser grandement
des entreprises commerciales de la métropole en développant l'état intellectuel de l'indigène.

Nous n'épuiserons pas le sujet en citant parmi ces
industries, la préparation de farines variées, facilement
transportables et vendables, auxquelles d'ailleurs nous
faisions allusions en rapportant l'opinion du R. P. Renier.

A ce propos notre collègue M. Delafosse a signalé dans
la Dépêche coloniale le fait très suggestif qu'un Soudanais
ayant remarqué le fonctionnement des moulins à café
s'était proposé de remplacer le pilon par le moulin et il y

(1) Gouvernement général de l'Indochine. Rapports au Conseil de
Gouvernement. Service de 1922. Première partie. Hanoï-Haiphong
1922, p. 37.

(2) Voyez également à ce sujet bien des arguments de valeur présentés par M. V. DEMONTÈS dans : *Office du Gouvernement général de
l'Algérie. Renseignements sur l'Algérie économique*, Paris 1922, p. 113,
117, 118; et *Gouvernement général de l'Algérie. L'Algérie économique*.
Alger 1922, pp. 13-15.

(3) C.-M. PLEYTE. — *De Inlandsche Nijverheid in West-Java als
Sociaal-ethnologisch verschijnsel*. Batavia 1911 et 1912.

était arrivé avec l'aide d'un constructeur français.
M. Delafosse a pu dire : « Bien des révolutions s'annoncent
à grand bruit qui sont peut être moins importantes que
cette simple et silencieuse innovation. Ce qui paraît surtout interessant dans cette dernière, c'est que l'idée en
vient des indigènes eux-mêmes; ce n'est pas le vendeur
européen qui est allé proposer au noir un article nouveau,
c'est l'indigène qui, sous la poussée d'un besoin, a conçu
l'idée d'un appareil nouveau et est venu le demander au
constructeur européen. Il y a là un exemple qui se
multipliera et que nous avons intérêt à faire naître; il
montre bien l'adaptibilité de l'indigène aux progrès
économiques » (1).

Le Gouvernement devrait donc avoir à cœur de préparer l'éclosion de ces industries locales, capables de
devenir très florissantes, par un enseignement *ad hoc*,
et annexé, avec intérêt, aux stations agricoles et aux
fermes gouvernementales.

Un des vœux soumis au Congrès colonial de Marseille
en 1907, et se rapportant à la Tunisie, mériterait d'être
mis à exécution dans la plupart des colonies. Il disait (2)
« que le Gouvernement du Protectorat s'efforce de relever
les anciennes industries locales, en encourageant les
œuvres individuelles ayant pour but de réveiller le génie
artistique de la race arabe; en facilitant la création de
sociétés coopératives; en étudiant enfin la possibilité de
fournir à bas prix dans les grandes villes la force motrice
aux installations d'ouvriers travaillant isolément ou
constitués en petites associations »! (3).

Nous voudrions pouvoir insister sur « Anciennes industries » que, hélas, nous laissons trop facilement perdre!

Le développement des industries agricoles a d'ailleurs
été envisagé dans la plupart des colonies tropicales, dans
les Indes anglaises, dans les Indes néerlandaises et même
en Afrique. Certes nous l'avons dit, on cherche à étendre
l'enseignement technique, mais peut être pas assez du
côté des industries agricoles.

(1) Cf. *Bull. Soc. belge. Études col.* n° 4, 1913, p. 318.
(2) *Congrès de Marseille*, tomme 11, p. 485.
(3) *C'est d'ailleurs ce qui a été fait en Afrique française du Nord.* Cf.
V. Demontès, *loc. cit.*

On veut faire de l'indigène un charpentier, un maçon, un forgeron; de la femme indigène une couturière; ces genres d'auxiliaires sont utiles, mais ne faudrait-il pas amener le premier a préparer davantage de produits de culture, la seconde a soigner la ferme, à établir vraiment les industries agricoles. Que l'on cherche à inculquer aux noirs les principes de divers métiers, cela est excellent, que l'on forme des menuisiers, des forgerons, des maçons, des scieurs de long nous ne pouvons qu'applaudir; mais peut-on marquer comme grand progrès de former des « relieurs »!

M. le Comte H. d'Ursel s'est avec raison élevé contre ce genre d'éducation aux journées coloniales de 1911 et en posant la question : « N'a-t-on pas appris à la jeune négresse des choses de nature à en faire l'auxiliaire des blancs? » Il n'a pas hésité à répondre : « Il semble que oui » (1).

M. Abendanon l'a également soutenu en 1912 à la réunion coloniale de Deventer, il faut non seulement aider l'indigène dans le domaine de l'Agriculture pure, mais aussi dans la marche en avant des industries qui peuvent être considérées comme résultant de l'exploitation agricole.

Le Gouvernement des Indes néerlandaises a établi à Sumatra, là où il avait été le plus difficile de faire prévaloir son autorité, des écoles pour jeunes filles où l'on enseigne surtout à tisser les étoffes, à faire les broderies qui ont fait la renommée de la résidence d'Atjeh.

Cet enseignement ne s'est pas installé facilement, car les indigènes se méfiaient des blancs, il a été organisé pour ainsi dire publiquement, portes et fenêtres de l'école restaient ouvertes afin de permettre aux parents de voir ce qui se passait dans l'établissement; les meilleures élèves pourront étendre cet enseignement de répercussion très grande (2).

Avec M. Sistéron, notre consul à Madagascar, nous dirons : vers l'industrialisation des procédés culturaux d'abord, c'est-à-dire la substitution de la machine au tra-

---

(1) Cte H. d'URSEL. — *La femme missionnaire au Congo belge.* — *Journées coloniales*, Bruxelles 1912, pp. 210-229.

(2) ABENDANON. — *Het onderwijs in Ambachten en Bedrijven, in Koloniale Voordrachten*. — Deventer 1913, p. 88.

vail manuel, puis vers l'industrialisation de la production doivent tendre les efforts de la colonisation européenne (1).

Quelle que soit la valeur de ces controverses, les Gouvernements doivent dans tous les cas, au moins chercher à éviter la disparition d'industries locales, parfois très artistiques utilisant des produits végétaux. Ces industries doivent être largement aidées et améliorées, afin de permettre leur extension, ce qui pourrait, dans bien des cas, nécessiter l'augmentation de la culture de certains produits.

* * *

Il nous faut envisager plus en particulier certains des moyens que, durant cet exposé, nous avons fait ressortir comme capables d'être mis à contribution pour développer largement les cultures des indigènes.

Parmi ces moyens, nous avons déjà signalé plusieurs fois l'éducation et l'instruction. Par l'instruction que nous devons donner à l'indigène nous amènerons les progrès les plus durables, et cela non seulement dans le domaine de la culture indigène, mais encore dans celui de la grande culture ou l'indigène doit absolument être notre aide.

« Instruire les indigènes, a dit M. Sarraut, est assurément notre devoir : c'est une obligation morale supérieure que nous créent les responsabilités de la souveraineté vis-à-vis des populations indigènes dont nous avons assuré la tutelle. Mais ce devoir fondamental s'accorde par surcroît avec nos intérêts économiques administratifs, militaires et politiques les plus évidents.

» L'instruction en effet, a d'abord pour résultat d'améliorer largement la valeur de la production coloniale en multipliant, dans la foule des travailleurs indigènes, la qualité des intelligences et le nombre des capacités; elle doit, en outre, parmi la masse laborieuse, dégager et dresser les élites des collaborateurs qui, comme agents

(1) *Recueil consulaire*, t. 163, 1913, livrais. 4, p. 468. — L'auteur cite parmi les industries créées : décortiqueuse du riz à Tananarive, Majunga, Fanarantsoa; féculerie, usines pour le séchage du manioc dans le Sambiran et le Mangoro; minoterie à Antsirabe; préparation de conserves de viandes et usines frigorifiques à Diego, Majunga, Analalava.

techniques, contremaîtres, surveillants, employés ou commis de direction suppléeront à l'insuffisance numérique des Européens et satisfont à la demande croissante des entreprises agricoles, industrielles ou commerciales de colonisation » (1).

Heureusement cette idée de la création d'un enseignement agricole destiné à perfectionner l'indigène, tend à se généraliser, et dans bien des Colonies tropicales on a même vu se créer des collèges d'enseignement très développé tels le *West Indian agricultural College* de Trinitad et le *College of Agriculture* des Philippines qui, comme leurs devanciers aux Indes néerlandaises, ont pour mission de documenter tous ceux qui devront cultiver ou faire cultiver (2).

Déjà en 1909, nous avons insisté pour que l'on attache de plus en plus d'importance à l'instruction de l'indigène et en particulier à l'instruction professionnelle (3).

On avait pu dire au Congrès de 1906 à Marseille « le développement de l'instruction et de la civilisation chez l'indigène, représente un gain économique pour la Colonie ».

Il ne semble pas nécessaire d'insister longuement sur la nécessité de cet enseignement sur laquelle, — nous l'avons rappelé plus haut —, le « Comité permanent du Congrès colonial national de Belgique » est revenu en déclarant « Mais la branche à développer en ordre principal, c'est l'agriculture » (4).

Il faut donc organiser cet enseignement !

(1) ALB. SARRAUT. — *La mise en valeur des Colonies française.* Paris 1922, p. 95.

(2) Une des plus belles organisations d'enseignement agricole est certes celle des États-Unis d'Amérique, dépendant du Ministère de l'Agriculture. Toutes les Colonies y ont puisé des exemples et journellement cet enseignement fait des progrès; le Gouvernement et les Fondations universitaires consacrant des sommes notables pour étendre les connaissances nécessaires aux agriculteurs, et établir les rapports entre planteurs et centres de recherches scientifiques (Cf. *Journal of the Ministery of Agriculture,* 1922 et *Tropical agriculturist LVIII* (1922), p.p 272-279.

A propos du Collège des Indes occidentales voir le compte-rendu de la cérémonie d'ouverture du 16 octobre 1922 *in Tropical Life,* 1922, p. 167.

(3) DE WILDEMAN. — *Sciences biologiques et colonisation,* Bruxelles, 1909, p. 33.

(4) *Rapport sur la question de l'Enseignement au Congo,* Bruxelles, 1922, p. 20.

Faut-il dire que dans ce domaine aussi nous pourrons trouver des modèles aux Indes néerlandaises (1).

Le Comité permanent du Congrès national belge a considéré que l'enseignement agricole doit avoir deux objectifs :

« 1º Initier la masse, l'ensemble de notre population scolaire, aux règles élémentaires de l'agriculture, et lui donner si l'on peut dire, une âme d'agriculteur; cela se fera surtout par la participation des travaux agricoles;

» 2º former des spécialistes (on les choisira parmi les chefs et les notables) les uns dans les villages indigènes, entraîneront, par leurs exemples et leurs conseils, leurs semblables dans la voie du progrès; les autres serviront de moniteurs agricoles dans les écoles; d'autres encore seront les collaborateurs du service agricole de la Colonie, ou les contremaîtres des grandes exploitations créées par les Blancs.

» La formation de ces spécialistes sera le but d'écoles spéciales ».

M. Ed. Leplae a, dans une publication récente (2) insisté à son tour, et avec très grande raison, sur la nécessité de cet enseignement agricole aux indigènes. Avec très grande jutessse il fait remarquer que trop souvent on s'occupe uniquement de former des artisans « et quant à l'agriculture, l'industrie essentielle, et la base de la prospérité commerciale future de la Colonie, il n'en est fait mention que pour réserver l'enseignement agricole aux criminels qui peuplent les prisons!» (Allusion à des rapports présentés au Congrès colonial national de Belgique). Et il ajoute cette phrase que nous ne pouvons nous empêcher de mettre en vedette, car elle fait nettement ressortir l'importance de cet enseignement spécialisé dont la valeur est incontestable : « Citons encore, pour montrer la distance que nous avons à parcourir, l'interdiction aux écoles de faire exécuter aux enfants des

(1) Consultez : *Jaarboek voor Nederlandsche Indie* 1920. Samengesteld bij de Afdeel. Handel van het Depart. van Landbouw, Nijverheid en Handel te Buitenzorg. Hoofdstuk V. Onderwijs, p. 75 et suivantes avec un schéma, et p. 115 et suivantes spécialement pour l'enseignement agricole.

(2) Ed. Leplae. — L'enseignement de l'Agriculture aux indigènes et aux blancs dans les colonies étrangères et au Congo belge *in Bulletin agricole du Congo belge*, vol. XIII, nº 2, 3-4, 1922.

13

travaux d'agriculture ou d'horticulture, pour contribuer à leur entretien. C'est priver la Colonie du meilleur moyen d'éducation du caractère; rendre difficile, si pas impossible, l'organisation d'un enseignement d'ampleur satisfaisante, et accentuer le discrédit qui frappe, chez tous les peuples primitifs, le travail des champs. C'est faire exactement le contraire de ce que recommande l'expérience déjà longue des pays plus avancés que nous en matière coloniale ».

Nous n'avons pas à discuter ici les programmes et les méthodes de cet enseignement; mais il convien. de rappeler que c'est sur l'étude de la nature que doit se baser l'enseignement agricole, comme l'a fait voir encore récemment M. Kingon, dans son étude sur l'éducation des indigènes du Sud-Africain, et cela pour les jeunes hommes comme pour les jeunes filles.

Il cite à ce sujet du texte extrait d'un rapport de M. Jurity sur «l'Éducation agricole en Australie» où, on le sait, l'enseignement de l'Agriculture a été largement étendu : « Ce que chaque personne intéressée dans l'avenir de l'Agriculture en Afrique du Sud devrait comprendre, c'est qu'à Victoria, aucun effort n'a été épargné pour diriger les idées et les goûts des enfants depuis l'âge le plus tendre vers les travaux de l'agriculture. Le Département de l'Instruction de l'État de Victoria inspecte 2,000 écoles primaires avec leurs champs et leur jardin. De ces écoles 700 ont des cours réguliers d'agriculture et d'histoire naturelle, et, avant de quitter l'école primaire, on apprend à l'élève la signification des essais, d'un caractère élémentaire, faits avec les plantes et les fruits dans la salle d'école ou en plein air».

Et M. Kingon ajoute, nous l'avons déjà fait ressortir : « Le besoin d'un enseignement industriel est grand, mais sans aucun doute celui d'un enseignement agricole est plus grand encore » (1).

* * *

Mais, comme le dit fort bien le rapport du Comité permanent du Congrès colonial belge : « L'école n'attein-

---

(1) Rev. KINGON. — *L'éducation des peuples primitifs. Faculté de droit,* Université de Gand, 1922, p. 68 et suivantes.

dra pas pleinement son but, si on n'établit pas à ses côtés ces multiples œuvres post-scolaires destinées à soutenir et entretenir, dans leur ascension vers les sphères supérieures de la civilisation, les jeunes noirs que nous aurons cherché à transformer par l'école».

Dans le domaine de l'Agriculture, il y a d'autres choses à organiser que des œuvres post-scolaires telles que les entendent les membres du « Comité permanent du Congrès colonial », il faut même prévoir un enseignement par les yeux, destiné non seulement à la jeunesse amenée à l'école, mais aux hommes faits dont l'action sur l'extension d'une culture est considérable.

Comme nous l'avons soutenu, avec des collègues, depuis bien longtemps, et le « Comité permanent du Congrès colonial national de Belgique », l'affirme nettement « nous devons former des agriculteurs, beaucoup d'agriculteurs », l'introduction d'éléments pratiques d'agriculture dans divers degrés de l'enseignement indigène ne suffira pas. Pour faire connaître ces éléments aux indigènes, pour leur permettre de se perfectionner, il faudra des maîtres, il faudra des organismes et beaucoup d'agronomes. Or ces agronomes au courant de leur métier ne se forment pas dans les Colonies neuves; ils peuvent certes parfaire leurs connaissances, acquérir sur le terrain, par le travail, une vraie maîtrise, mais c'est dans la mère-patrie, dans nos Écoles, spécialisées elles aussi, que nous devons préparer cette élite; on ne peut assez insister sur la formation de ces rouages absolument nécessaires pour le développement économique. Hâtons-nous d'ajouter que l'agronome ne peut être un simple spécialiste, et cependant sa spécialité est des plus étendue; ce doit être un homme de culture générale, très générale même; il doit pouvoir apprécier non seulement les faits de culture, mais encore des faits sociologiques.

C'est donc au Gouvernements des métropoles, ou aux groupements particuliers, sous l'inspection des Gouvernements, à créer des écoles spéciales, des cours dirigés vers la formation des hommes, qui, à un titre quelconque, doivent diriger ou aider les travaux des Champs d'expériences des Jardins d'essais, des Jardins botaniques, sans lesquels, il ne faut pas se le dissimuler, nous n'obtiendrons jamais un rendement rationnel, et intense, de l'agriculture dans les pays tropicaux ; ni des cultures des indigènes ni de celles faites sous la direction des Européens spécialistes (1).

Au Congrès de l'Association française pour l'Avancement des Sciences tenu à Rouen en 1921; sur la proposition de ses sections d'Agronomie, de Géographie et de Botanique, l'Assemblée considérant l'importance de l'Agriculture coloniale pour le relèvement économique du pays,et que c'est à l'État à faire poursuivre les expériences a émis les vœux suivants; nous avons tenu à les rappeler :

« *a*) Que les stations expérimentales déjà créées soient maintenues et développées et qu'il soit créé en France et aux colonies de nouvelles stations spécialisées pour l'étude des principales cultures à développer;

« *b*) Que les établissements publics destinés aux acclimatations ou à l'amélioration des plantes qui existent déjà, ou ceux qui seront créés (Stations agricoles expérimentales, Instituts Scientifiques aux colonies), soient dotés de moyens suffisants en personnel et matériel et qu'ils aient une stabilité qui permette d'assurer la pérennité de leurs recherches;

» *c*) Que chaque Station expérimentale relevant d'un service de l'État publie annuellement, avant le 31 mars, un rapport faisant connaître les essais entrepris et les résultats obtenus dans l'année précédente;

» *d*) Qu'il soit fait une large publicité aux résultats obtenus; que, notamment en ce qui concerne les principales cultures métropolitaines et coloniales, des brochures de vulgarisation rédigées par des spécialistes, tirées à un grand nombre d'exemplaires, soient distribuées dans les

(1) L'Indochine a créé un Institut scientifique dont l'organisation avait été confiée à notre collègue M. AUG. CHEVALIER, les travaux ont été largement poussés dans cet institut, auquel a même été adjoint, depuis 1920, un laboratoire de génétique et de sélection de semences. Celui-ci a étudié en premier lieu les riz indigènes, ils « peuvent, comme le dit le rapport au Conseil de Gouvernement, avoir pour les plantations de caoutchouc en particulier, une grande importance pour obvier, en partie, aux inconvénients de la monoculture ». (Rapport au Conseil de Gouvernement. Session de 1922. Deuxième partie. Hanoï-Haiphong), p. 77 et suivantes.

Voyez aussi pour la création des services agricoles Indochinois : G. Carus. Note sur les progrès de l'agriculture et de la colonisation française. — Indochine 1897-1901. Gouvernement général de l'Indochine. Hanoï, 1902.

écoles, ainsi qu'aux cultivateurs et aux colons; enfin que des semences, des boutures ou des greffes de végétaux acclimatés ou améliorés soient largement mis à la disposition du public (1).

Les cultures faites dans ces institutions, qui demandent un personnel blanc nombreux, et très au courant des données scientifiques récentes, doivent servir d'exemples aux indigènes. Les résultats obtenus dans les Indes néerlandaises, sont à ce point de vue probants, et d'ailleurs déjà dans des Colonies plus récentes, telles notre Congo, où ces stations doivent être multipliées et largement dotées, nous pouvons toucher du doigt les résultats de ces stations, quand elles sont dirigées par des hommes préparés au travail par une étude préliminaire en Europe, une longue pratique en Afrique et parfaits par un séjour dans l'une ou l'autre des Colonies déjà privilégiées à ce point de vue.

Nous citerons pour notre Congo l'avis de M. Ringoet, ancien élève du Cours colonial, annexé depuis des années à l'École d'Horticulture de l'État, à Vilvorde (Belgique), chef de services agricoles au Katanga (Congo belge), élève de l'École de Wageningen (Hollande), chargé de mission aux Indes néerlandaises, dirigeant la Station agricole de Yangambi-Gazi (Province orientale), qui dans son dernier rapport 1921 a dit fort justement : « Les exploitations gouvernementales procurent au personnel technique des Services agricoles des champs d'expériences qu'aucune plantation particulière ne peut offrir ».

Ils les offrent aussi aux particuliers : européens et indigènes !

Cependant des critiques se sont faites jour, ici en Belgique, sur la valeur de ces stations expérimentales, dans des documents présentés à la séance du 1er mars 1923 du Sénat par la Commission des Colonies; on a dit : « Les Sociétés de plantation et les colons ignorent tout des résultats scientifiques ou pratiques obtenus dans ces stations. En deux ans le *Bulletin agricole* de la Colonie n'a rien ou presque rien publié à ce sujet, et il est de notoriété publique que les conclusions pratiques des.

____

(1) Cf. Aug. Chevalier *in Revue de Botanique appliquée et d'agriculture coloniale*, Paris. Bull. 5, 30 janvier 1922, p. 25.

études faites dans les plantations de l'État restent ignorées par les intéressés ». Cela nous paraît exagéré, comme d'ailleurs l'assertion du Département agricole qui dit avoir « constitué un service complet d'agronomes qui prêtent leurs services aux particuliers ».

Ce service est trop peu complet, et la publication du *Bulletin* sur lequel nous insistons, insuffisante par suite du manque de subsides.

Si des plantations de rapport sont loin de répondre au Congo belge et d'ailleurs dans bien des colonies africaines, aux espoirs mis en elles, qu'elles soient capitalistes ou indigènes, nous estimons que c'est bien comme le dit le rapport au Sénat parce que « celles-ci n'ont pas été poursuivies avec un personnel compétent et avec la persévérance nécessaire » et nous ajouterions « personnel suffisant »..

Si nous voulons vraiment obtenir un développement de l'agriculture coloniale, il nous faudra beaucoup de compétences, à différents degrés de l'échelle technique.

Le développement de l'agriculture indigène, et celui de l'agriculture capitaliste sont régis par des lois différentes, et nous sommes totalement de l'avis du Département des Colonies de Belgique, quand il dit à propos du second. « Mais la colonie ne peut se substituer à l'initiative privée. Les essais qu'elle a fait dans ce sens, dans le passé, ont été loin de répondre aux dépenses. Ce sont les Belges et les groupes Belges, qu'il faut décider à entreprendre, en plus grand, des plantations industrielles au Congo et à les poursuivre avec persévérance ».

Certes ces groupes, nous l'avons dit, font déjà beaucoup pour le développement des cultures indigènes, mais le déclanchement du mouvement agricole parmi les indigènes ne peut être obtenu que par l'influence gouvernementale.

* * *

Une autre question encore vient se greffer sur celle de l'extension des cultures des indigènes : l'outillage agricole. On y a trop peu songé ; il est cependant indiscutable que vu la pénurie de main-d'œuvre, les outils agricoles, tout à fait primitifs, dont les indigènes de l'Afrique tropicale disposent, seront absolument insuffisants pour permettre de produire beaucoup en peu de temps.

Il est donc du devoir des dirigeants d'introduire dans la colonie des instruments facilement maniables, facilement réparables; des appareils que l'indigène pourra même fabriquer lui-même; instruments capables de faciliter le travail du sol. Ce serait encore là un moyen de donner un certain essor à des industries villageoises : menuiseries, forges, que les natifs peuvent très bien conduire; ils ont d'ailleurs donné pour ces travaux des preuves d'aptitudes.

L'État devrait prêter gratuitement, ou dans des conditions très favorables, aux indigènes des instruments trop coûteux pour être acquis par eux, capables de préparer avec soin et rapidité le sol pour la mise en terre des graines et plantes. Rien n'est aussi néfaste pour la conservation des propriétés du sol sous les tropiques, que de laisser celui-ci sans culture pendant une longue période.

Ce n'est pas la première fois que j'insiste sur ce chapitre et je n'ai pas été le premier à le faire; dans diverses colonies cette question a été agitée. En mars 1912 par exemple, nous avons vu la « Chambre d'agriculture de Madagascar » proposer : « Afin de suppléer à l'insuffisance de la main-d'œuvre, et pour activer le développement de la colonisation, la Chambre émet le vœu que le Gouverment prenne l'initiative de l'introduction des machines agricoles ».

Il faudra petit à petit améliorer les instruments aratoires appropriés aux travaux indigènes et en usage et peut être sera-t-il possible d'arriver un jour, pas trop lointain, et sans trop de difficulté, à introduire chez l'indigène, grâce à des Sociétés de crédit et des Coopératives d'achats, la moto-culture. Celle-ci devra préoccuper surtout ceux qui désirent entreprendre des cultures sur une grande échelle, car comme le disait M. Luc, dans son rapport sur la motoculture à la Semaine de Senlis : « Économiser la main-d'œuvre en utilisant les appareils mécaniques doit faire l'objet de nos constantes préoccupations » (1).

---

(1) M. Luc *in La Motoculture coloniale*. Semaine de Senlis. Union coloniale française; Comité d'action agricole coloniale, Fasc. III (1920); cf. également : La motoculture en Indochine *in L'Indochine*, n° décembre 1922 de La vie technique, industrielle, agricole et coloniale, p. 57, Paris.

Certes le but à poursuivre est bien : « Doubler demain et décupler en quelques années la capacité de production de capital humain en améliorant l'outillage dont il dispose » (1). Mais ce but n'est pas si aisé à réaliser qu'on le suppose souvent, car les appareils en tous genres qu'il y aura lieu de créer pour nos travailleurs coloniaux doivent être appropriés aux conditions du milieu, ce sont bien rarement ceux, qui donnent les meilleurs résultats chez nous.

Cette question mérite d'être envisagée à un autre point de vue, dans ses rapports avec la production du carburant (2). Le développement de la motoculture et des tracteurs dans les Colonies tropicales permettrait la création d'industries nouvelles : distillation de produits végétaux : bois, huile, pour l'obtention de gaz, de produits analogues aux essences (3) ou d'alcool. Il en résulterait la nécessité de la mise en coupe réglée, ou de la culture, de certains produits : soit plantes entières, soit tubercules, soit fruits; cultures à entreprendre par les indigènes en tour de cases ou dans les domaines de leurs tribus.

D'ailleurs de nombreuses industries à créer, ou à développer sur place, par le blanc, amèneraient le renforcement de cultures, dont les produits sont en partie utilisables pour l'alimentation de l'indigène, les résidus capables d'être transformés.

* * *

Pour que les stations expérimentales variées, associations entre travailleurs, marchés, etc. fonctionnent régulièrement, il faut non seulement agir sur place, mais encore, nous l'avons dit, dans la métropole.

(1) M. Luc. — Outillage agricole et main-d'œuvre *in l'Agronomie tropicale*, novembre 1922, p. 361.

(2) Voyez à propos du « carburant » par exemple les travaux de MM. Chevalier et Bourcet et celui de M. Millet, dans lesquels il est largement question de la transformation de matières végétales, facilement cultivables par les indigènes. Des travaux du même ordre ont déjà été présentés souvent; nous citons ces deux pour mémoire et renvoyons au Congrès de la Production coloniale. Textiles, caoutchoucs, gommes, sucres, alcools, etc. Marseille 1922, pp. 57, 188-201.

(3) Il est beaucoup question actuellement de la transformation des graines grasses, palmistes et noix de palme, Nulla-Panza, arachide, ricin, etc... en produits liquides, capables de remplacer les essences minérales du commerce, ou en gaz.

Cela a paru étrange à beaucoup que, il y a déjà des années, nous ayons considéré la nécessité d'organismes centraux dans la mère-patrie.

Certes dans des Colonies outillées depuis longtemps et très largement, telles les Indes néerlandaises, avec leur Département agricole local étendu, les Indes anglaises et même des Colonies de l'Amérique du Nord, il est possible d'agir sur le développement des cultures sans cette action métropolitaine, et nous devons toujours chercher à constituer ces solides «Départements agricoles locaux» que tous les groupements coloniaux réclament avec insistance (1).

Nous avons d'ailleurs vu des colonies d' « organisation plus récente », telle l'Indochine, créer sur place des services de renseignements et de documentation (2), qui sont alimentés non seulement par les données obtenues sur place, mais aussi par celles reçues en suite des relations avec les instituts étrangers, tel l'Institut international de Rome, et l'Agence économique de Paris. Il a même été créé sur place un « Bureau des améliorations agricoles »; mais malgré des institutions spéciales locales, que nous devons viser naturellement à faire naître dans les colonies où elles n'existent pas, les grands pays colonisateurs ont jugé nécessaire d'avoir chez eux des « Instituts coloniaux», centres de documentation dont l'action a été de très grande importance sur le développement général des Colonies et en particulier sur celui de l'agriculture, et sur celui du commerce.

(1) Dr ZOLLA. — Les services agricoles coloniaux, *in Revue politique et parlementaire*. Paris, 10 octobre 1920.
Cf. Rapport présenté par le « Comité chargé d'étudier les cadres de Département agricoles dans les Colonies anglaises. Juin 1920. » — Document traduit par le Comité d'Action agricole coloniale de Paris.
(2) Gouvernement de l'Indochine. — Rapports au Conseil de Gouvernement. Session ord. de 1922. Deuxième partie. Hanoï-Haiphong 1922, p. 175. — Le service général de l'agriculture comprend : Inventaire agricole. — Documentation. — Bureau de renseignements agricoles (créé en 1922). — Relation avec l'Agence économique de l'Indo-Chine à Paris. — Bureau d'amélioration agricole (créé en 1922 et ayant étudié déjà la motoculture et des appareils pour irrigation). — Élevage. — Missions. — Inspections.
Nous sommes heureux d'adresser nos remerciements à M. le Résident GARNIER, directeur de l'Agence économique de l'Indochine, et à M. J. CARDOT, chef de service au même institut, pour les documents qu'ils ont bien voulu nous communiquer.

Si l'on veut d'ailleurs se donner la peine de pénétrer la question, on se rendra vite compte que vu la complexité du problème, il ne peut être laissé toute initiative à un Service Colonial local, ni à des agents de l'État, ou de Sociétés isolés en Afrique, dans un milieu où ils reçoivent très difficilement les résultats des expériences récentes; il est déjà si compliqué de se tenir en Europe au courant de l'ensemble des études agronomiques. Les services africains doivent donc être prévenus, et par qui le seraient-ils si ce n'est par un service central, localisé dans la Mère-patrie. Notre collègue É. Baillaud a eu raison de dire un jour : « L'organisation de nos colonies a besoin d'être complétée considérablement, mais il lui manque surtout l'impulsion métropolitaine qui lui est si nécessaire » (1).

L'Angleterre, la Hollande ont d'ailleurs installer chez eux leurs importants instituts coloniaux, en dehors du Département de l'agriculture coloniale qui siège généralement dans la Colonie. Ils ont voulu par ces créations faire de véritables « Offices de documentation scientifique et pratique », sur la valeur desquels nous ne devons pas longuement insister, car tout le monde connaît les services rendus par l' « Imperial Institute » de Londres (2), le « Koloniaal Instituut » d'Amsterdam et même, dans un cer-

---

(1) Cf. DE WILDEMAN. — Comment développer l'agriculture parmi les indigènes des régions tropicales *in Procès verbaux IIIe Congrès international colonial*. Gand, 1913 (1922).

(2) L' « Imperial Institute » a été fondé sur l'incitation du Roi Édouard VII; il s'occupe de l'Agriculture et de l'utilisation commerciale des ressources des colonies, des dominions et des Indes. Il possède des laboratoires de recherches, des salles d'expositions, de la documentation et a publié des ouvrages ainsi qu'un « Bulletin trimestriel ».

Le « Koloniaal Instituut » d'Amsterdam, extension de l'Ancien Musée Colonial de Haarlem, est devenu une institution importante soutenue par des subsides des Ministères des Colonies et des Affaires étrangères et par les fonds de nombreux donateurs. Il est constitué par plusieurs sections dont la section commerciale avec son service de renseignements a acquis une très grande importance. Cette section publie sporadiquement les travaux de ses chercheurs, ou de collaborateurs, intéressant fréquemment des cultures à mettre entre les mains de l'indigène.

Cet Institut est en rapports étroits avec des Instituts locaux : Atjeh Instituut; Bali-Instituut; Molukken-Instituut, dont les activités se tournent souvent vers le développement de la mentalité des indigènes.

Cet Institut organise des conférences, des expositions, publie outre des travaux variés, un rapport annuel.

Il convient d'attirer tout spécialement l'attention sur les services

cle plus réduit par l'Institut agricole colonial d'Italie (1).

La France n'est pas restée étrangère à ce mouvement et M. Sarraut le faisait remarquer par ces mots : « A cet égard la création entreprise, dès 1918, des Agences économiques et de l'Agence générale des Colonies est une mesure de la plus haute utilité; le contact désormais établi par l'intermédiaire de ces agences, entre la production coloniale et le marché métropolitain, la publicité pratique organisée par elles dans le monde industriel et commercial et les grandes foires de Lyon, de Bordeaux et des pays voisins, fournissent à la « demande » économique les moyens d'être sûrement renseignée sur l'« offre » et la qualité du produit colonial » (2).

Nous possédons en Belgique un « Office colonial » et un « Service d'informations » (3), mais ils sont moins que les Instituts Anglais, hollandais et les Offices français, organisés pour la documentation agricole qui devrait cependant être à la base de leur activité. Il faudrait donc les compléter, leur donner les moyens de répondre au but pour lequel ils ont été créés.

Le *Bulletin de l'Agriculture*, les tracts variés, publiés par le Département agricole de notre Colonie sont loin d'être suffisants à ce point de vue. Nous ne pouvons pas incriminer le Département lui-même, car c'est au Gouvernement, à la Nation, à fournir les ressources nécessaires pour permettre de documenter rapidement tous ceux, indigènes ou européens, qui veulent, par la culture, développer notre colonie africaine.

L'agronome fixé, par exemple, au Congo ne pourrait sans l'intermédiaire de ces organismes centraux, sans ces « Bulletins » plus ou moins complets, se frayer un chemin sûr dans le dédale qu'est actuellement l'agronomie

qu'il rend en publiant dans le « De Indische Mercuur », puis en tirés-à-part, une bibliographie très étendue, presque complète, de tous les ouvrages et articles originaux publiés dans le monde, sur les questions coloniales se rapportant aux productions coloniales végétales ou minérales.

(1) *Istituto agricolo coloniale Italiano*. Via Principe Umberto 9, Florence, Italie. Il publie des études agricoles et économiques, ainsi qu'un Bulletin.

(2) ALB. SARRAUT. — *La mise en valeur des colonies françaises*. Payot, Paris 1922, p. 149. (Voir Annexe II).

(3) Office colonial et Service des conférences et informations. Ministère des Colonies, rue de Ruysbroeck, 28.

tropicale. Il y a d'ailleurs tant de travaux à effectuer et
il est du devoir de ses chefs, dans la Colonie comme dans
la métropole, de lui faciliter la besogne. A l'agronome,
par exemple, reviendra la très lourde charge d'organiser,
et de faire approvisionner régulièrement, les marchés
locaux, les expositions agricoles! et cela en outre de ses
travaux de surveillance sur des régions souvent très
vastes.

* * *

Nous avons fait allusion à l'intervention de Sociétés de
crédit, de Coopératives; ce sont là des institutions sur
lesquelles nous ne pourrons, à regret, longuement insister,
car nous les considérons comme de la plus grande importance, mais nous avons tenu au moins à les signaler.

Dans le domaine des cultures, qu'elles soient faites par
l'indigène : pour lui-même ou pour le blanc, pour la consommation locale ou pour l'exportation, il faut considérer
l'importance du travail par coopération.

La création de ces œuvres a été agitée en Belgique (1),
elle a donné lieu dans d'autres colonies à des discussions
très vives. On a beaucoup discuté sur le point de savoir
s'il falla't confier l'organisation de ces institutions à des
Sociétés particulières ou à l'État. A Madagascar, la
Chambre d'agriculture avait demandé « Qu'en aucun cas
la caisse de dépôts et prêts agricoles ne puisse être confié
à une société financière et cesse d'être une institution
d'État » (2).

Peut-être répondra-t-on à ce desideratum que les coopératives ne sont pas encore mûres pour l'Afrique tropicale.
Nous estimons cependant que dans cette voie des efforts
doivent être tentés, comme dans celui de l'organisation
pour l'indigène d'un crédit agricole. Les exemples donnés
par les Indes néerlandaises, par les Indes anglaises, par
certaines colonies africaines, devenues il est vrai provinces françaises ou anglaises, ou de fortes associations
coopératives facilitent déjà certaines cultures, doivent
être suivis, et nous avons vu ce que peut produire l'asso-

(1) Cf. ÉM. TIBBAUT. — *Œuvres sociales pour indigènes au Congo
belge.* Rapport VIᵉ section. Congrès de Malines, 23-26 septembre 1909.
(2) On trouvera dans le C.-R. des séances de 1912 de la Chambre
d'Agriculture de Madagascar un projet de Statuts d'une caisse de dépôts et de prêts agricoles.

ciation, dans la culture du caoutchouc par les indigènes des Colonies néerlandaises et anglaises de l'Asie.

Un essai de Société indigène de crédit agricole a été tenté au Sénégal, à Kaolack, par l'Administrateur Lefiliâtre. Désirant créer, puis développer l'esprit d'association et de mutualité parmi les indigènes pour les amener à se prémunir contre la famine et l'inondation, en constituant des provisions de graines en vue de les soustraire à l'usure, M. Lefiliâtre institua, en juillet 1907, dans le cercle de Sine-Saloum, une Société indigène de crédit agricole mutuelle. A cette époque, le Gouvernement du Sénégal mit à sa disposition une somme de 20,000 francs. La famine sévissait alors et les indigènes avaient consommé les arachides réservées aux semailles; l'administrateur fit savoir autour de Kaolack qu'il délivrerait des arachides à 5 p. c. d'intérêt en poids. Les 100 tonnes d'arachides achetées avec le crédit de 20,000 francs furent distribuées en peu de jours. Cet empressement de bon augure tenait à deux causes : la difficulté pour les cultivateurs indigènes de se procurer des graines et le très faible taux d'intérêt, car les prêteurs demandent quelquefois plus, jamais moins de 100 p. c. d'intérêt, à l'époque des cultures.

Les récoltes furent abondantes et de belle qualité, et cette situation facilita singulièrement la rentrée en nature, du capital des 100 tonnes prêtées. Pour obtenir le remboursement, M. Lefiliâtre réunit un Conseil d'administration provisoire, dont les Membres furent choisis parmi les chefs de la région, on décida de demander à chaque emprunteur, en sus du remboursement de 5 p. c. (en poids), une cotisation annuelle de 5 francs, payable en nature ou en argent. Cette cotisation avait pour but, et eût pour résultat, de transformer en véritables membres de Société de prévoyance les indigènes qui, jusqu'alors étaient de simples emprunteurs.

Sur ces bases s'opéra le remboursement; les 100 tonnes prêtées produisirent 125,500 kilogrammes et l'actif de la Société augmenta de 4,898 fr. 60 au cours du jour.

En décembre 1907 la Société, avec son capital bonifié, comptait 602 membres. En 1908, le taux du prêt fut porté de 5 à 25 p. c. et la cotisation fut maintenue. La Société continue de fonctionner dans d'excellentes conditions, et l'actif se trouva porté au 1er janvier 1909 à 186,739 kg. 500 ou 28,010 fr. 90 en espèces; le chiffre des indigènes faisant partie de la Société se monta à 764. Ces résultats étaient si encourageants que la création d'une section à Fatick fut décidée.

Naturellement dans les Indes néerlandaises les institutions de crédit pour les indigènes ont été très développées et actuellement elles sont réparties sous trois formes :

1 Banques de crédit rizicoles villageoises (greniers à riz), (Desaloemboengs).

2 Banques de crédit financier villageoises (Desabanken).

3 Banques de régence, de districts ou de régions (1).

M. Decker-David a démontré que dans le développement des œuvres de mutualité, de crédit agricole et indigène, de prévoyance, se trouve la solution du problème de l'Agriculture indigène en Algérie et en Tunisie, et il en sera indiscutablement, en grande partie, de même en Afrique occidentale et en Afrique centrale (2).

(1) On trouvera de nombreux renseignements sur le but et le fonctionnement de ces institutions Indo-Néerlandaises dans : *Jaarboek voor Nederlandsche Indie*, 1920. Samengesteld door het Department van Landbouw, Nijverheid en Handel te Buitenzorg, et dans Prof. KIELSTRA : Het jongste verslag voor het Volkcredietwezen in Nederlandsche Indie, *Ind. Mercuur* I, 39, p. 819 (1923).

Une note sur ce sujet a été envoyée également à M. ZOLLA par M. DE BUSSY, il y a été fait allusion dans le rapport de M. ZOLLA.

Nous adressons nos plus vifs remercîments à M. le Dr DE BUSSY, directeur de la « Handels Afdeeling » du « Koloniaal Instituut » d'Amsterdam, pour les renseignements qu'il a bien voulu nous communiquer au sujet de l'Agriculture indigène dans les Indes.

(2) Cf. *Quinzaine coloniale*, 10 janvier 1913, p. 23.

Les mouvements de coopération et de crédit se sont fortement accentués en Afrique du Nord. Sans entrer dans les détails, nous citerons les sources de renseignements suivantes où l'on retrouvera d'autres indications bibliographiques :

Le crédit agricole mutuel en 1921. Gouvernement général de l'Algérie en 1920 et 1921. Alger 1921.

Le Crédit mutuel pour l'achat des semences dans le Département de Constantine. La voix des Colons, Alger 1922.

Les Sociétés indigènes de prévoyance, de secours et de prêts mutuels. *L'économiste français*. Paris, 4 novembre 1922.

BOYER BAUSE. — Les docks coopératifs à céréales du Sersou *in Revue Agricole de l'Afrique du Nord*. Alger, 24 mars 1922.

Consultez à ce propos : *Bull. des institutions économiques et sociales*. Institut international agricole. Rome XIII, nos 1-2, janvier-février 1922, pp. 1-24 où une grande littérature se trouve réunie.

Voyez aussi : *Office du Gouvernement général de l'Algérie*, V. DEMONTÈS. — *Renseignements sur l'Algérie économique*, Paris 1922, p. 154 et suivantes : *Régime bancaire et crédit industriel et agricole*.

Déjà en Afrique occidentale de telles œuvres ont été installées, on comptait en 1913, au Sénégal, 10 sociétés de prévoyance et de crédit, fonctionnant, disait-on, sur le principe de celles qui avaient donné de remarquables résultats en Algérie et Tunisie.

L'Indochine était aussi entrée dans la même voie, et déjà son Gouvernement a pris, dès 1908, des arrêtés relatifs aux Syndicats agricoles dans lesquels il est fait allusion à des associations entre indigènes (1); elle a aussi organisé des Associations de crédit qui, aux dires des rapports récents n'ont pas encore rendu aux cultivateurs indigènes les services qu'on est en droit d'en attendre, par suite de l'inexpérience des indigènes de ces organisations mutuelles (2).

D'ailleurs une coopération, une association, aurait intérêt à se faire en Afrique également entre planteurs européens, car de leur union pourrait naître ces institutions agro-économiques, aussi puissantes que celles créées par les Gouvernements et qui ont, dans certains cas, plus d'action que les stations d'État, car leurs directions peuvent avoir plus de stabilité. Un des plus beaux exemples de telles associations, parmi ceux que nous offre les Indes néerlandaises, est celui de « l'Algemeene Vereeniging Rubberplanters Oost-Kust Sumatra » (A. V. R. O. S.) dont le siège est à Medan et dont l'action sur le développement des cultures indigènes est indéniable.

Mais actuellement, malheureusement, le peu de planteurs fixés dans les colonies africaines sont rebelles à ce genre d'association, qu'on a souvent préconisées devant eux, et dont on a essayé de leur démontrer les bénéfices.

Nous avons dans des Colonies américaines, à Porto-Rico vu se constituer des ligues agricoles, un peu différentes peut être de celles de l'Europe et des États-Unis.

La population est là-bas, comme en Afrique, disséminée, et la quantité de produits agricoles est trop faible pour permettre l'existence de sociétés coopératives du type ordinaire.

On a proposé l'établissement d'une association agricole

---

(1) Cf. *Quinzaine coloniale*, 10 janvier 1913, p. 23.
(2) Gouvernement général de l'Indochine. Rapports au Conseil du Gouvernement. Session de 1922. Première partie. Hanoï.-Haiphong 1912, p. 263. (Voir Annexe III.)

de fermiers dans chacune des septante-cinq municipalités de l'île; les sociétaires doivent résider sur le territoire de la municipalité où la société est établie.

Ces *Agricultural leagues* ou *liga agricola*, sont des organisations indépendantes et de caractère démocratique. Il n'est fait aucune distinction de nationalité, de nuance religieuse ou politique; l'admission est déterminée par le comité exécutif de la ligue. Outre la protection des intérêts des agriculteurs et l'encouragement au progrès technique de l'agriculture, ces ligues ont pour but de créer des institutions économiques.

Ces septante-cinq ligues se réuniront en fédération, tenant deux assemblées par an.

Les sociétés coopératives de crédit en connexion avec les ligues prêteront de l'argent à leurs membres à un taux d'intérêt modique contre remise d'un effet portant deux signatures comme garantie. Il est proposé également de créer près de chaque ligue, une société coopérative d'achat, une société coopérative de production pour chacun des produits de la municipalité, soit une pour le café, une pour le tabac, etc.

Au 30 juin 1920, trente-six ligues avaient été formées. Elles comprenaient un total de 4,245 sociétaires. Plusieurs de ces lignes avaient déjà commencé à organiser des sociétés coopératives de crédit.

Le rapport du Commissaire de l'Agriculture entre dans le détail du fonctionnement de ces ligues, sur lequel nous n'avons pas à insister (1).

Un de nos collègues M. É. Baillaud aurait même voulu aller plus loin que la formation de ces associations régionales, il aurait voulu que les recherches instituées par les Gouvernements et les grandes Sociétés de culture s'occupant par exemple de matières grasses restent internationalement en contact : « Enfin, disait-il, nous mettrons presque en première ligne la nécessité de poursuivre ces recherches en liaison avec les travaux effectués à l'étranger, tant aux Indes anglaises et néerlandaises

(1) *Report of the Comissioner of Agriculture and Labor of Porto-Rico*, 1920. Washington 1920. — Voyez aussi : *Bull. mensuel des institutions économiques et sociales.* Institut international d'agriculture. Rome, XII, n° 1-2, janvier-février 1922, p. 51.

qu'en Afrique occidentale anglaise et au Congo belge »(3).

Cette action il la voudrait mise en jeu par « une Société constituée par des représentants de commerçants et industriels intéressés, et par ceux de l'Administration » qui se tiendraient en liaison avec les stations scientifiques étrangères et assureraient à nos colonies le bénéfice des découvertes faites à l'étranger.

Cela agirait indiscutablement très fortement sur la marche en avant des grandes cultures, qui doivent dans les colonies tropicales, être et rester l'apanage des indigènes; mais nous le craignons fort, un tel desideratum est loin d'être près de sa réalisation.

Mais cette discussion, de grande importance pour le développement des cultures, nous amènerait peut être en dehors du sujet principal de cette étude; nous avons tenu à faire voir que des questions, à première vue très éloignées du sujet, peuvent avoir une grande répercussion sur le développement des cultures à faire entreprendre par les indigènes.

* * *

Nous avons fait allusion plus haut, en parlant des cultures : du cacaoyer, du cotonnier, par l'indigène et des moyens de les promouvoir, à la nécessité, comme l'avaient indiqué les membres d'une commission d'enquête à la Côte d'Or, d'organiser les marchés. Mais, s'il est nécessaire d'organiser la vente de produits tels que : graines de cacaoyer brutes ou préparées, caoutchouc brut, racines de cassave, graines de coton avec leurs fibres ou déjà défibrées; il est plus nécessaire encore d'organiser le marché des produits d'alimentation.

Ces derniers marchés doivent être réguliers et non saisonniers comme ceux qui ont pour objet les produits ci-dessus, ils doivent surtout se développer entre indigènes.

Dès 1905, le Gouvernement général du Congo belge a

---

(1) Rapport de la Section des Matières grasses du Conseil supérieur des Colonies, sur les mesures à prendre en vue de l'amélioration de la production des matières grasses et plus particulièrement sur la création des stations expérimentales consacrés à l'arachide et au palmier à huile *in Bull. des matières grasses de l'Institut colonial de Marseille*, 1922, nº 1 et 2.

14

publié sur cette matière un arrêté, qui a été commenté depuis par diverses circulaires locales.

Mais il ne pourra être possible, uniquement par des arrêtés ou des circulaires, de faire donner à ce moyen tout ce qu'il est susceptible de faire produire; il faudra de l'initiative de la part des agents agricoles locaux et une connaissance approfondie de la mentalité de l'indigène.

Déjà en 1913, au Groupe colonial de l'Institut Solvay (Bruxelles), en essayant de faire ressortir l'importance du développement des cultures indigènes, nous avions insisté sur ce qu'il ne suffit pas d'avoir dans une région donnée, amené l'indigène à cultiver régulièrement ce dont il a besoin pour sa consommation personnelle, et même de la matière en excès, il faut encore que nous fassions des efforts sérieux pour le maintenir dans cette voie.

Pour obtenir cela, deux choses doivent être prévues :

1° Écoulement assuré des produits de culture que l'indigène et sa famille ne peuvent directement utiliser.

2° Conservation : de la productivité et de la qualité des produits de culture, sous peine de voir le marché créé se fatiguer du produit ou le rejeter.

Il faudra ici indiscutablement l'intervention du Gouvernement; les Sociétés particulières pourront aider l'action gouvernementale, mais rarement elles arriveront seules à une action suivie.

La création et l'extension des marchés doivent être considérées comme le résultat d'une coopération des fonctionnaires administratifs et des agents techniques des services agricoles, ces derniers sont, dans bien des cas, les mieux à même de faire comprendre à l'indigène l'intérêt qu'il a de venir faire des échanges dans un endroit donné.

Faut-il insister sur la nécessité pour les Gouvernements, ou pour les fortes administrations locales, de veiller avec soin à ce qu'un indigène ayant amené ses produits au marché reçoive un payement, ou en échange des marchandises, qui lui procure une rémunération suffisante de son travail!

Pour favoriser la culture, on a souvent préconisé l'achat pur et simple par les Gouvernements, de la marchandise, même quand les produits, sans utilisation immédiate, devaient être entassés dans des magasins et parfois se perdre. Certes, c'est là un moyen d'arriver à une production plus intense, mais il ne nous semble guère bon car il supprime d'un côté la concurrence et procure de la matière inutile : temps et argent perdus. Il n'incitera guère l'indigène à produire de mieux en mieux, puisqu'il se voit assuré d'un débouché.

Il faudra indiscutablement pour les marchés des produits vivriers, comme pour ceux des produits industriels, créés par les Anglais à la Côte d'Or par exemple, laisser agir la loi de l'offre et de la demande, mais chercher par action personnelle des fonctionnaires coloniaux à susciter des échanges, et à les intensifier.

Déjà dans toutes les Colonies africaines des marchés ont été créés, mais bien souvent ils l'ont été en vue du ravitaillement des postes, alors qu'il aurait fallu les développer aussi, très fortement, dans les régions éloignées des grands centres, là où une population blanche n'est pas encore très conséquente, mais où les indigènes sont en assez grand nombre.

Faut-il ajouter que pour arriver à donner de l'importance à ces marchés, au point de vue indigène, l'État doit faciliter l'arrivée des indigènes et de ses produits en temps voulu. Il devra donc relier par des voies de communications nombreuses, bien entretenues, par des moyens de transport, les villages de la brousse et de la forêt, et les stations où séjournent des blancs; dans ces dernières, pour des raisons nombreuses, qui se conçoivent, il sera nécessaire de créer et de développer les marchés, ils seront des centres où l'indigène pourra, mieux que partout ailleurs, juger de la variété des marchandises offertes.

Nous ne voulons pas insister sur les problèmes des voies de communications et des transports, nous avons tenu à les citer une fois de plus pour bien prouver les rapports entre tous ces problèmes coloniaux dont la solution devrait marcher de pair (1).

Une question très importante pour le développement de ces marchés est celle du choix des produits et par suite

(1) Voyez entre autres : *Notre Colonie*, 1er janvier 1923 et *Congo*, janvier 1923 : La politique des transports au Congo belge.

des cultures ; là aussi il ne peut être question d'abandonner l'indigène à lui-même.

Certes, on doit lui permettre de mettre en vente toute une série de petits produits : noix de Kola, poivres variés, racines à tous usages, etc., on devra même l'inciter à continuer la culture de ces plantes, condimentaires pour lui, en lui enseignant des améliorations dans leurs cultures, mais il faudra par exemple éviter de faire cultiver, par ordre, trop intensément des bananiers, si on ne peut, ce qui est absolument à préconiser, transformer une partie des bananes, de conservation impossible à l'état nature, en farine qui aurait, pour l'alimentation indigène, des avantages très nombreux sur le manioc par exemple, ou les exporter au loin sous leur forme ordinaire.

Se rattachant à ce moyen des marchés, dont nous ne voulons examiner sous toutes leurs faces l'organisation, l'État a encore à sa disposition d'autres moyens dans la création de Concours et d'Expositions.

Au Congo belge ce dernier moyen a déjà été employé et à Élisabethville par exemple, il a donné récemment des résultats ; l'on annonce pour juillet de cette année une exposition agricole à Bunia (Ituri).

L'État peut également comme nous l'avons déjà préconisé dans le temps, accorder des récompenses aux meilleurs cultivateurs ; elles peuvent être des primes à la production, elles pourraient être obtenues par les indigènes en tous temps pour la présentation de produits aux marchés, comme elles pourraient faire l'objet de concours à des expositions installées à dates fixes dans les diverses régions. L'emploi de ces moyens dérive en grande partie de l'initiative des fonctionnaires du Département de l'agriculture, dont les fonctions sont, nous ne pouvons assez le répéter, très étendues.

Dans certaines colonies on a préconisé l'installation d'un véritable « Concours agricole » par région ; réunion prévue longtemps à l'avance et dans laquelle les indigènes et les colons pourraient être amenés à présenter leurs productions.

Ici aussi les Sociétés commerciales pourraient combiner leurs efforts avec ceux de l'État, les Sociétés de crédit, les Mutualités devraient intervenir, car elles ont, toutes, grand intérêt à voir se développer la culture parmi les indigènes.

Les expositions peuvent varier à l'infini. Elles devraient être très généralisées; il faudrait non seulement les tenir dans les grands centres, mais aussi dans les districts éloignés, les représentants de l'autorité devraient s'y montrer; il se créerait ainsi une émulation entre les producteurs d'un district et entre ces derniers et ceux de régions voisines, émulation dont l'action serait indiscutablement efficace, sur le choix, la qualité et la quantité des produits fournis par la culture.

Mais l'effet de ces moyens se fera surtout largement sentir chez l'indigène, pensons-nous, quand nous serons passés, de la propriété collective à la propriété individuelle.

* * *

Pour que l'indigène puisse, vraiment, tirer parti des exemples que nous sommes tenus à lui montrer : « Les terres, les moyens de les mettre en valeur, ainsi que nos règles économiques doivent être mis à sa disposition, comme ils sont à la disposition de l'Européen » (1). Il faut aussi, actuellement sur ce point on semble très d'accord, que les entreprises européennes ne puissent s'établir au détriment de la propriété indigène (2).

La question foncière est des plus délicate. Certes, il n'est pas possible de créer partout, et de toutes pièces, la propriété indigène, mais il serait possible déjà dans bien des colonies, là où certaines peuplades commencent à se livrer à la culture, de leur réserver des lots de terrains de manière à leur faire abandonner les procédés néfastes de culture nomadique.

M. Léon Hugues, Inspecteur des domaines en Afrique occidentale, l'a dit fort justement : « La propriété indigène doit subir, sous le contrôle et la direction de l'Administration, une lente évolution. Elle doit continuer à revêtir les formes traditionnelles et coutumières que nous nous sommes engagés à respecter, et ne se transformer en

<hr>

(1) VAYSSE. — La colonisation agricole en Afrique du Nord, *Congrès de l'Afrique du Nord*, 1, p. 176.

(2) LADREIT DE LACHARNIÈRE. — La colonisation française au Maroc. (Supplément de l'Afrique française). Paris, avril 1922.

propriété privée française qu'à l'heure et dans le cas seulement où les phénomènes économiques et sociaux et les nécessités du commerce et des transactions, en développant l'individualisme chez les indigènes imposent cette transformation et la facilitent par là même. C'est alors que, dans ce milieu essentiellement indigène, l'Administration doit intervenir pour encourager et faciliter l'établissement et la délivrance aux indigènes de titres de propriété privée » (1).

Lors du « Congrès du Coin de terre », tenu à Bruxelles en 1922, nous avons vu M. L. Pynaert, ancien directeur du Jardin botanique d'Eala, insister vivement pour que cette œuvre du « Coin de Terre » soit transportée au Congo. Par cette œuvre dit-il, on crée un foyer, une habitation et ses dépendances, appartenant en propre à l'intéressé. Cette œuvre lui paraît inséparable de celle de la véritable colonisation; il y a là ce nous semble des considérations de valeur, qui amènent l'auteur à préconiser la fondation au moins autour des grands centres de « homes insaisissables » pour indigènes, et il admet la très grande utilité de donner à tout homme enrolé par l'État, ou au service d'une grande entreprise, un lopin de terre.

C'est somme toute transformer l'indigène, ouvrier salarié, en un petit paysan du type des ouvriers agricoles ou industriels d'Europe, logés aux environs de nos grandes villes.

Il nous paraît assez juste de dire que si l'œuvre du « Coin de terre » pouvait s'implanter dans les colonies sous une forme à définir, elle inculquerait aux indigènes « la saine connaissance des principes culturaux et des ressources que peut donner l'agriculture » (2).

(1) *Gouvernement Général de l'Afrique occidentale française.* L. HUGUES. — Principes de législation domaniale applicables à l'Afrique occidentale française. Le domaine et la Propriété foncière en Afrique occidentale françaises considérés au point de vue des Droits respectifs des indigènes et de l'État. Gorée, 1919, p. 29.

Nous remercions vivement M. FRANÇOIS, directeur de l'Agence économique de l'Afrique occidentale d'avoir bien voulu nous faire connaître cet intéressant travail de M. L. HUGUES.

(2) L. PYNAERT. — Projet d'installation d'une ligue du « Coin de terre » au Congo, *in Congrès National du Coin de Terre.* Bruxelles 1922, p. 78.

C'est somme toute une déclaration analogue à celle de M. Kingon : « En tous cas, si dans notre enseignement indigène nous appliquons le principe de procéder du connu à l'inconnu, nous pourrons difficilement trouver un meilleur point de départ que celui-ci : l'Élevage du bétail et le potager » (1).

Mais un de nos collègues, M. E. Baillaud, secrétaire de l'Institut colonial de Marseille, comme quelques autres coloniaux d'ailleurs, est adversaire de l'installation de la propriété individuelle aux colonies.

« Introduire, dit-il, la division de la propriété ainsi qu'à voulu le rendre possible le système que nous avons appliqué en Afrique occidentale, c'est vouloir changer complètement les bases de la Société indigène, bases qui reposent entièrement sur l'indivision et dans une large mesure sur le communisme », et il ajoute : « C'est par suite d'une singulière ignorance des choses d'Afrique que l'on voit ceux mêmes qui en France préconisent cette communauté, si difficile à concilier avec notre civilisation, s'acharner à la détruire dans ces pays où elle fonctionne si merveilleusement » (2).

Et plus récemment, M. Baillaud, m'écrivait personnellement : « Faisant partie d'une société individuelle socialiste, on peut trouver toutes sortes de bonnes raisons aux avantages que présenterait l'application des institutions individualistes aux sociétés collectives avec lesquelles on est en rapport, mais je m'obstine à penser qu'il n'existe aucun moyen de justifier autrement que par la force cette application ».

Il y a des arguments dans ces textes, mais il me semble cependant difficile d'admettre que le progrès économique d'un pays ne soit lié au développement de la propriété individuelle et il est certain, comme on l'a dit, que « seule la certitude de recueillir le fruit de leur travail donnera aux populations indigènes déjà peu laborieuses par tempérament, le courage de vivifier le sol et d'améliorer les rendements de leurs cultures ».

(1) R. KINGON. — L'éducation des peuples primitifs. *Faculté de droit.* Université de Gand 1922, p. 84.
(2) ÉM. BAILLAUD. — *La politique indigène de l'Angleterre en Afrique occidentale.* Paris, Hachette 1912.

L'obtention d'une propriété donnera, pensons-nous, à l'indigène l'occasion d'accroître son crédit et en facilitant les transactions on permettra, comme l'a dit M. Carle (1), à la propriété d'être acquise par celui qui sera le plus apte à la mettre en valeur.

Cet argument a d'ailleurs été invoqué en juillet 1906, par le Ministre des Colonies de France, M. Leygues, quand il aproposé au Président de la République de signer un décret portant organisation de la propriété foncière dans les colonies et territoires relevant du Gouvernement de l'Afrique occidentale française : « et qui par l'immatriculation (2) de leurs terres, transforme leurs droits de détenteurs précaires, en droits de propriétaires, au sens de la loi française ».

Et il ajoute : « Ces modifications sont de nature, incontestablement, à favoriser le développement moral des populations en attachant l'homme à la terre, en lui faisant concevoir le but donné à l'effort individuel, la sanction offerte au travail ».

M. L. Hugues au travail duquel nous faisions allusion plus haut ne doute en aucune façon de la valeur de la propriété indigène privée, car il dit : « La concession (accordée à des indigènes) peut utilement jouer notamment lorsqu'il s'agit pour un indigène d'établir des cultures industrielles, d'user de procédés culturaux nouveaux »; nous pensons qu'elle peut agir même et très largement dans la simple extension d'une culture vivrière, car il faut noter pour le travailleur la valeur de l'argument émis par le même auteur : « La certitude pour l'indigène d'avoir un titre lui garantissant son occupation, le déterminera souvent à entreprendre, en toute confiance, des cultures délicates et longues ». Or c'est bien cela ce que nous désirons (3).

---

(1) CARLE. — Chambre d'Agriculture de Madagascar et dépendances. — Session 1912, p. 93.

(2) Plusieurs des arguments que nous présentons dans ce paragraphe ont déjà été présentés par nous au Congrès de Gand, et nous les avons communiqués à M. PÉRIER, qui en a fait usage dans sa note sur « Le droit de propriété des indigènes » qui a paru en octobre 1913 dans *Bull. de l'Assoc. des Licenciés des Ecoles supérieures de Commerce.*

(3) L. HUGUES. — Principes de législation domaniale applicable à l'Afrique occidentale française. *Gouvernement général de l'Afrique occidentale française.* Gorée, 1919, p. 27.

Le même thème fut encore défendu au Congrès de l'Afrique du Nord et provoqua l'émission du vœu :

« Que les indigènes soient amenés peu à peu à la notion pratique de la propriété individuelle, certaine et transmissible » (1).

Dans le but de faciliter la constitution de cette propriété on a émis, pour l'Algérie, l'idée de création d'un « Conseil de tutelle des indigènes » en vue de prévenir la dépossession et l'appauvrissement des populations; il serait chargé d'intervenir dans toute aliénation d'immeubles, dans toute constitution de droits réels immobiliers et dans tous les baux consentis par les habitants à des étrangers à leur caïdat (2).

Ce qui milite encore en faveur de la création de la petite propriété indigène pour l'avenir de l'agriculture dans les Colonies, c'est la nécessité pour les sociétés particulières de s'étendre sur de grandes surfaces. M. Forthomme a dans un rapport consulaire en parlant du progrès rural dans l'Union Sud-africaine, dit avec grande raison : « Le grand obstacle du progrès rural, que l'on envisage les questions de l'irrigation, celle des arbres, le perfectionnement des méthodes agricoles, l'essai de nouvelles cultures, etc., le grand obstacle est l'immensité des fermes, qui fait que le fermier disperse ses efforts au lieu de concentrer son action sur l'exploitation rationnelle d'une superficie limitée de terre».

Mais, s'il nous paraît indiscutable que la constitution de la propriété est le terme ultime auquel il faut arriver, s'il semble bien vrai comme l'a dit M. Picquié, Gouverneur de Madagascar : «Nous devons admettre que notre colonisation à base individualiste est supérieure à celle que nous remplaçons» (3), on doit se demander nous l'avons rappelé, s'il faut la créer de toutes pièces dans un pays neuf.

Mise brusquement entre les mains de l'indigène on doit craindre que l'usure ne vienne modifier rapidement l'état de propriété primitive et que les indigènes encore peu aptes à comprendre la valeur d'une propriété ne soient

(1) *Congrès de l'Afrique du Nord*, I, p. 125.
(2) Projet Dumas cf. P. DECKER-DAVID. — *L'agriculture indigène en Tunisie*, 2me édit. 1912, p. 51 et suivantes.
(3) Cf. *L'Expansion coloniale*, 1er sept. 1913, p. 229.

amenés, par leur imprévoyance, à aliéner facilement les terrains leur permettant de vivre (1). Il faut donc agir ici avec la plus grande prudence.

C'est l'opinion émise aussi par le Rev. J. R. L. Kingon à propos des Bantus du Sud « l'Avenir de l'Afrique du Sud, — nous dirions de toute l'Afrique —, dépend de la façon dont nous mènerons les Bantus pendant les jours tumultueux de leur transition du communisme à l'individualisme, transition non seulement inévitable, mais actuellement en pleine évolution » (2).

On pourrait naturellement songer à passer par le stade de propriété collective, en créant un bien collectif insaisissable ; mettre l'indigène dans l'impossibilité d'aliéner cette propriété en faveur d'un prêteur, empêcher l'accaparement de ces biens par des groupements européens ou même par des groupements indigènes.

Il y a là une modalité à étudier soigneusement et dans laquelle nous ne voulons entrer. Il serait nécessaire de s'en référer aux lois de la mère-patrie et aux usages consacrés.

Certains pays sont entrés directement dans la voie de la déclaration des propriétés insaisissables. En Nouvelle-Calédonie par exemple, un décret du 9 novembre 1912 (Officiel 25 novembre) applique la loi de juillet 1909 sur le bien de la famille insaisissable, mesure que le Ministère des Colonies avait estimée, avec raison, être susceptible de produire des résultats heureux et se prêtant particulièrement bien au développement de la petite colonisation agricole (3).

Un décret Khédival (1er mars 1913) déclare également, en Égypte, « insaisissable la propriété agricole du cultivateur qui ne serait propriétaire que de cinq feddans au moins » (4).

Dans sa nouvelle loi sur le peuplement du sol, le Gouvernement brésilien a inscrit à l'article 96 : « Dans les ventes de lots ruraux, toutes les fois que l'acquéreur en

---

(1) Cf. HUGUES, loc. cit., p. 27.
(2) Rev. J. R. L. KINGON. — L'éducation des peuples primitifs. *Faculté de droit.* Université de Gand 1922. p. 2,152-156.
(3) Cf. *Quinzaine coloniale,* 25 janv. 1913, p. 74.
(4) Cf. *Bulletin mensuel des Institutions économiques et sociales,* vol. XXXI, juillet 1913, p. 97. — Ins. international d'Agric. de Rome.

fera la demande, sera insérée la clause contractuelle du *Homestead* (bien de famille) en vertu de laquelle une superficie maxima de 10 hectares, dont la valeur ne pourra dépasser 5 contos sera déclarée inaliénable ainsi que sa production, et insaisissable. En cas de mort du Colon, la propriété rurale passera, sous le même régime, à sa femme et à ses fils » (1).

Cet article peut s'appliquer naturellement à un indigène capable de se procurer la propriété, et d'ailleurs le décret 8.072 du 20 juin 1910, déclare dans son chapitre II, article 7, que les terres indigènes ne peuvent même pas être livrées, transférées ou grevées d'impôts réels (2).

Et ce ne sont certes pas les seuls exemples à citer; même en Belgique, nous avons vu en 1912, M. le Ministre Renkin, dire aux Membres de l'Institut colonial international « que si des groupements indigènes ou des individus, sous l'action stimulatrice des commerçants ou des agriculteurs européens, désiraient créer des cultures de rapport, le Gouvernement serait heureux de les y aider en leur accordant des terres vacantes. Bien loin donc d'avoir jamais songé, ajoutait le Ministre, à restreindre l'activité des indigènes à la culture barbare de leurs réserves, ce qui serait un non-sens, le Gouvernement appelle de tous ses vœux le jour où il lui sera donné de doter largement de terres nouvelles les indigènes qui s'engagent à les mettre en valeur ».

En attendant que la question de la propriété indigène soit légalement tranchée, le Gouvernement du Congo belge a décidé l'acquisition possible de terrains par des groupements indigènes ou des individus dans les conditions suivantes :

1° Qu'ils s'engagent à les mettre en valeur dans le délai d'un an.

2° Que la superficie de la parcelle cédée gratuitement à chaque individu n'excède pas l'étendue que la famille pourra mettre en valeur.

3° Que la terre cédée soit comprise parmi les terres vacantes situées dans les limites du territoire politique de la chefferie à laquelle appartient l'acquéreur. Toute-

(1) PERRIN. — *Les colonies agricoles au Brésil*, juin 1912.
(2) Voir Annexe, IV.

fois, un indigène peut acquérir une terre en dehors du territoire de sa chefferie s'il a obtenu, au préalable, l'autorisation d'émigrer, dans les conditions prévues à l'article 6 du décret sur les chefferies du 9 mai 1910;

4º Que l'inaliénabilité et l'incessibilité du droit soient stipulées pour un terme de quatre ans (1).

On pourrait peut être discuter certaines de ces conditions, que l'on n'a, croyons-nous, exécutées que rarement encore au Congo, car notre Colonie a surtout fait étudier : la mise en vente ou location de terres et les concessions importantes à des non-indigènes (2).

Des auteurs, entre autres M. Carle dont nous avons cité les appréciations, après avoir étudié le régime foncier de diverses colonies, ont préconisé un régime de transition qui permettrait petit à petit d'arriver à la propriété définitive, collective ou individuelle. Ils voudraient voir consacrer la nue propriété de l'État sur les territoires occupés collectivement en donnant aux occupants l'usufruit.

Il est en tous cas indiscutable qu'il ne peut être question de brusquer les choses, et de donner d'emblée une propriété à tous les indigènes. Celle-ci devrait être accordée sous des conditions que nous n'avons pas à envisager ici, et elle ne devrait devenir définitive qu'après des preuves fournies par l'indigène.

Les partisans de la propriété collective sont amenés, tout naturellement, à envisager la création de plantations collectives, dont les produits seraient vendus au bénéfice du village.

Une ordonnance royale du Cambodge enjoint par exemple à chaque Khum de planter dans des terrains favorables 100 palmiers à sucre, 100 cocotiers et 100 Kapokiers (3).

(1) W. PÉRIER. — Le droit de propriété des indigènes in *Bull. Assoc. des Licenciés des Écoles sup. de Commerce*, nº 4, oct. 1913 et in *C. R. IIIº Congrès int. colonial*, Gand, t. I, 1922, p. 256.

En date du 30 sept. 1922, une ordonnance a été prise par le Gouverneur général du Congo belge, *Bull. Adm. et Comm.*, 25 oct. 1922 : Sur les contrats relatifs aux terres indigènes.

(2) Cf. TH. HEYSE. — Concessions de terres rurales au Congo belge *in Congo*; novembre 1920 et entre autres : Comité spécial du Katanga. Vente et location de terres.

(3) *Bull. de la Soc. d'Études coloniales*, 1913, p. 72.

On peut se demander avec la rédaction de la *Dépêche Coloniale* si semblable mesure est nécessaire et indispensable? Le périodique parisien n'hésite pas à répondre Oui!

Peut être pour l'Asie française!

Mais pour l'Afrique, nous croyons qu'il sera difficile, actuellement, de forcer le noir à planter, et à récolter, pour l'association de village?

Nous croyons qu'il serait beaucoup plus intéressant de créer une propriété particulière autour des cases, celle-ci existe d'ailleurs pour certains objets, mais quitte à prendre des mesures pour que cette propriété ne puisse être aliénée dans des conditions tout à fait défavorables pour le propriétaire, sauf dans des cas spéciaux à traiter par la Justice ou les Chefs territoriaux.

A ce propos il n'est pas, pensons-nous sans intérêt de signaler qu'un essai de propriété en commun a été fait à la Gold Coast par le Lieut. Col. A. Ogilvy, directeur de l'Agriculture, sous la dénomination de *Communal Coconut Plantation*. Les premiers jalons furent posés en 1921 dans la région de Attuabo et de Abra (Provinces orientale et centrale); des plantations de 300 acres furent crées; dans les provinces orientales des plantations plus nombreuses et plus réduites furent installées, n'excédant pas en totalité 300 acres. Les terrains sont cédés, en location, à l'État par les chefs indigènes au nom des hommes de leurs clans, pour une période de quinze ans, pouvant atteindre trente ans.

Le Gouvernement obtiendra les produits de la culture jusqu'à ce que les frais d'établissement soient payés : plantation, installation des usines, etc., pour la fabrication du copra; ensuite les cultures et leurs annexes seront remises aux chefs pour exploitation au bénéfice de la communauté (1).

Il sera intéressant de suivre les résultats de cette méthode, qui diffère, on le voit, sensiblement de celle utilisée dans le même pays pour le développement de la culture du cacaoyer.

Elle diffère aussi, on le voit, de celle qui a été préconisée

____

(1) *Recent agricultural developments in the Gold Coast, ex Bulletin of the Imperial Institute*, XX, n⁰ 3, 1922, p. 311.

pour l'Asie française, le Gouvernement supportant ici tous les frais d'installation.

Certains voudraient voir créer des lots (1) de colonisation; ils les envisagent plus ou moins spécialement pour le colon non indigène, mais leurs avantages pourraient, sans grande difficulté être transférés aux indigènes.

Le Gouvernement de Madagascar avait accepté cette manière de voir et des essais doivent avoir été tentés dans ce sens. M. l'Inspecteur de l'agriculture Fauchère a été chargé de se mettre à la recherche de terrains qui conviendraient dans ce but (2).

Malheureusement on se heurte, pour la solution de ces différentes questions d'un côté à des idées souvent préconçues sur la propriété actuelle des terres, et de l'autre à une connaissance très incomplète de ce que l'indigène, en particulier celui de l'Afrique tropicale, entend par propriété. Cette conception varie considérablement de localité à localité (3); aussi est-il impossible de discuter cette question à fond ici.

Nous avons tenu cependant à nous appesantir un peu sur elle pour bien faire voir que la propriété, sous l'une ou l'autre de ses formes, est des plus nécessaire pour amener l'indigène à cultiver la terre, à produire plus qu'il ne récolte actuellement.

* * *

Si comme nous l'avons fait ressortir dans cet exposé on doit favoriser très largement les cultures indigènes d'abord celles qui peuvent servir pour fortifier la race, puis celles qui sont destinées à produire de la matière industrielle, nous devons admettre comme conséquence inéluctable de ce développement une industrialisation, au moins partielle, sur place de ces produits, et cela en partie par l'indigène lui-même; nous serons donc forcés d'envisager notre action économique dans la colonie sous un angle un peu différent de celui sous lequel beaucoup l'envisagent actuellement.

(1) CARLE. Loc. cit.
(2) *Quinzaine coloniale*, 25 janvier 1913, p. 66.
(3) Cf. La question des terres chez les Baluba-Samba par O. NENNEN, in *Bull. Soc. belge d'Etudes coloniales*, janv.-février 1923, p. 68.
Cf. Le régime foncier au Cameroun, *in Annales de l'Institut colonial de Bordeaux*, juillet-août 1922, pp. 213.

Certes nous avons dans les pays neufs engagé des capitaux, nous devons chercher à les conserver et donc à les faire fructifier; le seul moyen sera d'essayer de nous maintenir par un usinage des produits. Par une entente avec l'indigène producteur de la matière première, nous pourrons arriver à faire rendre davantage à l'indigène et à faire produire plus aux capitaux européens que nous utiliserons pour l'installation et la marche de plus en plus scientifique de nos fabriques.

Nous sauverons peut être ainsi de la débâcle bien des entreprises qui, livrées isolément à la lutte, doivent succomber.

Nous devons, nous semble-t-il, nous estimer très heureux si nos connaissances, actuellement, plus développées que celles de l'indigène en général, nous permettent, momentanément, de faire fructifier nos capitaux en achetant, dans des conditions rationnelles, et en transformant un produit brut qui nous est fourni par un travail de mieux en mieux approprié du natif.

Maintes fais déjà nous avons sous d'autres formes émis cette interrogation de M. Kingon : « Aujourd'hui, il est relativement simple de gouverner ces peuples, mais en sera-t-il toujours ainsi? L'expérience tend à prouver que tôt ou tard des périodes de troubles sont inévitables dans ces territoires » (1).

Nous n'avons pas été d'ailleurs des premiers et M. Chailley l'a encore répété dans son discours au Congrès de Gand : « Mais un jour viendra, — et la venue en sera d'autant plus proche que l'instruction aura été plus répandue —, où les indigènes ne se contenteront plus même de ce rôle dans l'Administration. Ils prétendront encore à plus de places et à de plus hautes dans l'Exécutif, à des *postes de responsabilité* », et il ajoute : « Et enfin, il faut prévoir l'heure — lointaine encore, — où les indigènes repousseront même l'apparence de la soumission et réclameront leur entière indépendance » (2).

* * *

(1) Rev. J. R. L. KINGON. — L'éducation des peuples primitifs. *Faculté de droit.* Université de Gand, 1922, p. 3.

(2) M. CHAILLEY. — La civilisation et les Colonies. Résultats et devoirs, *in Procès-verbaux. IIIᵉ Congrès international de Gand*, 1913, Gand 1922, t. I, p. XCIV.

Dans toutes les questions soulevées par l'extension des cultures soit indigènes, soit même capitalistes, européennes ou américaines, c'est, nous le voyons ainsi, vers la coopération que doivent tenter les efforts. Coopération des travailleurs entre eux; coopération des travailleurs et du capital; coopération de la pratique et de la théorie. Ce travail en commun évitera une concurrence outrancière entre les producteurs d'un même pays, il augmentera sans conteste la rentabilité des cultures, et il aura le très grand avantage, s'il est conduit dans un sens vraiment économique, de donner aux cultures une plus grande stabilité. Il donnera une régularité et une uniformité dans la production; deux conditions des plus importantes pour le succès commercial.

Inutile pensons-nous de faire ressortir l'action que peuvent exercer dans cette voie, sur l'avenir de nos Colonies, l'association des Gouvernements et des particuliers, si eux aussi veulent franchement, et sans arrière-pensée, collaborer au développement général des possessions d'outre-mer, dont le progrès est lié à celui de la Mère-patrie.

Nous pourrions citer bien des auteurs recommandant cette politique de collaboration (1), c'est celle qui se développe actuellement en France sous l'impulsion de M. Alb. Sarraut; elle sera suivie par les Italiens, qui dans leurs colonies par leurs cultivateurs associés, ou réunis en coopératives, abordent de concert avec les indigènes la mise en valeur des terres tribuales (2).

* * *

Si nous cherchons à résumer cet exposé, déjà long, et à en tirer certaines conclusions précises, nous pourrons dire qu'il est nécessaire pour étendre et intensifier les cultures faites « par et pour les indigènes », d'utiliser tous les moyens étudiés dans ces observations, et bien d'autres que nous avons dû omettre ou à peine signaler.

(1) Préconisée par exemple à Madagascar pour la culture du tabac par M. P. MARTIN. — La culture du tabac à Madagascar, *in Bull. économique de Madagascar* 1921. (1922).

(2) *Ministerio delle Colonie. Ufficio Affari Economici. Bolletino di Informazioni*, X, n° 1, p. I-XVI, 6 cartes. Rome, janv.-février 1922; cf. *Bull. mensuel renseign. agricoles de l'Institut de Rome*, XIII, n° 7, juillet 1922, p. 834.

Il ne faut pas oublier que cette intensification ne peut être rapide; il est, par conséquent, de toute nécessité de commencer, sans tarder, à employer simultanément, ou isolément, les moyens préconisés; tous peuvent nous permettre d'obtenir certains résultats, et parmi ces derniers les plus petits seront utiles.

Il est très important de soigner l'instruction pratique des indigènes, il sera nécessaire de créer de nombreux jardins d'essais, car la vue des résultats obtenus servira de stimulant pour les travailleurs indigènes.

Pour la marche régulière de ces institutions n'oublions pas qu'il est de nécessité de soigner la direction technique de la production; seules les colonies où ces services ont été largement développés ont vu leur production agricole, fournie par les indigènes ou par les colons, augmenter rapidement pour le plus grand bien de la population autochtone et celui de la Mère-patrie.

Mais dans cette mise en œuvre des moyens variés, nous devrons éviter surtout de mettre l'indigène en même temps à beaucoup de travaux agricoles différents, dont il ne pourrait apprécier l'importance; contentons-nous de lui faire produire par des méthodes simples : de la matière première alimentaire, dont nous devrons surveiller la préparation; de la matière première industrielle, dont il pourra tirer un profit pécunier.

A nous revient la charge de transformer sur place, ou dans nos métropoles, les produits alimentaires ou industriels qui ne pourraient trouver une utilisation immédiate dans la Colonie ou seraient fournis en excès.

Ce principe a d'ailleurs déjà été mis fréquemment en pratique par exemple en Indochine, à Madagascar où certaines cultures, telles celles du riz, totalement entre les mains de l'indigène, servent à l'alimentation de rizeries modernes créées par les européens.

Tenons compte des conseils de M. Merlin, Gouverneur général de l'Afrique occidentale française, qui, en faisant remarquer la multiplicité des produits capables d'être fournis par les colonies tropicales, a ajouté très judicieusement : « Je me suis attaché surtout à développer le principal produit de chaque colonie de la fédération; les arachides au Sénégal, les textiles au Soudan, car je crois que le Soudan peut être un grand producteur de fibres; le palmier à huile à la Côte d'Ivoire et au Dahomey » (1).

En évitant bien entendu les trop grands excès de la monoculture!

Mais avant de songer à l'exportation, préoccupons-nous de la vie propre de la Colonie!

---

(1) Cf. *Annales de l'Institut colonial de Bordeaux*, novembre 1922, p. 317.

ANNEXES.

I.

Conclusions du groupe d'Études coloniales quant à la question de l'amélioration et du développement des cultures vivrières et industrielles ainsi que l'élevage du gros et petit bétail au Congo.

1. — Le manque de vivres est un mal général dans tout le Congo. Ce mal s'accroîtra si l'on n'y porte remède et des mesures s'imposent sous peine de compromettre l'avenir de la colonie.

Tous les efforts doivent tendre à ce que les noirs étendent leurs cultures vivrières, car la difficulté de nourrir le personnel peut être une cause, et sera une cause, d'échec des entreprises de grande culture.

Le développement futur de la colonie est lié au développement des moyens de s'y nourrir tant pour le noir que pour le blanc. Plus la colonie sera riche en vivres et plus elle sera florissante. La pauvreté en vivres paralysera tout essor.

Il importe donc d'accorder aux cultivateurs de produits d'alimentation un concours efficace. Des mesures seront prises pour amener les indigènes, dont les villages ne sont pas trop éloignés des postes de l'État, à développer et à améliorer les cultures vivrières et à entreprendre des cultures industrielles destinées à être vendues par eux soit aux maisons de commerce établies, soit, à défaut de celles-ci dans un voisinage plus au moins immédiat, aux postes de l'État. Dans cette dernière hypothèse l'administration fixera, chaque année et selon les régions, les mercuriales des prix d'achat. Il importe, en effet, que, dans les débuts tout au moins, l'État assure aux indigènes la vente des produits qu'il les aura lui-même engagés à récolter; là où des maisons de commerce seront établies dans un rayon à déterminer, l'État s'abstiendra de faire de pareilles opérations.

Les produits achetés par l'État seront utilisés par lui s'ils proviennent de cultures vivrières ou vendues, soit de la main à la main, soit par voie d'adjudication publique dans un centre où plusieurs maisons de commerce sont déjà établies.

Les tarifs de transport pour les produits d'alimentation *d'origine indigène* devront être considérablement abaissés sur les steamers et chemins de fer, afin d'en faciliter la vente rémunératrice et de stimuler aussi les producteurs.

Au point de vue de la culture maraîchère, il importe de s'efforcer, tout en introduisant certains légumes européens d'acclimation et de culture faciles, de faire connaître et de répandre parmi les Européens l'usage des légumes indigènes.

2. — Des primes et des distinctions honorifiques seront accordées aux indigènes ou aux chefs des villages qui auront développé les cultures avec le plus de soin, qui auront produit le rendement le plus fort, ou qui auront construit une habitation confortable et pris possession effective et permanente d'un jardin ou d'un champ, disponible, clôturé.

3. — L'État prendra les mesures nécessaires pour enseigner aux indigènes la manière d'améliorer les cultures vivrières et de commencer les cultures industrielles (cacao, café, caoutchouc, canne à sucre, tabac, coton, etc.). Des agents agricoles compétents pourront être attachés à des postes déterminés, mais seront itinérants et inspecteront fréquemment les villages où leur enseignement s'exercera.

L'administration prendra les mesures pour que ces agents agricoles puissent fournir aux indigènes les semences et au besoin les plants nécessaires. Les frais de ces avances pourront être récupérables.

Les agents agricoles pourront être mis, dans des conditions à déterminer à la disposition des maisons de commerce pour donner leur enseignement pratique et exercer leur inspection dans les régions entourant les dites maisons.

4. — Dans le même ordre d'idées, il faut favoriser chez l'indigène l'élevage du gros et du petit bétail et des animaux de basse-cour.

C'est sur l'indigène qu'il faut spécialement compter

pour l'élevage de poules, canards et chèvres ainsi que porcs.

Il faut se garder de prélever sur les existences indigènes pour constituer des troupeaux ou des basses-cours sous prétexte de fermes modèles.

Prélever sur les existences indigènes c'est, étant données les pertes qu'entraînent les tentatives d'élevage qui souvent échouent, diminuer les existences dans le pays. Pour ce qui concerne poules, chèvres, canards, porcs, les fermes devront donc servir spécialement de champ d'expérience pour acclimatation, croisements et surtout sélection.

La race ovine s'étant, par de multiples expériences, montrée plus apte que les autres animaux, à constituer des troupeaux importants, des essais d'élevage en grand, de moutons seront poursuivis dans les fermes.

Les essais d'élevage des races bovines sont du domaine de l'Européen; ils doivent être faits au moyen de bétail acheté dans les régions voisines du Congo ou dans des régions à climat identique et se baser sur croisement et sélection.

Le gros bétail peut vivre et réussir partout au Congo, mais il y aura des sacrifices à faire; ils incombent à l'État. Une grosse partie du bétail introduit succombera, mais il en restera assez pour constituer le noyau d'un troupeau de bétail acclimaté, comme on l'a vu à Mateba.

Ce que nous venons de dire s'applique aux régions du Congo où il n'existe pas encore de gros bétail. Dans les contrées où les indigènes en possèdent déjà, il faut le leur laisser et ne point le leur acheter sous prétexte de former des troupeaux. Le résultat de cette pratique étant un appauvrissement du cheptel régional. Mais là où il n'y a pas de gros bétail acclimaté, il serait en général prématuré d'en confier aux indigènes.

Des faveurs diverses devront, comme pour les cultures, être accordées aux indigènes qui se livrent à l'élevage, tant du gros que du petit bétail et des primes seront accordées pour les augmentations de troupeaux. L'État contractera utilement avec les indigènes, et dans des conditions à déterminer suivant les circonstances, des baux à cheptel.

5. — L'Administration encouragera la construction dans les villages de granges et de magasins où les produits agricoles pourront être mis à l'abri des intempéries et attendre le moment de leur consommation ou de leur vente.

6. — Des champs de culture et des centres d'élevage seront créés à titre d'expérience et d'essai dans les régions très peuplées, surtout près des camps et des écoles, afin de montrer pratiquement aux indigènes la meilleure manière de cultiver le sol.

Des expositions locales d'agriculture seront organisées.

7. — Les « Missions religieuses » présentent sur, les fermes ou postes d'essais confiés aux agents de l'Administration, l'avantage incontestable de la perdurance du personnel européen.

Tout en installant des fermes administrées par des agents du Gouvernement, choisis avec soin et ayant les aptitudes nécessaires, il sera d'extrême utilité de profiter de l'existence des Missions pour faciliter la création d'une ferme d'élevage et de culture dans chacune d'elles, en leur fournissant gratuitement le bétail, en intervenant pécuniairement dans le coût de l'élevage et de l'entretien de celui-ci et en contractant avec elles des baux à cheptel dans des conditions à déterminer.

8. — La création de la propriété indigène privée et individuelle est un levier efficace pour amener l'extension des cultures et de l'élevage chez les indigènes et en même temps pour travailler au progrès et à l'évolution des noirs, ainsi qu'à l'amélioration de ses conditions d'existence car le confort des habitations et de l'alimentation se perfectionnera surtout sur les propriétés privées.

C'est pourquoi, il faut faciliter la création de la propriété indigène privée, dans les environs des stations européennes, par la cession de lopins de terre situés à peu de distance les uns des autres, de manière à pouvoir former assez rapidement des agglomérations. Les prix de vente aux indigènes doivent être assez bas pour faciliter ces achats et les cessions pourraient même être accordées à titre gratuit, comme récompense à des serviteurs méritants ayant été au service des particuliers et de la Colonie, sous réserve que la propriété ne deviendrait définitive qu'au bout d'un certain temps et après mise en valeur d'une partie déterminée. Les propriétés seront inscrites cadastralement, des titres réguliers en seront remis aux propriétaires et ces agglomérations seront, à l'encontre des chefferies indigènes, régies à l'européenne, suivant des lois répondant aux conceptions européennes. Il n'y aura pas de chef mais une sorte de maire élu ou désigné par l'État ayant la police de la commune sous le contrôle de l'autorité européenne voisine et ne disposant pas de l'autorité cheffiale, telle que comprise dans les chefferies. Dans ces agglomérations libres, composées d'habitants régulièrement inscrits (car il faut éviter que ces villages ne deviennent un repaire de déclassés) les conceptions européennes du mariage, de la propriété, de la succession, de la famille, etc. seront appliquées sans heurter les us et coutumes qui régissent les chefferies indigènes et sont souvent en opposition avec elles et l'exemple amènera la transformation graduelle de ces us et coutumes et le progrès général des noirs. En dehors de ces villages libres, les chefferies continueront à susbsister telles qu'elles sont aujourd'hui organisées; mais il y a lieu contrairement aux stipulations actuelles des décrets, d'en permettre l'exode définitif aux noirs désireux de s'installer dans les nouveaux villages et présentant les conditions requises pour y être admis.

Cette question ne peut être résolue qu'en tranchant celle de l'esclavage domestique. Pour être relativement doux, l'esclavage domestique n'en est pas moins un véritable esclavage et il importe d'autant plus de le supprimer, en dehors même des considérations morales qui sont incontestablement à ce sujet d'ordre primordial, que les esclaves formant la grande masse de la population travailleuse, il faudra surtout compter sur eux pour constituer les organismes nouveaux formés par les propriétés privées et administrés par des lois européennes, qui ne tarderont pas à être habités par une classe nouvelle de la population en progrès sensible à tous égards sur les autres indigènes.

En reconnaissant l'existence de l'esclavage, on pourra reconnaître en même temps le droit de l'esclave à se libérer, fixer les conditions et taux auxquels tout esclave peut le faire, et enregistrer officiellement sa libération.

Le recensement des esclaves, seul moyen efficace de rendre effective la défense qui doit être proclamée de toute cession d'esclaves, la défense aux chefs de s'opposer à l'engagement libre des indigènes esclaves ou non au service de la Colonie et des particuliers, avec reconnaissance pour l'engagé de la propriété exclusive du salaire gagné, le droit de rachat, dans des conditions fixées et l'obligation, pour le propriétaire, de consentir à ce rachat quand ces conditions sont remplies, sont tous moyens qui, réunis, auront pour effet de supprimer, en quelques générations, l'esclavage sans rien brusquer, et sans avoir recours à des mesures extrêmes lésant des droits acquis par la coutume et le droit indigène et par ce fait même respectables quoiqu'en opposition avec les conceptions européennes.

10. — L'impossibilité légale existant aujourd'hui pour les indigènes de quitter définitivement leur chefferie a pour conséquence le maintien de l'esclavage, puisqu'elle donne aux propriétaires d'esclaves domestiques un moyen légal de faire intervenir l'autorité pour obliger les fugitifs à réintégrer la chefferie, c'est-à-dire à rejoindre leur propriétaire.

La libération ne saurait cependant avoir pour conséquence l'obligation pour l'esclave de quitter contre son gré sa chefferie. Il deviendrait, en pareil cas, homme libre, soumis aux us et coutumes de cette chefferie, mais il importe que son droit à la quitter et à se soustraire à ses coutumes, soit stipulé, comme aussi le droit de tous les indigènes indistinctement de se libérer des attaches des chefferies à la condition d'entrer dans une des nouvelles organisations communales dont la création est préconisée plus haut et qui, par leur essence même, sont toutes désignées pour contribuer efficacement au développement et au progrès des cultures et de l'élevage.

11. — La perspective de la libération, avec la certitude qu'elle sera définitive, la possibilité de devenir possesseur d'un lopin de terre à soi, donnant l'aisance et assurant la subsistance d'une femme réellement à lui et d'enfants à lui, auxquels iront plus tard les bien acquis par le travail des parents sera, pour le noir, esclave ou non, le plus puissant stimulant au travail qui puisse être trouvé.

Institut Solvay, 1909.

NOTE DE M. DE WILDEMAN.

Pour amener l'indigène à améliorer ses cultures et à approvisionner les marchés de produits commerçables et exportables, il faut compter sur l'initiative privée comme sur l'action du Gouvernement.

L'initiative privée ne peut être réglementée; elle suivra d'ailleurs, c'est son intérêt, le mouvement provoqué dans cette voie par les efforts du Gouvernement.

C'est donc sur des méthodes gouvernementales qu'il faut insister.

* * *

L'action du Gouvernement doit se faire jour, par des organismes à créer dans la métropole et dans la colonie.

I. — *Dans la Métropole.*

1º Création d'un Département de l'Agriculture, celui-ci pris dans son sens le plus large (Botanique, Agriculture, Culture forestière, Cultures maraîchère et fruitière, Zoologie, Zootechnie, Pêcherie, Apiculture, Sériciculture, etc.) en prenant comme modèle par exemple : le Département de l'Agriculture des Indes néerlandaises.

Ce Département est à créer dans la métropole, car, dans notre colonie, cette création ne pourrait avoir la stabilité qui lui est nécessaire.

Ce Département doit diriger le fonctionnement des organimes à créer dans la colonie.

2º Création d'un enseignement agronomique colonial (Botanique, Agriculture, Foresterie, Bactériologie, Zoologie, Zootechnie, Pisciculture, Apiculture, etc.), dans les divers degrés de l'enseignement général et spécial, cela dans le but de former des coloniaux aptes à diriger sans trop grande perte de temps les services agricoles coloniaux, les exploitations agricoles de l'État et de particuliers, ou d'exécuter, en connaissance de cause, des travaux agricoles dans le sens large du mot.

II. — *Dans la Colonie.*

1º Accorder une grande importance au *Jardin botanique* qui doit comprendre de nombreux services scientifiques (Botanique pure, Zoologie, Bactériologie, Chimie, Physique, Météorologie, sciences qui ont de nombreux rapports avec le développement de l'Agriculture),

Des services spéciaux doivent s'occuper de sélection, d'introduction de plantes utiles et d'expériences sur la culture, la production et la rentabilité des plantes de grande culture.

2º *Création de Stations expérimentales*, filiales du Jardin botanique, ayant un but analogue mais réduit et s'occupant plus spécialement de l'amélioration des plantes indigènes ou à introduire dans leur région.

3º *Création de nombreux champs d'expériences ou d'essais* (le terme *ferme expérimentale* que l'on applique à l'un de ces groupes d'organismes nous paraît peu approprié).

Ces champs d'expériences devront être surtout créés pour permettre la constitution de cultures vivrières, de cultures dont les produits peuvent :

1º être présentés sur le marché local, et y trouver acquéreur ;

2º servir pour l'exportation.

Les expériences doivent donc porter :

1º sur des essences indigènes ou introduites (légumes, fruits, plantes à fécule) :

a) dont l'emploi est déjà fait par le noir ;

b) dont l'emploi est susceptible de s'étendre non seulement parmi les populations noires, mais encore parmi les blancs.

A titre d'exemples : bananiers, arachides, palmiers à huile, taro, manioc, etc.

2º Sur des essences indigènes dont les produits sont utilisables industriellement et :

a) dont le noir fait le trafic de village à village ou de tribu à tribu ;

b) qui pourraient faire l'objet d'un commerce, sur place, entre indigènes et colons ou factoriens, et dont la présentation en quantité suffisante sur le marché pourrait donner lieu à exportation. Exemples :

Plantes à fibres : coton, jutes indigènes, raphia, plantes indigènes pour cordages;

Pâtes à papier;

Plantes à huile : ricin, etc.;

Plantes à fécule.

Les expériences devraient porter sur :

1° Choix des races indigènes à propager;

2° Sélection de ces races;

3° Rendement suivant les conditions de culture.

Ces champs d'expériences devraient être créés de façon à être facilement accessibles aux indigènes, que l'on aurait même intérêt à appeler pour venir juger de visu les résultats obtenus avec les méthodes rationnelles de culture, instruments aratoires, soins, irrigation, drainage, lutte contre les maladies.

* * *

Au Jardin botanique, aux Stations expérimentales et aux champs d'expériences ou d'essais doit être joint un *enseignement pratique à trois degrés différents*, capable de transformer le jeune indigène en l'habituant au travail du sol, et à lui faire toucher du doigt le grand bénéfice à tirer de la culture sur place, comparativement à celui qu'il peut obtenir par la vie nomade.

* * *

L'*élevage* et les autres branches ressortissant du domaine de la Zoologie, doivent faire l'objet de travaux conduits dans des stations spéciales dirigées par des hommes compétents et annexées aux stations des trois degrés, citées plus haut ou bien constituées seules.

Dans l'élevage il faut comprendre non seulement l'étude et l'amélioration au dressage du *gros bétail*, mais encore celle de tout ce qui se rapporte au *petit bétail*, aux *oiseaux de basse-cour*, à *l'apiculture*, la *sériciculture*, la *pisciculture*, etc.

Il convient de noter en passant que ce sera aux chefs des centres d'élevage à montrer à l'indigène quelles sont les méthodes à employer : pour conserver la viande de boucherie et la présenter fraîche, sèche ou à l'état de salaison sur le marché local; préparer les peaux, les plumes, etc.

Le développement à accorder à ces installations variera suivant la région, on insistera par exemple sur le petit bétail et la basse-cour là où l'élevage du gros bétail est impossible ou présente de sérieuses difficultés.

En annexe aux Stations d'élevage, se feront les essais de *pâturages artificiels* en débutant toujours par des plantes indigènes.

Les essais avec des plantes introduites ne devront être tentés qu'après obtention au Jardin botanique, ou dans l'une des Stations expérimentales de résultats certains, afin d'éviter de faire voir aux indigènes des résultats médiocres.

En annexe aux Stations d'élevage situées le long des rivières, pourraient se constituer des centres, où l'on apprendrait aux indigènes à se servir d'appareils modernes, pour la pêche et où on leur inculquerait les méthodes de *préparation du poisson;* soit pour l'envoi à l'état frais sur le marché, soit pour la préparation des conserves.

* * *

Il faudrait aussi chercher à tirer parti de la main-d'œuvre industrielle, que des écoles spéciales doivent développer pour améliorer ou créer des industries agricoles et forestières accessoires telles :

1º Laiterie, préparation du beurre, fromagerie, miel, cire, soie, pâtes colorantes, etc. qui préparent à la formation de grandes industries plus spécialement tropicales : Fabrication de fécule, farine de bananes, conserves de fruits, etc.

2º Vannerie, nattage, tissage dont les produits facilitent le transport de la production des cultures.

* * *

Un excellent moyen pour stimuler le producteur, c'est l'organisation *d'expositions* et de *concours*.

C'est au Gouvernement à les organiser; ces expositions doivent avoir lieu :

1º Dans les postes principaux;
2º Au chef-lieu du district.

Ces deux genres d'expositions devraient avoir lieu le plus souvent possible, au moins une fois l'an.

Accessibles principalement aux indigènes, il faudrait pouvoir allouer à ceux-ci des primes pour stimuler leur zèle. Ces expositions devraient comporter : Produits agricoles; produits fruitiers; produits de l'élevage; produits de l'industrie.

3º De temps en temps, il y aurait lieu d'organiser dans un de ces centres de la colonie une exposition plus générale des produits agronomiques; le lieu de cette exposition devrait varier afin de permettre aux indigènes des différentes régions de la colonie de prendre plus facilement part à ces concours généraux.

Les deux premiers genres d'exposition peuvent être organisés rapidement, et correspondre avec des visites de hauts fonctionnaires; le troisième genre devrait pouvoir être fixé longtemps à l'avance et les indigènes devraient être stimulés, par des résultats obtenus à des expositions partielles, à y amener leurs produits.

* * *

L'indigène étant capable de produire légumes, fruits, etc., il faut que le Gouvernement crée des locaux appropriés pour l'installation des marchés, facilitant l'exposition des produits et les rapports entre vendeurs et acheteurs.

Il faudrait également que le transport des marchandises destinées à un marché de produits agricoles, soit pour la consommation, soit pour l'exportation soit facilité aux indigènes et que là où il leur serait nécessaire d'employer bateau ou chemin de fer, il soit appliqué pour ce transport un tarif spécial.

Institut Solvay, 25 nov. 1909.

II.

A titre documentaire nous fournissons ici quelques renseignements sur l'activité de ces Instituts,

Agence économique de l'Indochine. Arrêté local du 11 mai 1918, ayant paru au Journal officiel de l'Indochine, du 1er juin 1918, p. 926. — Cette Agence dont le siège métropolitain est actuellement rue de la Boëtie, n° 420, à Paris, ne possède pas de publication propre; elle édite occasionnellement des travaux de collaborateurs et a organisé, depuis 1918, un certain nombre de services parmi lesquels une bibliothèque se spécialisant pour la colonie et un Bureau de documentation agricole. Plusieurs publications émanant des agents de cet office ont paru dans différentes publications coloniales françaises.

Des fonctionnaires se trouvant en congé, et de passage à Paris, sont fréquemment à la disposition des personnes intéressées à recevoir des indications sur les possibilités agricoles du pays.

Agence économique de l'Afrique occidentale française. Arrêté local du 20 janvier 1920. Journal de l'Afrique occidentale française, 10 avril 1920, p. 225.

Cette Agence, dont le siège métropolitain est à Paris, ne publie pas de Bulletin, mais occasionnellement des travaux variés. Il en est de même des :

Agence économique de Madagascar. Arrêté local du 15 avril 1920. Journal officiel de Madagascar, 28 août 1920 p. 1157;

Agence économique de l'Afrique équatoriale française. Arrêté local du 1er décembre 1919. Journal officiel de l'Afrique occidentale française, décembre 1919, p. 460.

Agence générale des Colonies. Décret du 29 juin 1919. Journal officiel de la République française, lois et décrets, 30 juin 1919, p. 6698.

Antérieurement à cette époque cette Agence portait le titre d'Office Colonial (décret du 16 mars 1910), elle siégeait à la Galerie d'Orléans, Palais Royal, à Paris; siège que le nouvel Office n'a pas quitté. La publication de cet office est actuellement : « Bulletin de l'Agence générale des Colonies », il émane du « Service des Renseignements de l'Office ».

Le but de cet Office est comme celui de tous les instituts de ce genre de centraliser et de mettre à la disposition du public les renseignements de toute nature concernant l'agriculture, le commerce, l'industrie et les conditions de travail dans les colonies françaises et les pays de protectorat.

Ajoutons qu'à Paris s'est créé au sein de l'*Union Coloniale* un « *Comité d'action agricole coloniale* », qui a mis dans son programme d'études les conditions de l'agriculture des indigènes (Paris, VIII, rue d'Anjou, n° 17).

Institut Colonial marseillais. — Cet Institut fut fondé par la Chambre de commerce de Marseille, placé sous le haut patronage du Ministre des Colonies, des Gouverneurs des Colonies françaises et de certaines personnalités du Département des Bouches du Rhône. Il publia pendant des années un Bulletin sous le titre : l' « Expansion coloniale ». Après sa réorganisation ses travaux. furent divisés en plusieurs sections : Matières grasses, Caoutchouc, Féculents.

A ces trois groupes sont consacrés des « Bulletins » qui se trouvent sous la direction du Secrétaire général de l'Institut, M. Émile Baillaud.

Institut colonial de Bordeaux. — L'Institut colonial de Bordeaux a été fondé par des souscriptions particulières sur l'initiative de la ville de Bordeaux, avec le concours de la Chambre de commerce et sous le patronage du Ministre des Colonies. Son Secrétaire-général est le prof. L. Beille, de la Faculté de Médecine et de Pharmacie, directeur du Jardin botanique et du Musée Colonial. L'Institut publie des Annales et un Bulletin mensuel de renseignements commerciaux et économiques.

Marseille possède également un *Musée colonial* qui depuis des années publie des « Annales » renfermant des mémoires nombreux sur les produits agricoles, forestiers et miniers des Colonies françaises et des études générales sur la colonisation.

Ce musée est en rapport avec la Faculté des Sciences de Marseille, son directeur est M. le prof. Jumelle.

Office du Gouvernement général de l'Algérie, 10, rue des Pyramides, Paris Office de documentation et éditeur de travaux sur la région.

III.

Extrait du Journal officiel de l'Indochine française.
n° 97, 2 décembre 1912.

Le Gouverneur général de l'Indochine,

Vu les décrets du 20 octobre 1911, relatifs aux pouvoirs respectifs du Gouverneur général de l'Indochine et du Gouverneur de la Cochinchine;

Vu les arrêtés des 11 et 18 juillet 1908, relatifs aux syndicats professionnels et agricoles;

Vu les propositions du Gouverneur de la Cochinchine et l'avis du Procureur général, Chef du Service judiciaire en Indochine;

Arrête :

ARTICLE PREMIER.

Le Gouverneur de la Cochinchine pourra autoriser, aux conditions indiquées ci-après, la constitution de syndicats agricoles indigènes, entre :

1° propriétaires, usufruitiers ou usagers de rizières ou autres bien fonciers agricoles, exploitant ces biens eux-mêmes ou par autrui;

2° régisseurs, fermiers, métayers et en général tous agriculteurs cultivant cinq hectares de terre au minimum et étant inscrits depuis cinq ans au moins sur les rôles d'un village.

ARTICLE 2.

Les syndicats agricoles indigènes ont exclusivement pour objet l'assistance mutuelle agricole dans les formes reconnues par la loi : prêts, achats d'instruments, travaux d'amélioration et de développement de la culture et généralement tous moyens susceptibles d'étendre la puissance agricole du pays.

ARTICLE 3.

Les fondateurs de tout syndicat devront déposer les statuts dûment approuvés par le Gouverneur et l'état des noms des personnes qui, à un titre quelconque, seront chargées de l'administration ou de la direction.

Ce dépôt aura lieu à la Mairie de la localité où le syndicat est établi pour les villes de Saïgon et Cholon et dans l'intérieur, au bureau de l'Administrateur chef de province. Il devra être renouvelé à chaque changement de la direction ou des statuts.

Communication des statuts devra être donnée par le Maire ou l'Administrateur au Procureur de la République du Tribunal du ressort.

Les membres de tout syndicat agricole indigène chargés de l'administration ou de la direction du syndicat devront être :

a) sujets français, majeurs, n'ayant aucune condamnation judiciaire;

b) propriétaires, usufruitiers ou usagers de rizières ou autres bien fonciers agricoles, exploitant ces biens eux-mêmes ou par autrui, ou régisseurs, fermiers; métayers cultivant cinq hectares de terre au minimum et inscrits depuis cinq ans au moins sur les rôles d'un village.

ARTICLE 4.

Les syndicats agricoles indigènes régulièrement constitués, d'après les prescriptions du présent arrêté, pourront librement se concerter pour l'étude et la défense de leurs intérêts économiques agricoles. Ces unions devront faire connaître, conformément au deuxième paragraphe de l'article 3 ci-dessus, les noms des syndicats qui les composent. Elles ne pourront posséder aucun immeuble ni ester en justice.

ARTICLE 5.

Les syndicats agricoles indigènes auront le droit d'ester en justice. Ils pourront employer les sommes provenant des cotisations.

Toutefois, ils ne pourront acquérir d'autres immeubles que ceux qui sont nécessaires à leurs réunions, à leurs bibliothèques et à des cours d'instruction agricole.

Ils pourront sans autorisation, mais en se conformant aux autres dispositions du présent arrêté, constituer entre leurs membres des caisses spéciales de secours mutuels et de retraite.

Ils pourront librement créer et administrer des offices de renseignements pour les offres et les demandes de travail.

Ils pourront être consultés sur tous les différents et toutes les questions se rattachant à l'agriculture.

Dans les affaires contentieuses, les avis des syndicats sont tenus à la disposition des parties qui pourront en prendre communication ou copie.

Article 6.

Tout membre d'un syndicat agricole indigène peut se retirer à tout instant de l'association, nonobstant toute clause contraire, mais sans préjudice du droit pour le syndicat d'exiger l'aquittement de la cotisation de l'année courante. Toute personne qui se retire d'un syndicat conserve le droit d'être membre des sociétés de secours mutuels et de pensions de retraite pour la vieillesse à l'actif desquels elle a contribué par des cotisations ou versements de fonds.

Article 7.

Lorsque les biens auront été acquis contrairement aux dispositions de l'article 5 ci-dessus, la nullité de l'acquisition ou de la libération pourra être demandée par le Procureur de République du Tribunal du ressort ou par les intéressés.

Dans le cas d'acquisition à titre onéreux les immeubles seront vendus et le montant en sera déposé à la caisse de l'association.

Dans le cas de libéralité les biens feront retour aux déposants ou à leurs héritiers ou ayants-cause.

Article 8.

Les infractions aux articles 2, 3, 4, 5, et 6 du présent arrêté seront poursuivies contre les directeurs et administrateurs de syndicats, conformément aux dispositions des articles 291, 292 et suivants du code pénal. Les Tribunaux pourront en outre, à la diligence du Procureur de la République, prononcer la dissolution du syndicat et la nullité des acquisitions d'immeubles faites en violation des dispositions de l'article 5.

ARTICLE 9.

Les propriétaires, régisseurs, fermiers, métayers, etc., étrangers à la Cochinchine et engagés sous le nom d'immigrants ne pourront faire partie des syndicats susvisés.

ARTICLE 10.

Les syndicats dont la formation est autorisée par le présent arrêté demeurent soumis aux dispositions des articles 291, 292 293 et 294 du code pénal.

ARTICLE 11.

Sont et demeurent abrogées toutes dispositions antérieures contraires à celles du présent arrêté.

ARTICLE 12.

Le Gouverneur de la Cochinchine et le Procureur général, chef du service judiciaire en Indochine sont chargés, chacun en ce qui le concerne, de l'exécution du présent arrêté.

Saïgon, le 18 novembre.

ALBERT SARRAUT.

PAR LE GOUVERNEUR GÉNÉRAL :

Le Gouverneur p. i. de la Cochinchine :

DESTENAY.

Le procureur général,
Chef du Service judiciaire en Indochine :

C. MICHEL.

— · ———

Extrait du Journal officiel de l'Indochine française, 8 février 1919.

Le Gouverneur général de l'Indochine,

Vu les décrets du 20 octobre 1911 ;

Vu l'arrêté du 8 novembre 1912, autorisant la création de Syndicats agricoles en Cochinchine ;

Sur la proposition du Gouverneur de la Cochinchine et

l'avis conforme du Procureur général, chef du Service judiciaire en Indochine.

Arrête :

ARTICLE PREMIER.

Les membres des syndicats et des caisses de crédit agricole indigènes régulièrement constitués en Cochinchine conformément aux dispositions de l'arrêté du 8 septembre 1912 susvisé, qui désirent obtenir des prêts de ces syndicats, de ces caisses ou de leurs adhérents peuvent leur consentir, en garantie, un nantissement sous seing privé à court terme de leurs biens immeubles, qui sera dit : Nantissement agricole.

ARTICLE 2.

Ce nantissement agricole devra pour être valable être fait en double exemplaire et être inscrit sur le dia-bo de la situation des biens, il sera dès lors opposable aux tiers au même titre que le nantissement ordinaire et l'hypothèque. Un exemplaire en sera conservé aux archives de l'inspection.

ARTICLE 3.

Il sera perçu, lors de la transcription ou du renouvellement, un droit fixe de 1 R. oo. La radiation sera gratuite.

ARTICLE 4.

Ces actes de nantissement ne seront assujettis au droit d'enregistrement que lorsqu'ils seront produits en justice, l'enregistrement perçu sera celui perçu pour les billets de dette. Ils seront passibles du droit de timbre des effets de commerce.

ARTICLE 5.

Toutefois lorsque ces actes seront le complément d'un billet à ordre négociable, ils seront dispensés du droit de timbre des effets de commerce, le droit d'enregistrement à percevoir sera un droit fixe de 1 dollar 20, le billet à ordre étant lui-même frappé des droits ordinaires de timbre et d'enregistrement.

ARTICLE 6.

Lorsque le nantissement agricole sera consenti par un membre du syndicat à un autre membre, l'acte pour être valable, devra être, avant sa transcription, revêtu du visa du président de ce syndicat ou de son délégué. Un droit pourra être perçu sur ces actes au profit du syndicat.

ARTICLE 7.

Au cas de non paiement à l'échéance l'acte de nantissement sera exécutoire lui-même. La procédure suivie pour l'exécution sera procédure de droit commun indigène.

Saïgon, le 28 novembre 1918.

A. SARRAUT.

PAR LE GOUVERNEUR GÉNÉRAL :

*Lé Procureur général, chef du
Service judiciaire en Indochine :*

LENCOU BAREME.

Le Gouverneur p. i. de la Cochinchine :

MASPERO.

Extrait du Journal officiel de l'Indochine française.

5 mars 919.

Le Gouverneur général de l'Indochine,

Vu les décrets du 20 octobre 1911, portant fixation des pouvoirs du Gouverneur général et organisation administrative et financière de l'Indochine;

Vu l'arrêté du 28 novembre 1918, portant création d'un nantissement agricole en faveur des membres des syndicats et des caisses de crédit agricole indigènes régulièrement constitués en Cochinchine.

Arrête :

ARTICLE PREMIER.

Dans les articles 2, 3 et 6 de l'arrêté du 28 novembre 1918, portant création d'un nantissement agricole en

Cochinchine, les mots : « transcrit » et « transcription »
sont remplacés par ceux de : « inscrit » et « inscription ».

ARTICLE 2.

Par suppression de la dernière phrase « Un droit pourra
être perçu sur ces actes au profit du syndicat » l'article 6
du dit texte devient le suivant .

« Lorsque le nantissement agricole sera consenti par un
membre du syndicat à un autre membre, l'acte pour être
valable, devra être, avant son inscription, revêtu du visa
du Président de ce syndicat ou de son délégué. »

Hanoï, le 2 mars 1919.

PAR DÉLÉGATION :

*Le Secrétaire général du
Gouverneur général de l'Indochine :*

MONGUILLOT.

PAR LE GOUVERNEUR GÉNÉRAL :

*Le Procureur général du
Service judiciaire en Indochine :*

LENCOU-BAREME.

Le Gouverneur p. i. de la Cochinchine :

MASPERO.

(Télégramme du 25 février 1919, nᵒ 150).

IV.

Règlement auquel se réfère le décret, nᵒ 8072, du 20 juin 1910.

Du service de Protection des Indiens et Localisation
de Travailleurs Nationaux.

ARTICLE PREMIER.

Le Service de Protection des Indiens et Localisation
des Travailleurs Nationaux, créé au Ministère de l'Agriculture, Industrie et Commerce, a pour fin :

a) prêter assistance aux Indiens du Brésil, soit qu'ils

vivent réunis en villages, en tribus, à l'état nomade ou en promiscuité avec les civilisés;

b) établir en zones fertiles, dotées de conditions de salubrité, de sources ou cours d'eau, de moyens faciles et réguliers de communication, des centres agricoles, établis pour travailleurs nationaux qui satisfont aux exigences du présent règlement.

TITRE I.

CHAPITRE I.

De la Protection des Indiens.

ARTICLE 2.

L'assistance dont il est question à l'article 1 aura pour objet :

1º veiller aux droits que les lois en vigueur confèrent aux Indiens et pour les autres qui leur sont octroyés;

2º garantir la possession des territoires occupés par des Indiens, et en même temps les productions de ces territoires et tout ce qui s'y trouve situé, en se mettant d'accord avec les gouvernements locaux, chaque fois qu'il sera nécessaire;

3º mettre en pratique les moyens les plus efficaces pour éviter que les civilisés envahissent les terres des Indiens et réciproquement;

4º faire respecter l'organisation intérieure des diverses tribus, leur indépendance, leurs coutumes et leurs institutions, en n'intervenant nullement pour les modifier si ce n'est avec bonté et en consultant toujours la volonté des chefs respectifs;

5º provoquer la punition des crimes qui seront commis contre les Indiens;

6º surveiller le mode de traitement dans les hameaux, dans les colonies et dans les établissements particuliers;

7º veiller à ce qu'ils ne soient pas contraints à prêter des services aux particuliers, et aux contrats qui seront faits avec eux pour n'importe quel genre de travail;

8º chercher à maintenir les relations avec les tribus, par l'intermédiaire des inspecteurs du Service de Protection des Indiens, en veillant pour leur sécurité, pour leur tranquilité, en empêchant autant que possible les guerres qui se maintiennent entre-eux et en rétablissant la paix;

9º concourir à ce que les Inspecteurs se constituent procureurs des Indiens requérant ou désignant des procureurs pour les représenter devant les justices du pays et les autorités locales;

10º leur fournir les éléments ou notions qui pourraient leur être appliquables pour leurs occupations ordinaires;

11º ne pas épargner de forces pour améliorer leurs conditions de vie matérielle, éveillant leur attention sur les moyens de modifier la construction de leurs habitations, et en leur enseignant librement les arts, les métiers, et les genres de production agricole et industrielle auxquels ils se revèleront aptes;

12º provoquer, chaque fois qu'il sera possible, et par les moyens de droit, la restitution des terrains qui leur auraient été usurpés;

13º provoquer le transfert de certaines tribus, lorsqu'il y aura avantage à le faire, et d'accord avec les chefs respectifs;

14º fournir aux Indiens les instruments de musique qui leur sont appropriés, les outils, instruments aratoires, machines pour améliorer les produits de leurs cultures, les animaux domestiques qui leur sont utiles et toutes ressources qui leur seraient nécessaires;

15º introduire dans les territoires indigènes l'industrie de l'élevage du bétail, quand les conditions locales le permettent;

16º donner, sans caractère obligatoire, l'instruticon primaire et professionnelle aux enfants Indiens, en consultant toujours la volonté des parents;

17º procéder à l'établissement de la statistique générale des Indiens, avec déclarations de leurs origines, âges, langues, professions et étudier leur situation actuelle, leurs mœurs et tendances.

CHAPITRE II.

Des terres occupées par les Indiens.

ARTICLE 3.

Le Gouvernement Fédéral, par l'intermédiaire du Ministère de l'Agriculture, Industrie et Commerce, et chaque fois qu'il sera nécessaire, se mettra d'accord avec les Gouvernements des États au municipes :

a) Pour légaliser avantageusement les possessions des terres actuellement occupées par les Indiens;

b) pour confirmer les concessions de terres faites d'accord avec la loi du 27 septembre 1860;

c) pour que soient cédées au Ministère de l'Agriculture les terres dévolues qui seront jugées nécessaires au peuplement indigène ou à l'installation de centres agricoles.

ARTICLE 4.

L'accord réalisé, le Gouvernement Fédéral ordonnera le mesurage et la démarcation nécessaires, indiquant les divisions au moyen de bornes de pierres.

ARTICLE 5.

Il sera donné aux Gouvernements des États et des Municipes une copie du plan et du mémorial respectif, lequel doit être aussi détaillé que possible et dont un original sera conservé dans les archives de la Direction.

ARTICLE 6.

Une fois les articles antérieurs observés, le Gouvernement ordonnera de garantir aux Indiens l'usufruit des terrains démarqués.

ARTICLE 7.

Les Indiens ne pourront pas louer, transférer ou gréver d'impôts réels les terres qui leur seront donnés (concédées par le Gouvernement Fédéral).

Article 8.

Les contrats de cette nature qui seront réalisés pour ceux-ci seront considérés comme nuls de plein droit.

Article 9.

Le Gouvernement soignera pour que dans les territoires Fédéraux la possession des terrains occupés par les Indiens leur soit garantie.

Chapitre III.

Article 10.

Si les Indiens qui sont actuellement groupés voulaient se fixer définitivement dans les terres qu'ils occupent, le Gouvernement fera le nécessaire pour que la possession acquise leur soit effectivement garantie.

Article 11.

Les terres dont il est question à l'article précédent, seront mesurées et démarquées conformément à l'article 4.

Paragraphe unique. — Le Gouvernement chaque fois qu'il le jugera nécessaire, fera bâtir des maisons pour l'établissement des Indiens et construire des routes reliant les groupements (villages) au centre de consommation.

Article 12.

Pour le mesurage et la démarcation des terrains et pour la concession des titres de propriété, les stipulations du présent règlement et des instructions respectives seront suivies.

Article 13.

Lorsque les Indiens groupés suivant l'article 10, occuperont des terrains dans le voisinage des centres populeux, on leur donnera outre la surface destinée à leur habitation habituelle, une superficie de terrain, dans un endroit convenable, pour les cultures auxquelles ils s'adonneront.

CHAPITRE IV.

Des Indiens nomades et de ceux qui se maintiendront en promiscuité avec les civilisés.

ARTICLE 14.

Le Directeur, par l'intermédiaire des Inspecteurs, cherchera à s'attirer pas des manières engageantes les Indiens qui vivent à l'état nomade et prêtera à ceux qui se maintiendront en promiscuité avec les civilisés la même assistance qu'aux autres.

Paragraphe unique. — Pour le Service relatif aux Indiens nomades, le Ministère pourra admettre, sur la proposition de la Direction, le personnel extraordinaire éventuellement nécessaire.

CHAPITRE V.

Des populations indigènes.

ARTICLE 15.

Chacun des anciens villages, rétablis d'accord avec les prescriptions du présent règlement, s'appellera « *Peuplement indigène* » (village indigène) et l'on y établira des écoles pour l'enseignement primaire, cours de musique, ateliers, machines et ustensiles agricoles destinés à améliorer les champs de culture et à débarrasser les produits de toutes impuretés.

Paragraphe unique. — Il ne sera permis, sous aucun prétexte, de contraindre les Indiens et leurs enfants à suivre un enseignement ou apprentissage quelconque, l'action des inspecteurs et de leurs aides devant se borner à les convaincre par des moyens affables de cette nécessité.

ARTICLE 16.

Annexés aux champs dont il est question à l'article antérieur, il y aura des sections spéciales pour l'apiculture, la sériciculture, les petites industries, l'élevage d'animaux domestiques, etc.

ARTICLE 17.

L'assistance prêtée par le présent règlement aux tribus dont les terrains seront mesurés et démarqués par le Gouvernement Fédéral, s'étendra aussi aux Indiens localisés dans les villages indigènes, pendant les six premiers mois de l'établissement du village, et en outre, il leur sera accordé l'alimentation, les secours médicaux et tous les autres secours chaque fois que ce sera nécessaire.

ARTICLE 18.

Le Ministère de l'Agriculture, Industrie et Commerce donnera des primes aux fonctionnaires de la Direction qui dans les États acquerront la parfaite connaissance de la langue générale des Indiens et de leurs dialectes.

ARTICLE 19.

Le Gouvernement Fédéral pourra accepter le transfert, dans sa juridiction, des villages ou toutes autres institutions destinées à l'éducation des Indiens, soutenus par les Gouvernements des États,par les Municipes ou par des associations, dès que les terrains sur lesquels ils seront établis et leurs installations respectives lui seront cédés.

ARTICLE 20.

Des villages ou institutions de ce genre passeront immédiatement au régime établi par le présent règlement pour les établissements similaires créés par le Gouvernement Fédéral.

ARTICLE 21.

Les Indiens travailleront librement et auront plein droit au produit intégral de leur travail.

TITRE II.

CHAPITRE I.

De la localisation de travailleurs nationaux.

ARTICLE 22.

Le Gouvernement Fédéral, par l'intermédiaire du Ministère de l'Agriculture, Industrie et Commerce, et conformément à ce règlement, cherchera à établir des centres agricoles où seront localisés les travailleurs nationaux, qui par leur capacité de travail et leur parfaite moralité, peuvent mériter les faveurs accordées à cette fin.

ARTICLE 23.

Les centres agricoles seront établis dans de bonnes terres de culture, appropriées au labourage mécanique et dotées de parfaites conditions de salubrité, de sources d'eau ou cours d'eau potable, desservis par des moyens de communication faciles et proches des marchés de consommation.

ARTICLE 24.

Le Gouvernement cherchera dès maintenant à établir un ou deux centres agricoles dans chacun des États pour lesquels il le jugera convenable, le District fédéral inclus, en donnant toujours la préférence aux zones traversées par les chemins de fer de l'Union, et réunissant les conditions exigées par l'article antérieur.

ARTICLE 25.

Le nombre des centres agricoles pourra être augmenté annuellement, selon que les subventions budgétaires le permettront.

ARTICLE 26.

Les terrains choisis pour la fondation d'un centre agricole sont des propriétés du Gouvernement de l'État ou du Municipe, le Gouvernement cherchera à se les approprier par donation.

Paragraphe unique. — Les centres agricoles seront de préférence dans les États ou Municipes qui ont donné à l'Union les terrains selon les conditions établies par l'article 26.

ARTICLE 27.

Si les dits terrains appartiennent à des particuliers, l'on tâchera toujours de les acquérir à l'amiable et conformément à la valeur locative des terres, le prix ayant été vérifié par la moyenne des ventes réalisées dans les cinq dernières années, et seulement dans des cas extrêmes l'on aura recours à l'expropriation.

CHAPITRE II.

De l'installation des Centres agricoles.

ARTICLE 28.

Avant de faire le choix de terres pour l'installation de centres agricoles, l'on doit procéder à leur examen circonstancié par des fonctionnaires de la Direction du Service de Protection des Indiens et Localisation des Travailleurs Nationaux, afin de vérifier les conditions établies dans l'alinéa de l'article 1er du présent règlement.

ARTCILE 29.

Outre les conditions stipulées, les terrains doivent avoir la surface nécessaire pour le futur développement des centres agricoles et l'extension de ses cultures, et posséder également des terrains boisés.

ARTICLE 30.

Dans les instructions du présent règlement, on doit établir des règles à adopter pour les travaux préparatoires du « Centre Agricole » relatifs au dressage des plans hydrographiques et du périmètre, au mesurage et à la démarcation des terres, leur division en lots et classement respectifs, à l'établissement des routes, à la construction de maisons et tous travaux techniques indispensables qui seront à la charge de la sous-direction correspondant à ces travaux.

ARTICLE 31.

Le Gouvernement Fédéral établira dans les Centres Agricoles des Écoles primaires avec cours du jour et du soir, ateliers, champs d'expériences et de démonstrations, avec apprentissage agricole, dépôt d'instruments aratoires, et les installations nécessaires pour le perfectionnement des produits agricoles locaux.

Paragraphe unique. —· Les écoles, ateliers, champs d'expériences, de démonstrations, et les cours d'apprentissage agricole pourront être fréquentés par les enfants des laboureurs étrangers à ces centres agricoles, d'accord avec les instructions qui existent à ce sujet.

CHAPITRE III.

Des travailleurs nationaux.

ARTICLE 32.

Les centres agricoles seront établis par des travailleurs nationaux, domiciliés dans l'État même, qui satisfont aux conditions suivantes :

a) Ne pas avoir été condamné pour crime d'une nature quelconque, ne pas avoir été en prison correctionnelle pour ivresse ou contravention;

b) être chef de famille ou célibataire âgé de plus de vingt-et-un ans et moins de soixante.

c) être travailleur agricole;

d) avoir des capacités physiques et des aptitudes pour le travail.

Paragraphe unique. — Les chefs de famille seront toujours préférés, dès qu'ils satisfont aux conditions des litteras a-c-d.

ARTICLE 33.

Aux travailleurs nationaux qui s'établiront dans les centres agricoles, seront accordés les faveurs suivantes.

a) le transport pour lui et sa famille, bagages compris;

b) fourniture gratuite d'outils, plantes et graines pour les premières cultures;

c) secours pour l'entretien de sa famille pendant les trois premiers mois de l'Établissement du Centre Agricole;

d) secours médical gratuit pour un délai d'un an.

ARTICLE 34.

L'aire destinée à chaque Centre Agricole sera divisée en lots de 25 à 50 hectares, dans lesquels seront construites des maisons destinées aux travailleurs nationaux, de conformité avec le plan et les conditions établies par la Direction du Service.

ARTICLE 35.

Les travailleurs nationaux pourront acquérir les lots qui leur sont échus moyennant paiement immédiat ou dans un délai de six ans à compter de la date de leur installation dans le centre, le titre de propriété leur échéant définitivement ou provisoirement suivant l'hypothèse.

§ 1. — Le délai fixé pour le paiement du lot pourra être réduit par l'acquéreur, de façon à lui permettre la prompte acquisition du titre définitif de propriété, auquel cas il leur est accordé une réduction qui sera fixée par le Ministre de l'Agriculture, pouvant atteindre 20 p. c. au maximum, suivant leurs habitudes de travail et leur conduite.

§ 2. — Le rabais dont il est question au § antérieur pourra être porté à 30 p. c., si dans quatre ans, à partir de la date de leur installation, le travailleur aura cultivé avec succès, suivant l'appréciation du Gouvernement, toute l'aire de son lot avec réserve de 10 p. c. du total des terres, partie qui devra rester boisée, de préférence dans les parties élevées.

ARTICLE 36.

Le prix des lots, la maison comprise, sera établi par le Ministre de l'Agriculture, d'accord avec la proposition du Directeur de Service, en considérant les conditions qui lui seront particulières.

ARTICLE 37.

L'amortissement de la dette contractée par le travailleur national commencera dès que vingt-quatre mois seront écoulés après son établissement, et, sera établi par termes mensuels et trimestriels à raison d'un quart de la somme due annuellement.

ARTICLE 38.

Les dettes des travailleurs seront inscrites dans des livres spéciaux visés par le Directeur du Service, et l'on donnera au débiteur un carnet dans lequel figureront les écritures qui le concernent.

ARTICLE 39.

Le travailleur national qui voudra s'incorporer dans un centre agricole, prendra l'obligation :

1º De s'établir avec sa famille, lorsqu'il en a, dans le lot qui lui sera indiqué par le Directeur du Service, et de le cultiver personnellement;

2º de ne pas élever d'animaux si ce n'est pas dans des terrains clôturés, conformément aux instructions qui lui seront données par le Directeur du Centre;

3º de ne pas louer, vendre ou hypothéquer le lot et les améliorations respectives, et de ne pas contracter aucune proposition de vente ou tout autre contrat qui l'empêchera de cultiver librement, jusqu'à ce qu'il obtienne le titre définitif de propriété; ne pouvant le vendre ou le louer, même après avoir obtenu le titre définitif de propriété qu'à des personnes réunissant les conditions de l'article 32, avec l'appréciation du Directeur et l'assentiment du Ministre;

4º de se soumettre aux règlements et ordonnances qui seront établis par le représentant de la Direction pour le bon ordre et la discipline, tant pour ce qui concerne les fonctionnaires du Centre Agricole que pour leurs propres compagnons.

ARTICLE 40.

En cas de mort du travailleur national auquel le titre définitif ou provisoire de propriété aura été concédé, le lot passera, dans la forme commune du droit, à ses héritiers ou légataires.

ARTICLE 41.

Lorsque le chef de famille décédé aura acquis le lot à crédit, ayant déjà exécuté trois paiements partiels, le titre définitif de propriété sera passé en faveur de la veuve et des orphelins.

.ARTICLE 42.

Si la famille du chef décédé se trouve dans la misère, le Ministre pourra, après avoir consulté le Directeur du Service, passer le titre de propriété en faveur de la veuve et des orphelins, sans aucune obligation d'amortissement.

ARTICLE 43.

Le Gouverneur Fédéral cherchera à stimuler les travailleurs nationaux incorposés dans les centres agricoles, en concédant des primes d'encouragement, etc.

ARTICLE 44.

Aux familles de travailleurs qui auront des enfants âgés de plus de quatorze ans, aptes au travail agricole, il pourra être concédé, outre les lots destinés au chef, la surface de 12 hectares pour chacun des enfants, avec l'approbation du Ministre de l'Agriculture.

ARTICLE 45.

Le travailleur national qui se distingue par son activité pourra acquérir plus d'un lot, au jugement du Directeur de Service, dès qu'il a versé le premier paiement ou lorsqu'il en a exécuté plus de la moitié.

ARTICLE 46.

Le travailleur qui cessera de cultiver son lot endéans les trois mois, sans motif justificatif de force majeure, du jugement du Directeur de Service, sera exclus du Centre Agricole, sans droit à aucune espèce d'indemnité, au moment qu'il ne possède pas le titre définitif de propriété.

Paragraphe unique. — Dans le cas où il aurait déjà obtenu le titre définitif, il sera indemnisé de la somme qu'il aura versée au Trésor Public.

ARTICLE 47.

Le travailleur qui par sa mauvaise conduite deviendrait un élément de désordre pour le Centre Agricole, sera soumis à la disposition de l'article antérieur.

ARTICLE 48.

L'expulsion prévue dans chacun des articles précédents, sera faite par acte au Directeur du Service, avec recours volontaire auprès du Ministère de l'Agriculture.

TITRE III.

De l'organisation du Service.

—

CHAPITRE I.

Distribution des travaux.

ARTICLE 49.

Les travaux prévus dans le présent règlement seront à charge d'une direction générale, avec deux sous-divisions et deux inspecteurs en plus des fonctionnaires indiqués à l'article 52.

ARTICLE 50.

A la première Sous-Direction incombe spécialement :

a) Projeter, évaluer et diriger l'exécution des services de démarcation des territoires occupés par les Indiens;

b) choisir les localités dans lesquelles seront installés les indigènes et les centres agricoles;

c) procéder à la démarcation et à la division des lots ruraux, dressement des plans topographiques, construction de maisons dans les peuplements et centres agricoles et des bâtiments nécessaires à l'administration;

d) projeter et diriger l'exécution de travaux d'assainissement, construction de routes, réparation et amélioration des routes vicinales qui sont utiles aux centres agricoles;

e) étudier et construire, en cas de nécessité, des chemins vicinaux ou des chemins reliant les centres ou peuplements aux stations de chemins de fer, ports maritimes ou fluviaux, ou aux centres commerciaux;

f) préparer dans chaque lot rural l'aire destinée aux premières cultures;

g) créer et maintenir dans le bureau un classement des projets et plans topographiques ou tous autres papiers se rapportant aux affaires courantes;

h) exécuter tous autres travaux techniques quelconques qui lui seront confiés par la Direction générale.

ARTICLE 51.

A la seconde Sous-Direction incombe principalement :

a) Proposer l'adoption et soigner l'exécution rigoureuse de mesures pour rendre effective la protection des Indiens et éviter l'invasion de leurs territoires; mesures qui seront destinées à empêcher les conflits de tribus entre elles et avec les civilisés, s'efforçant de rendre les relations entre ceux-ci et ceux-là, d'abord pacifiques et ensuite amicales;

b) installer et diriger, de façon exclusivement administrative, les peuplements indigènes;

c) créer des écoles, protéger le salaire des Indiens qui seront employés comme journaliers, et adopter ou demander aux autorités compétentes toutes les mesures nécessaires pour le maintien du bon ordre, de la sécurité et le développement des peuplements;

d) installer et administrer les centres agricoles en leur fournissant des outils et des semences nécessaires au premier établissement, outre les autres avantages prévus dans le présent règlement ou postérieurement établis dans des instructions données par le Directeur général, et par ordre du Ministre, moyennant proposition du sous-directeur ou non;

e) proposer la création de champs d'expériences et de démonstrations près des centres agricoles;

f) avoir à sa charge les travaux relatifs aux expositions régionales foires et primes dont il est question dans le présent règlement, ou qui seront postérieurement créées ;

g) exécuter tous autres travaux quelconques qui lui seront confiés par la Direction générale, outre les travaux du bureau, classement de papiers et toutes les écritures qui seront nécessaires pour la bonne marche du service.

* * *

L'organisation des services agricoles gouvernementaux brésiliens a fait l'objet depuis cette époque d'un grand nombre d'arrêtés et de lois sur lesquels nous n'avons pas à insister ici ; nous renverrons, pour le lecteur qui peut s'intéresser à l'étude de ces questions, à : *Le développement agricole et économique du Brésil, in* « Bulletin mensuel des Institutions économiques et sociales.» Institut international d'Agriculture. Rome, XII, 1-2 janvier-février 1921, p. 71-92 et *Organisation économique agraire au Brésil in* «Bull. mensuel des Institutions économiques et sociales». Institut int. d'Agriculture. Rome XII, nº 10, octobre 1922, p. 757-771, où l'on trouvera citée, une ample documentation bibliographique.

L'organisation judiciaire dans les colonies de fondation récente et du recrutement des magistrats coloniaux.

QUESTIONNAIRE.

1º Quelles sont les conditions auxquelles est subordonnée l'agréation, dans le service colonial, des magistrats de carrière?

Notamment, quel est le degré de leur préparation au point de vue :

a) De la culture générale;
b) De la science juridique;
c) De la pratique judiciaire;
d) De la connaissance des conditions propres aux colonies?

L'expérience a-t-elle prouvé que les conditions exigées sont suffisantes? Sinon, sur quels points estime-t-on que les magistrats de carrière doivent subir une préparation plus complète?

2º La magistrature de carrière de la Colonie se recrute-t-elle parmi les jeunes gens à leur sortie des écoles ou parmi des personnes qui ont fourni une carrière comme magistrat de la métropole ou parmi les anciens avocats de la métropole ou aux colonies?

Quels sont les avantages ou les inconvénients constatés du système de recrutement adopté?

3º Le magistrat est-il admis d'emblée à titre définitif ou un stage préalable lui est-il imposé?

Dans la seconde éventualité, est-il soumis à un examen avant son agréation à titre définitif?

4º Quelle est, d'une façon générale, la situation faite aux magistrats coloniaux :

1) Au point de vue de l'irrévocabilité des fonctions ;

2) Sous le rapport de la dignité des fonctions (indépendance, rang de préséance dans la hiérarchie générale) ;

3) Sous le rapport pécuniaire (traitement, pension) ;

4) Sous le rapport des promesses d'avenir (promotions, accès à la fin de la carrière à des fonctions dans la métropole) ?

5º Les promotions ou augmentations de magistrats se font-elles à l'ancienneté ou au choix ?

Quels sont les avantages et les inconvénients constatés de l'un et de l'autre système ?

L'ORGANISATION JUDICIAIRE
au Congo belge

par M. A. Gohr, Directeur général au Ministère des Colonies.
Membre associé.

I. — Généralités.

La loi du 18 octobre 1908 sur le gouvernement du Congo belge, communément appelée « La Charte coloniale », et promulguée en même temps que le traité de reprise de l'État du Congo par la Belgique, devait naturellement contenir les règles considérées comme essentielles par le législateur métropolitain en matière d'organisation de la justice dans la Colonie.

Ces règles, telles qu'elles résultent de la Charte et des lois postérieures qui l'ont modifiée, sont les suivantes :

Au pouvoir législatif exclusivement appartient le droit de déterminer le genre de juridictions, tant militaires que civiles, à établir dans la Colonie, ainsi que leur composition, leur compétence et leur procédure. Nulle autre autorité que ces juridictions, ainsi constituées, ne peuvent être appelées à connaître des contestations qui ont pour objet des droits civils ou à exercer le pouvoir répressif.

Les officiers du Ministère public, dans l'exercice de leurs fonctions, ne se trouvent que sous l'autorité du Ministre des Colonies, ou, en cas de délégation, du Gouverneur général.

L'autorité administrative ne peut empêcher, arrêter ou suspendre l'action des Cours et Tribunaux. Toutefois, le Roi et, en cas d'urgence, le Gouverneur général et les Gouverneurs de province, peuvent, pour des raisons de sûreté publique, remplacer dans une région et pour un temps déterminés, l'action répressive des tribunaux ordinaires par celle des juridictions militaires.

Le Gouverneur général et les Gouverneurs de province ne peuvent cependant prendre cette mesure qu'après avoir pris l'avis du Procureur général ou de son délégué.

Les audiences des Cours et Tribunaux sont publiques, à moins que la publicité ne soit dangereuse pour l'ordre ou les mœurs.

Les jugements sont prononcés en audience publique. Ils sont motivés.

Le Roi a le droit de remettre, de réduire et de commuer les peines.

Outre ces règles, la Charte fixe, dans les grandes lignes, le statut des magistrats de carrière.

Ils sont nommés pour une période de dix-huit ans, renouvelable ; mais, en règle, ils ne peuvent être nommés pour ce terme qu'après avoir accompli dans la Colonie, pendant trois années au maximum, des fonctions à titre provisoire.

Les magistrats à titre définitif sont nommés par le Roi.

Les conseillers et juges ne peuvent être déplacés sans leur consentement. Exception est faite pour des besoins urgents, mais le déplacement ne peut être que provisoire. Une autre exception a trait aux juges suppléants, qui peuvent être déplacés définitivement et sans leur consentement, dans le ressort du Tribunal de 1re instance dans lequel ils exercent leurs fonctions, ou même hors de ce ressort, si des modifications sont apportées aux circonscriptions judiciaires dans lesquelles ils exercent leur juridiction (1).

Dans tous les cas de déplacement, les magistrats de carrière définitivement nommés reçoivent un traitement au moins équivalent à celui attaché à leurs anciennes fonctions.

Les conseillers et juges de carrière nommés à titre définitif, ne peuvent être suspendus ou révoqués que par le Roi. Seul le Procureur général peut proposer ces mesures, mais elles ne peuvent être prises que de l'avis conforme de la Cour d'appel et pour des causes prévues par décret. Cependant, le Roi peut, d'office, les relever de leurs fonctions dans l'année qui suit leur douzième ou quinzième année de services. Mais il ne peut le faire que pour les causes déterminées par décret, sur la proposition du Procureur général et de l'avis conforme de Cour d'appel.

Au bout de dix-huit ans de magistrature, les magistrats ont droit à une pension. Ils ont droit à une pension

____

(1) L'appellation de Juges suppléants a disparu ; elle a été remplacée par celle de Juges, par opposition à Juges Présidents qui, d'après l'ancienne terminologie, étaient dénommés Juges.

proportionnelle, si, dans l'année qui suit la douzième ou quinzième année de services, ils démissionnent ou si le Gouvernement renonce à leurs services.

Les pensions, de même que les traitements et les congés, sont fixés par le pouvoir législatif.

C'est sur ces bases que le pouvoir législatif délégué, c'est-à-dire le Roi légiférant par voie de décrets, devait construire et a réellement édifié l'organisation judiciaire de la Colonie.

II. — DU PERSONNEL JUDICIAIRE.

Paragraphe I. — Des magistrats de carrière.

Le décret du 20 août 1912, modifié par des décrets ultérieurs a trait successivement à la nomination des magistrats de carrière, à leurs traitements, à leurs congés, à leur démission, à leur mise en disponibilité, à leur discipline et à leurs pensions.

Tous ces points sont réglés en conformité avec les prescriptions de la Charte. Les décrets renforcent même les garanties dont elle entoure les magistrats de carrière.

Les traitements que ces décrets leur accordent (le moindre est de 19,000 ; pour la magistrature supérieure, il peut s'élever jusqu'à 55,000 francs par an, sans compter la gratuité des voyages, du logement et des soins médicaux et pharmaceutiques et pour certains magistrats, les frais de représentation) et les pensions sur lesquelles ils peuvent compter et qui, d'ailleurs, vont être relevées, font de la magistrature coloniale une carrière rémunératrice.

Mais c'est quant aux conditions de la nomination des magistrats de carrière que les décrets sur le personnel judiciaire sont surtout dignes d'attention. Ils subordonnent, en effet, cette nomination à des conditions rigoureuses d'aptitude professionnelle.

Pour être nommé magistrat à titre provisoire, il faut être docteur en droit, avoir subi avec succès l'examen qui termine les cours de la section juridique de l'Ecole coloniale ou un examen universitaire portant sur les matières enseignées dans ces cours.

Ceux-ci comprennent une centaine d'heures de droit (droit politique et administratif, droit civil et pénal, organisation, compétence et procédure, droit international de la Colonie) et deux cent et vingt heures environ de cours sur les institutions primitives, une langue indigène, la politique indigène, la géographie de la Colonie, l'hygiène coloniale, la déontologie, etc.

Pour être nommé magistrat à titre définitif, il faut, en outre, avoir rempli pendant deux ans au moins en qualité de magistrat à titre provisoire, des fonctions judiciaires, territoriales ou administratives dans la Colonie. En règle, le magistrat à titre provisoire est astreint pendant un an à des fonctions territoriales à l'effet de l'initier aux divers aspects de la vie indigènes et aux rapports de l'autorité avec les milieux indigènes.

Peut être également nommé à titre définitif, après deux ans au moins de fonctions, le docteur en droit qui a rempli dans la Colonie des fonctions territoriales ou administratives sans être magistrat à titre provisoire.

Dans l'un et l'autre cas cependant, la nomination de magistrat à titre définitif est encore subordonnée à la réussite d'un nouvel examen auquel le candidat doit se soumettre après les deux ans de stage dans la Colonie. Cet examen comprend la rédaction d'une thèse sur un sujet de droit ou de législation spéciale au Congo, au choix du candidat et la défense de ce mémoire. Le candidat doit, de plus, justifier de la connaissance d'une langue indigène et subir une épreuve sur des exercices pratiques.

Exceptionnellement, le Roi peut nommer d'emblée, à titre définitif et en dispensant de tout examen, des docteurs en droit qui, pendant un temps variant entre deux et huit ans, selon la profession qu'ils ont exercée, ont rempli des fonctions de magistrat dans la métropole, enseigné le droit dans une université, exercé des fonctions administratives élevées dans un ministère de la Métropole ou dans la Colonie, ou pratiqué le barreau pendant huit ans.

Encore, dans l'esprit du décret, ce pouvoir exceptionnel ne peut-il s'exercer qu'en faveur d'hommes qui ont donné la mesure de leur capacité et dont le Gouvernement a intérêt à solliciter et à obtenir le concours pour certaines fonctions judiciaires.

Est-il besoin d'ajouter que l'administration instruit les candidatures avec le souci de n'envoyer dans la Colonie que des magis rats dont la vie est, en outre, sans tache et qui soient d'une éducation et d'une tenue parfaites?

Le nombre des magisrrats de carrière actuellement en activité de service est d'environ 50. Il sera, dans un bref délai, porté à 60, chiffre exigé par l'organisation judiciaire et d'ailleurs prévu au budget.

Paragraphe 2. — Des fonctionnaires magistrats.

Bien que très élevé, si on le compare à celui des autres colonies tropicales de formation récente, le nombre des magistrats de carrière du Congo belge ne peut suffire aux besoins judiciaires du territoire : sa superficie est, en effet, égale à quatre-vingts fois environ celle de la Belgique.

Force est donc de recourir à l'assistance des fonctionnaires territoriaux, surtout pour l'exercice du pouvoir judiciaire répressif, sous peine ou bien de sacrifier les intérêts de la répression ou bien de forcer les prévenus et les témoins à parcourir parfois des distances considérables pour répondre à l'appel des magistrats de carrière et à rester à leur disposition, d'autant plus longtemps que la distance entre la localité où l'affaire doit être jugée et le lieu de l'infraction est plus considérable. Les distances, en effet, occasionnent forcément des retards dans l'instruction.

Au surplus, y eût-il même suffisamment de magistrats de carrière, qu'il conviendrait encore d'attribuer ou même de réserver aux autorités territoriales la mission de prononcer jugement sur les infractions commises par les indigènes. Il est, en effet, conforme aux traditions de ceux-ci comme indispensable au prestige et à l'autorité des fonctionnaires territoriaux, que le pouvoir de juger soit entre les mains de celui qui commande. Aussi bien, mieux que les magistrats de carrière, les fonctionnaires administratifs connaissent-ils les coutumes, la mentalité indigène et sont-ils mieux à même d'apprécier les nécessités de la répression ainsi que les réactions qu'elle peut provoquer.

Sans doute, les fonctionnaires administratifs revêtus de la qualité de juge peuvent, dans certains cas, ne pas être dégagés de tout esprit de partialité. A l'encontre des juges de carrière, ils ne sont d'ailleurs pas à l'abri de la pression où de la rancune du pouvoir exécutif, mais ces risques — le dernier est plutôt théorique — sont, quoiqu'on puisse faire, inhérents à toute justice humaine : l'existence de risques ne suffit pas pour écarter des mesures qu'imposent, d'autre part, des nécessités réelles, actuelles et impérieuses.

Néanmoins, il faut faire en sorte que, s'il arrivait à ces fonctionnaires-juges de faillir à leur devoir d'impartialité, le mal occasionné puisse être réparé par une juridiction présentant plus de garanties, ou tout au moins que leur pouvoir de juger en dernier ressort reste limité aux cas où, même injuste, la décision ne cause qu'un dommage minime aux parties.

Enfin, la mesure qui consiste à confier aux fonctionnaires administratifs le pouvoir de juger n'exclut pas le concours du magistrat de carrière comme organe de la loi, lorsque celui-ci se trouve sur les lieux. Son intervention dans les débats préviendra les défaillance du juge en même temps qu'elle l'éclairera sur les points pour la solution desquels le juge pourrait être insuffisamment préparé. L'assistance du magistrat de carrière pourra même, suivant l'espèce de tribunal, justifier une extension de la compétence de celui-ci.

La règle que les indigènes doivent être jugés en matière répressive par des fonctionnaires administratifs ne peut cependant être d'application absolue. Est-il possible d'admettre qu'un magistrat de carrière soit impuissant à réprimer des infractions qui se commettent sous ses yeux ? D'autre part, lui refuser le pouvoir de juger pourrait aboutir à forcer les indigènes à des déplacements disproportionnés avec la gravité de l'infraction, à prolonger la détention préventive de l'inculpé ou à nuire d'une autre façon aux intérêts de la répression ou à ceux des natifs.

Dans certaines limites, à défaut de la présence d'un fonctionnaire-juge compétent à proximité, le magistrat de carrière doit pouvoir faire lui-même œuvre de juge.

Tels sont les principes dont le législateur colonial s'est inspiré pour déterminer la participation des fonctionnaires administratifs ou territoriaux dans l'administration de la justice.

* * *

Certains fonctionnaires remplissent de droit des fonctions de juges. D'autres ne sont revêtus de cette qualité que s'ils ont reçu une nomination à cet effet : encore, pour cette nomination qui, en général, est réservée au Gouverneur général, l'avis préalable du Procureur général est requis. Pour les nominations qui peuvent appartenir à des autorités subordonnées, la loi requiert l'avis *conforme* d'un membre de la magistrature de carrière quant à la personne sur laquelle le choix doit porter.

Les juges de droit sont : les administrateurs territoriaux titulaires, les Commissaires de district titulaires ou les fonctionnaires d'autre services, commissionnés comme tels : les juges suppléants de droit sont : les Commissaires de district adjoints, nommés ou commissionnés comme tels.

Le degré d'éducation, l'expérience professionnelle et les autres qualités que doivent posséder les fonctionnaires territoriaux pour être nommés administrateur territorial et surtout Commissaire de district titulaire ou adjoint, et les fonctionnaires d'autres services, pour pouvoir être commissionnés en l'une ou l'autre de ces qualités, pouvaient, à bon droit, amener le législateur à revêtir de droit de fonctions judiciaires, les fonctionnaires de l'un et l'autre de ces grades.

En effet, pour pouvoir être administrateur territorial en titre, il faut avoir suivi avec succès les cours supérieurs de l'École coloniale de Bruxelles ou d'Anvers.

Les cours de l'École coloniale de Bruxelles comprennent deux cent et vingt leçons, sur les institutions primitives les langues indigènes, la politique indigène, le droit pénal, l'organisation, la compétence et la procédure en matière répressive, la déontologie, etc.

En règle, seules, les personnes justifiant de la possession de diplômes ou de certificats constatant qu'elles ont suivi avec fruit, pendant trois années au moins, les cours d'un enseignement supérieur peuvent être reçues d'emblée aux cours préparatoires à l'examen requis pour la nomination d'administrateur territorial. Exception est faite pour les officiers sortis de l'École militaire. Les autres candidats doivent d'abord avoir exercé les fonctions d'agent territorial pendant une période de trois ans au moins et avoir été jugés aptes par suite de leur préparation antérieure à pouvoir suivre avec fruit les cours destinés à la formation des administrateurs territoriaux.

Quant à l'École supérieure d'Anvers, son programme et les raisons auxquelles il répond, sont déjà connus par les membres de l'Institut colonial international, grâce au lumineux exposé qui en a été fait par notre vice-président M. Cattier, au cours de la session de 1920.

Ces conditions réglementaires aboutissent à ne nommer administrateurs territoriaux que des sujets ayant la formation nécessaire pour l'exercice de la fonction.

Les fonctionnaires administratifs revêtus d'un mandat judiciaire quel qu'il soit, restent soumis au statut de leurs fonctions administratives ou territoriales ; ils peuvent cependant, quant à l'exercice de leurs fonctions judiciaires, être soumis à un statut spécial de discipline dont les règles doivent être fixées par un arrêté royal.

* * *

Qu'ils soient magistrats de carrière ou fonctionnaires administratifs chargés accessoirement de fonctions judiciaires, les magistrats sont répartis en magistrats du parquet et magistrats de la magistrature assise.

Les magistrats du Parquet comprennent :

Les Procureurs généraux, les Substituts des Procureurs généraux, les Procureurs du Roi, les Substituts du Procureur du Roi et les magistrats auxiliaires du Parquet, c'est-à-dire les fonctionnaires administratifs nommés par le Gouverneur général pour remplir les fonctions d'Officier du Ministère public.

Seuls les magistrats à titre définitif peuvent être nommés Procureur général, Substitut du Procureur général, Procureur du Roi, La nomination de Procureur général est de plus subordonnée à la condition que le magistrat ait 30 ans au moins.

Il y a environ 35 Officiers du Ministère public, magistrats de carrière, en service. Ils sont répartis sur tout le territoire. Des fonctionnaires administratifs nommés magistrats auxiliaires du Parquet, et exerçant leur fonctions sous leur direction, surveillance et autorité, les assistent.

Tous les Officiers du Ministère public forment un corps rigoureusement hiérarchisé et placé sous la haute autorité du Gouverneur général délégué à cet effet par le

Ministre des Colonies. Le Gouverneur général exerce sur les Officiers du Ministère public les mêmes pouvoirs que ceux attribués dans la métropole au Ministre de la Justice. Par l'intermédiaire du Procureur général, il dirige l'action publique ; il a le droit d'injonction ; il a également le droit de veto, mais il ne peut exercer ces deux droits que dans des circonstances graves et exceptionnelles intéressant les intérêts supérieurs de la Colonie.

* * *

Les magistrats de la magistrature assise sont :

Les Présidents, Conseillers et Conseillers suppléants de la Cour d'appel ; les Juges-Présidents, les juges et les juges auxiliaires des tribunaux de première instance ; les juges et les juges suppléants des tribunaux de districts et les juges et juges suppléants des tribunaux de police.

Les Présidents, Conseillers, Conseillers suppléants, Juges-Présidents et juges du tribunal de première instance doivent être des magistrats de carrière, nommés à titre définitif ; toutefois, les juges de première instance peuvent être magistrats à titre provisoire.

Nul ne peut être nommé Conseiller de la Cour d'appel s'il n'a au moins 27 ans ; Président de la Cour, s'il n'est âgé de 30 ans accomplis.

Les juges auxiliaires des tribunaux de première instance, les Juges et Juges suppléants des Tribunaux de district et de police, sont et ne peuvent être que des fonctionnaires de l'ordre administratif.

* * *

La classification entre magistrats du Parquet et membres de la magistrature assise n'est cependant pas rigoureuse. Il y a des magistrats du Parquet qui ont une juridiction de juge, des magistrats de la magistrature assise qui remplissent des fonctions d'Officier du Ministère public.

Cette dualité des fonctions est parfois de droit : la loi attache, en effet, à la fonction de certains juges le droit de remplir, auprès de leur tribunal, celle d'Officier du Parquet. Elle permet, d'autre part, au pouvoir exécutif d'attribuer accessoirement aux Officiers du Ministère public, une nomination de Juge, aux juges, une nomination d'Officier du Ministère public.

Paragraphe 3. — Des autorités judiciaires indigènes.

Les indigènes participent également à l'administration de la justice.

Du moment que la loi, ainsi qu'elle le fait et qu'elle devait le faire, dispose que les indigènes continuent à être régis par leurs coutumes, leur juge naturel doit, avant tout, être l'autorité coutumière.

N'est-ce pas elle qui connaît le mieux les règles coutumières, et dont la décision aura le plus d'autorité morale sur les indigènes? Aussi bien, ce serait affaiblir les cadres des groupements traditionnels que d'enlever à l'autorité indigène le principal de ses attributs. Enfin, astreindre les indigènes à se rendre dans les centres européens, parfois très éloignés, ou à attendre l'arrivée de l'Européen pour obtenir une décision sur la moindre contestation, serait une obligation qui ferait fi des besoins les plus impérieux de la société indigène.

C'est pourquoi la loi reconnaît aux chefs coutumiers de ceux des groupements traditionnels dont le Gouvernement a consacré l'existence, le pouvoir d'exercer leur autorité sur les membres de la chefferie, dans la mesure et de la manière fixées par la coutume indigène, en tant qu'elle n'est pas contraire à l'ordre public.

Cette règle comporte le maintien des juridictions indigènes coutumières, tant en matière de conflits de droits privés, que pour la répression de faits érigés en infractions par la coutume. C'est celle-ci que la justice indigène doit appliquer. Il n'importe, d'ailleurs, que la loi écrite ne prévoie pas l'infraction. Le Législateur s'est rendu compte que nos lois répressives peuvent ne pas être suffisantes pour la sauvegarde des intérêts essentiels des sociétés indigènes et que des actes, indifférents à nos yeux, peuvent gravement compromettre l'organisation familiale, sociale ou politique des groupements.

Pour que ces faits puissent être punis par la juridiction coutumière, il suffit que la coutume n'incrimine pas l'exécution d'un acte que la loi ou la morale prescrit, ou l'abstention d'un acte que la loi ou la morale interdit.

Cependant, le pouvoir judiciaire coutumier a été soumis à des restrictions. En règle, il ne peut connaître des infractions coutumières qui constituent en même temps des infractions à la loi écrite, lorsque, par leur importance, elles portent atteinte, non pas seulement à l'ordre intérieur du groupement, mais à l'ordre public en général ; d'autre part, il ne peut infliger comme peines corporelles que celles déterminées par la loi et dans les limites qu'elle fixe.

L'autorité européenne a d'ailleurs le droit de reviser les sentences prononcées par les chefs indigènes et de suspendre l'exécution de leurs décisions.

L'expérience a montré que, dans leur état actuel, les règles en vigueur sur la justice indigène, ne suffisaient pas pour lui donner les caractères essentiels d'une justice réglée. Il importe, notamment, de préciser la compétence des tribunaux indigènes et de soumettre leurs décisions à des conditions qui en fassent, au point de vue du fond et de la forme, de véritables jugements.

Le moment n'est pas éloigné où un décret réglera cette matière.

La loi prévoit, d'autre part, l'intervention des indigènes dans la composition des tribunaux européens eux-mêmes, pour le jugement des affaires indigènes qui rentrent dans la compétence répressive de ces tribunaux. Dans ces cas, le juge peut s'adjoindre des chefs ou des notables indigènes à titre d'assesseurs, à voix consultative seulement. La présence des chefs dans le tribunal est le moyen d'éclairer le juge sur la mentalité, les croyances et les mœurs des indigènes, d'augmenter la confiance de ceux-ci dans la justice de l'Européen, de renforcer l'autorité morale de ses jugements, d'éduquer les chefs dans les conceptions et dans la pratique des blancs en matière judiciaire ainsi que de rehausser le prestige des chefs auprès de leurs administrés.

III. — Des Tribunaux.

Paragraphe 1. — Remarques générales.

Ce qui précède a déjà révélé les dénominations de la plupart des juridictions prévues par les décrets relatifs à l'organisation judiciaire de la Colonie.

Avant de passer à l'exposé de leur nombre, de leur composition et de leur compétence, il importe, cependant, d'en dresser la liste complète.

Toute la matière est réglée par un décret du 9 juillet 1923 et par un arrêté royal du 11 juillet 1923, tout au moins en ce qui concerne les juridictions instituées dans la Colonie.

Indépendamment des tribunaux indigènes, l'organisation judiciaire de la Colonie comprend : des tribunaux de police, des tribunaux de district, des tribunaux du Parquet, des tribunaux de première instance, des cours d'appel, des conseils de guerre et des conseils de guerre d'appel et le Conseil supérieur.

Les tribunaux de police, les tribunaux de district, les conseils de guerre et les conseils de guerre d'appel ne constituent que des juridictions répressives.

Les tribunaux du Parquet, les tribunaux de première instance, les cours d'appel sont en même temps des juridictions civiles et répressives.

Quant au Conseil supérieur, il n'a compétence qu'en matière de droits privés.

* * *

Deux remarques préliminaires ne seront pas inutiles.

La première a trait au Ministère public. Le Ministère public au Congo n'est pas seulement chargé, en matière répressive : de rechercher et de poursuivre les infractions et d'exécuter les jugements ; en matière civile : de veiller au respect des règles d'ordre public. Il a deux missions particulières : en matière répressive : il procède lui-même à l'instruction préparatoire, sauf l'intervention du juge pour autoriser certaines mesures d'instruction ; en matière civile : tous les officiers du Ministère public ont reçu de la loi mandat d'agir au nom et dans l'intérêt des indigènes pour la poursuite de leurs droits.

Cependant, ainsi que ce qui précède l'a déjà fait entrevoir, l'intervention d'un officier du Ministère public n'est pas toujours nécessaire pour la poursuite et pour le jugement des infractions ou pour l'exécution des décisions en matière répressive. En effet, bien que ne constituant que des juridictions répressives, les tribunaux de police, les tribunaux de district et les conseils de guerre peuvent fonctionner avec ou sans l'assistance d'un officier du Ministère public.

Lorsqu'ils siègent sans officier du Ministère public, les

juges de ces tribunaux en remplissent les fonctions ; ils peuvent notamment se saisir eux-mêmes des infractions rentrant dans leur compétence. Celle-ci est, d'ailleurs, plus étendue, lorsqu'un officier du Ministère public concourt à la composition du tribunal. Il n'en est cependant ainsi pour les juges de police que si l'officier du Ministère public est un *magistrat de carrière*.

D'autre part, lorsqu'ils siègent en matière civile et commerciale, les tribunaux compétents jugent, en principe, sans l'assistance et sans le concours d'un officier du Ministère public. Celui-ci intervient, néanmoins, soit comme partie principale, soit comme partie jointe, dans les matières où l'ordre public est intéressé ou dans d'autres cas limitativement déterminés par la loi. Il doit, en tous les cas, donner son avis dans les causes civiles ou commerciales, lorsque le siège du tribunal est occupé par un fonctionnaire administratif, revêtu de la qualité de juge. L'officier du Ministère public fait, enfin, partie du tribunal, dans le cas où il agit au nom et dans l'intérêt d'indigènes demandeurs ou défendeurs.

* * *

La seconde remarque vise le fonctionnement des tribunaux.

Bien qu'ayant un siège principal, toutes les juridictions sont cependant autorisées à siéger dans n'importe quelle localité de leur ressort, si elles l'estiment nécessaire pour la bonne administration de la Justice, ou dès que le tribunal peut y être constitué, soit par les magistrats titulaires, soit par leurs suppléants.

Le Gouverneur général peut même, après avoir entendu le Procureur général, fixer pour les tribunaux de première instance et pour les cours d'appel, des localités, autres que leur siège principal, où ces juridictions tiendront des sessions périodiques, ainsi que le nombre et la date de ces sessions.

En aucun de ces cas, le pouvoir juridictionnel du tribunal au siège même de son institution n'est suspendu par le fonctionnement du tribunal composé d'autres magistrats dans une autre localité, du moment qu'au siège principal se trouve le personnel pour l'instituer valablement ; de même, la juridiction du tribunal, en dehors de son siège principal, n'est pas suspendue par le fonctionnement de la juridiction au siège principal.

Il s'ensuit que, dans le même ressort, la juridiction d'un même tribunal peut être représentée et peut s'exercer par des magistrats fonctionnant cumulativement, à l'instar des chambres de nos juridictions européennes, mais contrairement à celles-ci, rendant la justice dans des localités différentes.

Paragraphe 2. — Des tribunaux de police.

Au chef-lieu de chaque « territoire » existe de droit un tribunal de police, composé d'un juge, d'un officier du Ministère public et d'un greffier. Le « territoire » est une division administrative à la tête duquel se trouve un administrateur territorial, assisté d'agents territoriaux. Il y a 180 territoires, comprenant donc chacun en moyenne une superficie égale à trois ou quatre provinces belges. Il y a ainsi 180 tribunaux de police. Le ressort du tribunal de police s'étend sur tout le « territoire ». L'administrateur territorial est de droit le juge de ce tribunal. Il peut avoir des suppléants. Ceux-ci sont nommés par le Gouverneur de la province ; ce choix est subordonné à l'avis *conforme* du Procureur du Roi. Le juge du tribunal de police peut siéger sans l'assistance d'un officier du Ministère public et sans greffier. Il peut se faire assister de chefs ou de notables indigènes, mais ils n'ont que voix consultative.

La compétence matérielle de ce tribunal se limite aux infractions commises par les indigènes du Congo ou des colonies voisines, lorsque la peine de servitude pénale comminée n'est pas supérieure à cinq ans et lorsque le tribunal estime qu'à raison des circonstances de la cause, l'infraction ne mérite pas une peine supérieure à deux mois de servitude pénale et à deux mille francs d'amende.

Cependant, lorsque le juge de police siège avec un officier du Ministère public, *magistrat de carrière*, sa compétence s'étend. Tout en ne connaissant que des infractions à l'égard desquelles la loi commine comme servitude pénale une peine maximum de cinq ans, il peut prononcer contre le prévenu une peine maximum de deux ans de servitude pénale. Ainsi composé, il connaît même des contraventions de police commises par des non indigènes, lorsqu'il estime qu'une amende de deux mille francs au maximum suffira à réprimer l'infraction.

Les jugements prononcés par les juges de police siégeant sans l'assistance d'un officier du Ministère public ne sont susceptibles ni d'opposition, ni d'appel ; ils sont soumis à une voie de réformation spéciale : la revision, qui est attribuée aux tribunaux du Parquet.

Les jugements rendus par le tribunal de police siégeant avec un officier du Ministère public sont susceptibles d'opposition et d'appel.

Toutefois, si la peine comminée par la loi n'est pas supérieure à deux mois de servitude pénale et à deux mille francs d'amende, le jugement est en dernier ressort, à moins que des non indigènes ne soient impliqués dans les poursuites ou qu'il n'y ait eu un vice grave de procédure ou une autre violation de la loi ou, enfin, que le juge ne se soit, dans l'application de celle-ci, montré plus sévère que l'officier du Ministère public le demandait.

L'appel est porté devant le tribunal de district.

Paragraphe 3. — Des tribunaux de district.

Il existe de droit un tribunal de district au chef-lieu de chaque district. Il y a 21 districts, comprenant donc chacun en moyenne une superficie égale à environ quatre fois celle de la Belgique. Le tribunal de district est composé d'un juge, d'un officier du Ministère public et d'un greffier. Le ressort du tribunal s'étend à tout le district. Le commissaire de district est de droit juge de ce tribunal. Le commissaire de district adjoint en est de droit juge suppléant. Il peut y avoir d'autres suppléants. Ceux-ci sont nommés par le Gouverneur de la province, sur avis *conforme* du Procureur du Roi. Comme pour les tribunaux de police, le tribunal de district peut, dans certains cas, siéger sans l'assistance d'un officier du Ministère public et sans greffier ; dans les causes n'intéressant que des indigènes le juge peut également siéger avec des chefs ou notables indigènes, ceux-ci n'intervenant qu'à titre consultatif.

Le tribunal de district siège tantôt comme juridiction du premier degré, tantôt comme juridiction d'appel.

En tant que juridiction de premier degré, lorsque le

juge de district siège sans l'assistance d'un officier du Ministère public, il connaît des mêmes infractions que celles qui rentrent dans la compétence des juges de police siégeant sans officier du Ministère public, magistrat de carrière, mais il peut prononcer à l'égard des coupables une peine de six mois de servitude pénale et de deux mille francs d'amende au maximum.

Lorsqu'il siège avec un officier du Ministère public, même non magistrat de carrière, le tribunal de district connaît de toutes les infractions, même les plus graves, commises par des indigènes du Congo ou des colonies voisines. Il connaît également des infractions commises par des non indigènes, du moment que la peine de servitude pénale comminée par la loi ne dépasse pas cinq ans.

L'extension de compétence attribuée au tribunal de district, même lorsque l'officier du Ministère public n'est pas magistrat de carrière, alors que l'extension de compétence du tribunal de police est subordonnée à la présence d'un officier du Ministère public, magistrat de carrière, est justifiée par le fait que la qualité de juge dans le tribunal de district fournit des garanties que ne présente pas nécessairement le juge de police.

Que le tribunal de district siège sans ou avec l'assistance d'un officier du Ministère public, ses jugements sont susceptibles d'opposition et d'appel. Toutefois, lorsque le juge siège sans officier du Ministère public, le jugement est en dernier ressort si l'infraction n'est pas punissable de plus de deux mois de servitude pénale et de deux mille francs d'amende, et lorsqu'il siège avec un officier du Ministère public, lorsqu'elle n'est pas supérieure à six mois, sauf si des Européens sont englobés dans les poursuites ou dans d'autres cas analogues à ceux dans lesquels l'appel est ouvert contre les jugements des juges de police, encore qu'en raison du peu de gravité de l'infraction ils soient, en principe, en dernier ressort.

L'appel des jugements des tribunaux de district est porté devant le tribunal de première instance.

Comme juridiction d'appel, le tribunal de district connaît de l'appel des jugements des tribunaux de police rendus avec le concours d'un officier du Ministère public. Jugeant en second degré, le tribunal de district doit comprendre, outre le juge du tribunal, un officier du Ministère public, *magistrat de carrière.*

Paragraphe 4. — Des tribunaux du Parquet.

Il existe un tribunal du Parquet par district. Il y a donc 21 tribunaux du Parquet. Le ressort de ce tribunal s'étend sur tout le district. Le juge du tribunal du Parquet est un officier du Ministère public, magistrat de carrière, désigné à cet effet par le Procureur du Roi du ressort. *Le juge du tribunal du Parquet ne peut être remplacé par un magistrat qui n'est pas de carrière.*

Comme juridiction répressive, le tribunal du Parquet constitue avant tout une juridiction de contrôle et de revision des jugements rendus par les tribunaux de police, quand ceux-ci ont statué sans l'assistance d'un officier du Ministère public. Il peut même d'office procéder à la revision de ces jugements.

En fait, cependant, cette revision ne peut qu'exceptionnellement être utile au prévenu, car la revision est une voie de recours extraordinaire qui ne suspend pas l'exécution des condamnations.

Néanmoins, l'obligation imposée aux juges de police de mettre le tribunal du Parquet au courant des jugements prononcés et le droit qu'à ce tribunal de se les faire communiquer, ne sont pas sans exercer une influence préventive heureuse sur les jugements du juge de police. D'autre part, le juge du tribunal du Parquet, par la lecture des jugements et l'examen des dossiers, est à même de donner d'utiles directives aux juges de police.

Exceptionnellement, le tribunal du Parquet, siégeant au répressif constitue une juridiction du premier degré. Il connaît des infractions punissables au maximum de cinq ans de servitude pénale, aux conditions ci-après : que l'infraction soit commise par des indigènes du Congo ou des colonies voisines ; qu'elle soit flagrante ou réputée flagrante ; que, dans un rayon de vingt-cinq kilomètres, ne se trouve pas soit un tribunal de district, soit un tribunal de police compétent pour la juger et, enfin, qu'en raison des circonstances de la cause, la peine à appliquer ne doive pas dépasser, un an de servitude pénale et deux mille francs d'amende. Le juge du tribunal du Parquet jugeant dans ces cas, peut s'adjoindre comme assesseurs, à titre consultatif, des chefs ou des notables indigènes.

Les jugements des tribunaux du Parquet siégeant comme juridiction du premier degré sont susceptibles d'opposition et d'appel. Cette dernière voie de recours n'est exclue que pour les jugements prononçant sur des infractions punissables au maximum de deux mois de servitude pénale et de deux mille francs d'amende. Néanmoins, appel est ouvert, même contre ces décisions, dans des cas analogues à ceux qui donnent ouverture à appel contre les jugements des tribunaux de police et les jugements des tribunaux de district, même lorsqu'ils sont prononcés, en principe, en dernier ressort.

L'appel des jugements des tribunaux du Parquet, siégeant comme juridiction du premier degré en matière répressive, est porté devant le tribunal de première instance.

Le tribunal du Parquet se saisit lui-même des infractions qui rentrent dans sa compétence ; il peut en être saisi par la citation de la partie lésée.

Comme juridiction civile, le tribunal du Parquet connaît des actions dont la valeur ne dépasse pas cinq mille francs. Il prononce en dernier ressort, lorsque la valeur ne dépasse pas mille cinq cents francs, à moins que l'appel soit fondé sur l'incompétence ou sur des violations de la loi. Le tribunal du Parquet peut, en outre, autoriser certaines mesures conservatoires.

Sa compétence s'étend même aux contestations entre indigènes, mais il lui est loisible de renvoyer ces contestations à la connaissance de l'autorité judiciaire indigène.

L'appel des jugements, susceptibles d'appel, de cette juridiction, statuant en matière civile, doit être déféré à la Cour d'appel.

Paragraphe 5. — Des tribunaux de première instance.

Il y a six tribunaux de première instance. Ils sont composés : d'un Juge-Président, d'un Procureur du Roi et d'un greffier. Lorsque le tribunal siège comme juridiction du premier degré, le Juge-Président peut être remplacé par un juge, magistrat de carrière, ou même par un juge auxiliaire. Le Procureur du Roi, par un substitut du Procureur du Roi ou par un officier auxiliaire du Parquet.

Comme juridiction du premier degré, le tribunal de première instance connaît, à charge d'appel, des infractions commises par des non indigènes, lorsque la loi commine une peine de servitude pénale de plus de cinq ans.

Il est saisi par la citation du Ministère public ou de la partie lésée.

En tant que juridiction civile, il connaît de toutes les actions ; il a donc concurrence de compétence avec le tribunal du Parquet, mais prévention sur celui-ci, pour les actions qui rentrent dans la compétence de ce dernier. Le tribunal de première instance juge en dernier ressort les actions dont la valeur n'est pas supérieure à sept mille cinq cents francs et, à charge d'appel, les actions d'une valeur supérieure ou les actions non susceptibles d'évaluation.

De même que le tribunal du Parquet, il connaît des affaires entre indigènes et il possède la faculté de les renvoyer à la connaissance de la juridiction indigène.

Comme juridiction d'appel, le tribunal de première instance ne juge qu'en matière répressive. Le juge ne peut être qu'un *magistrat de carrière* et, pour les cas pouvant entraîner la peine capitale, le juge doit s'adjoindre deux autres magistrats de carrière ou auxiliaires à titre d'assesseurs.

Comme juridiction d'appel, il connaît de l'appel des jugements rendus en premier ressort par les tribunaux de district et par les tribunaux du Parquet.

Paragraphe 6. — Des cours d'appel.

Il y a deux cours d'appel, composées, l'une et l'autre, d'un Président, de deux Conseillers et d'un Procureur général ou de leurs suppléants. Ils doivent tous être magistrats de carrière.

La Cour d'appel juge aussi bien au répressif qu'au civil. Au répressif, elle connaît de l'appel des jugements rendus en premier ressort par les tribunaux de première instance. Au civil, elle connaît de l'appel des jugements rendus en premier ressort par les tribunaux du Parquet et par les tribunaux de première instance.

Paragraphe 7. — Des conseils de guerre.

Le Gouverneur général détermine leur nombre, leur siège et leur ressort. Ils sont composés d'un officier comme juge et d'un officier du Ministère public, en principe, magistrat de carrière, et d'un greffier.

Toutefois, dans les cas où la peine de servitude pénale comminée par la loi n'est pas supérieure à cinq ans et où le Conseil estime que la peine prononcée ne doit pas être supérieure à six mois de servitude pénale, le Conseil de guerre peut siéger sans officier du Ministère public.

En règle, les conseils de guerre ne connaissent que des infractions commises par les militaires.

Ils jugent en premier ressort seulement, à moins que l'infraction ne soit punissable au maximum de six mois de servitude pénale et de deux mille francs d'amende. Ces dernières décisions sont cependant susceptibles d'appel pour des causes analogues à celles qui ouvrent le droit d'appel contre les décisions des juges de police, des juges de district, des tribunaux du Parquet, bien que rendus, en principe, en dernier ressort.

Lorsque, dans une région, le Roi, le Gouverneur général ou le Gouverneur de province ont suspendu l'action répressive des tribunaux ordinaires pour y substituer celle des conseils de guerre, la compétence de ceux-ci s'étend.

Cette substitution peut se faire par une décision qui place le territoire sous le régime dit « régime militaire spécial », ou sous le régime appelé « régime militaire mitigé ».

Sous le régime militaire spécial, les conseils de guerre connaissent de toutes les infractions, quelles que soient l'origine et la qualité des prévenus. Ils prononcent sans appel, si ce n'est lorsque les prévenus sont tous non indigènes et non militaires.

Sous le régime dit : régime militaire mitigé, les conseils de guerre n'ont compétence, en règle, qu'à l'égard des militaires et des indigènes. Leurs décisions sont sans appel.

Dans tous les cas où l'appel est ouvert, il est porté devant le Conseil de guerre d'appel.

Paragraphe 8. — Des conseils de guerre d'appel.

Il y a six conseils de guerre d'appel. Leur siège est fixé au siège de chacun des tribunaux de première instance ; leur ressort est également identique à celui du tribunal de première instance. Ils sont composés de droit du Juge-Président du tribunal de première instance, du Procureur du Roi ou de leurs suppléants et de deux assesseurs choisis parmi les officiers, ainsi que du greffier du tribunal de première instance.

Ils ne connaissent que de l'appel des jugements rendus en premier ressort par les conseils de guerre.

Paragraphe 9. — Du Conseil supérieur.

Ce Conseil, qui avait été fondé sous l'État indépendant du Congo, continue à exister. Les membres de ce Conseil sont nommés par le Roi. Leur nomination n'est soumise à aucune condition légale. Il comporte même un étranger. Sa compétence est limitée aux pourvois en cassation en matière civile et commerciale et aux prises à partie.

Un projet de loi, en ce moment en discussion au Parlement, tend à supprimer le Conseil supérieur et à attribuer sa mission à la Cour de cassation de Belgique.

Résumé.

Ainsi qu'on le voit par l'exposé ci-dessus, les caractéristiques de l'organisation judiciaire de la Colonie sont les suivantes :

Dans les affaires civiles en cause de non indigènes et dans les affaires répressives importantes, les parties prévenues, fussent-elles même des indigènes, la justice est, tout au moins au second degré, rendue par des magistrats de carrière indépendants et compétents.

Dans les affaires pénales de peu d'importance où les prévenus sont des indigènes, la justice est rendue, même au second degré, par des fonctionnaires administratifs revêtus de la qualité de juge. Cependant, les magistrats de carrière sont, autant que possible, associés à l'œuvre du juge du premier degré. Le concours d'un magistrat de carrière est, en tous les cas, indispensable dans les affaires jugées en second degré.

Le pouvoir de juger n'est cependant attribué qu'aux fonctionnaires dont la formation générale est suffisante pour les rendre aptes à exercer la fonction judiciaire ; encore la loi tient-elle compte du degré de cette formation pour déterminer la compétence à leur attribuer.

L'attribution de fonctions judiciaires aux fonctionnaires administratifs ou territoriaux, en permettant de multiplier les tribunaux, fournit déjà le moyen de satisfaire, dans une large mesure, aux besoins judiciaires. Cet avantage est encore accru par le droit que la loi accorde à tous les tribunaux et par le devoir qu'elle impose même à certains d'entre-eux, de juger autant que possible sur les lieux mêmes qui sont le centre des contestations.

Ce n'est pas seulement aux autorités administratives européennes que le pouvoir a recours pour l'administration de la justice.

Les autorités indigènes traditionnelles y concourent dans la limite du pouvoir juridictionnel qui leur est reconnu par la coutume. Leur rôle est, en tout premier lieu, d'appliquer la coutume, même en matière répressive. Il leur est, toutefois, défendu de punir des faits que la loi ou la morale européenne commande ou qui, prévus également par la loi écrite, portent atteinte à l'ordre public général et non pas seulement à l'ordre ou à la tranquillité de la chefferie.

Les sanctions que les juges indigènes peuvent appliquer ne peuvent pas différer, quant à leur nature, de celles admises par la loi européenne ; elles ne peuvent d'ailleurs dépasser un certain degré de sévérité.

La justice indigène fonctionne sous la direction et le contrôle de l'autorité européenne. Celle-ci a un droit de réformation.

A. GOHR,
membre associé.

LE RÉGIME JUDICIAIRE

en Afrique occidentale anglaise et française.

AFRIQUE OCCIDENTALE ANGLAISE.

Nous devons tout d'abord indiquer que l'organisation judiciaire appliquée dans la partie de ces possessions qui constituent les colonies de la Couronne est identique à celle de la Métropole.

Un tribunal supérieur, la « Supreme Court », placé sous le contrôle du chef de la Magistrature, le « Chief Justice », et composé de magistrats de carrière, distincts des fonctionnaires du service politique, préside à l'exercice de la Justice en appliquant les lois et coutumes en usage dans la Métropole.

Il n'y a rien de particulier à dire sur ce système qui suppose l'assimilation complète des indigènes qui peuplent les Crown's Colonies, aux sujets Britanniques. Le seul point à retenir, c'est qu'il n'intervient dans la zone de l'intérieur constituant le Protectorat que dans les affaires où sont parties des sujets Britanniques et dans la mesure indiquée par la constitution spéciale de chaque Protectorat.

Au contraire, la diversité des méthodes employées pour l'établissement du pouvoir devait entraîner l'adoption d'un régime judiciaire spécial à chacune des possessions anglaises de l'Afrique occidentale.

I. — Sierra-Leone. — Le Gouvernement anglais s'est arrogé en principe le droit de rendre la justice en toutes matières par la « Première Proclamation » par laquelle il détermina le mode suivant lequel serait exercé son pouvoir dans l'intérieur du Sierra-Leone, en dehors de la Crown's Colony.

Les chefs étaient placés sous les ordres des « Commissioners » des différents districts aussi bien au point de vue judiciaire qu'au point de vue politique.

Chaque « Commissioner » dans son district devait connaître seul des procès entre tribus, des questions d'esclavage et de tous les cas où interviennent les étrangers.
Assisté des chefs, il juge des crimes, meurtres, crimes
fétichistes, etc. et seuls les cas de dettes et les menues
causes sont laissés aux tribunaux des chefs.

Il restait donc au profit des chefs indigènes sans contrôle et sans appel, une certaine compétence, toute
restreinte qu'elle fut.

Cette restriction du pouvoir anglais devint d'autant
plus importante qu'à la suite des protestations des
indigènes, il renonça ensuite pendant quelque temps à
intervenir dans les litiges fonciers.

Il y a là une véritable inconséquence avec la prétention
d'avoir acquis le pouvoir absolu en ces pays.

Après le soulèvement que provoqua la mise en application du régime qui avait été primitivement prévu pour
le Protectorat, cette organisation judiciaire fut modifiée
mais en laissant subsister cette autonomie partielle du
pouvoir indigène au point de vue judiciaire.

Des Ordonnances de 1901 et 1903 instituèrent le
système qui est encore en vigueur actuellement.

En vertu de cette législation : « la loi indigène doit
» être appliquée dans les procès entre Européens et
» indigènes, toutes les fois que le contraire n'aura pas
» été préalablement convenu entre les parties et que
» l'application de la loi anglaise serait injuste, étant
» données les coutumes du pays, à condition toutefois
» qu'il n'y ait rien dans la loi indigène de contraire à la
» justice naturelle, à l'équité et à la bonne conscience ».

Les tribunaux des chefs indigènes restent organisés
comme ils l'ont été par la coutume. Leur compétence
s'étend et s'applique aux seuls indigènes. L'ordonnance
ne définit du reste pas ce qu'elle entend par indigène;
en fait, cette définition est laissée aux soins du « District
Commissioner ». En matière civile, cette compétence est
universelle, sauf en ce qui concerne les contestations
foncières entre chefs souverains, et particularité très
intéressante, les payements réclamés par les détenteurs
de patentes. Cette dernière disposition est le résultat d'une
tendance du gouvernement de Sierra-Leone à assimiler

à des sujets anglais tout indigène se livrant régulièrement à des opérations commerciales.

Les tribunaux indigènes n'ont pas le droit de juger les cas de meurtres, d'homicide, de rapt, d'esclavage, de cannibalisme, de vol avec violences, de blessures graves, de bagarres entre tribus, de fétichismes.

Les chefs restent propriétaires des amendes et des frais de justice qu'ils perçoivent.

Les « District Commissioner » siègent comme « Court of the district Commissioner ». Leur compétence civile s'étend à tous les cas qui ne dépendent point des tribunaux indigènes et dans lesquels la valeur du litige ne dépasse pas 50 livres. En matière criminelle, ils jugent tous les cas dans lesquels les indigènes sont impliqués et qui ne relèvent pas des tribunaux indigènes. Mais lorsqu'un non-indigène est en cause, ils ne peuvent prononcer le jugement dans les cas qui entraîneraient un emprisonnement de trois mois ou une amende de plus de 10 livres.

Lorsqu'un non-indigène est accusé d'un crime passible de la peine de mort, ou lorsqu'un crime analogue a été commis par un indigène sur la personne d'un non-indigène, le « District Commissioner » devra renvoyer le cas devant la « Supreme Court ».

Un tribunal ambulant est établi sous la dénomination de « Circuit Court ». Ses séances sont tenues par un juge de la « Supreme Court » qui siége dans les différents points du Protectorat fixés par le Gouverneur ; sa compétence et sa procédure sont celles de la « Supreme Court », et il connaît tous les cas qui dépassent la compétence des tribunaux indigènes et des « Districts Commissionners ». Les condamnations à mort prononcées par la « Circuit Court » ne peuvent être exécutées sans l'approbation du Gouverneur, ainsi que les condamnations à des coups de cravache, qui ne peuvent dépasser 24 coups et qui ne peuvent être infligées aux femmes.

Il peut être intenté appel devant la « Circuit Court » contre les jugements des « Districts Commissioners » en matière civile, dans des cas dont la valeur dépasse 10 livres ; et, en matière criminelle, dans tous les cas lorsqu'un non-indigène en est accusé.

Les frais de justice devant le tribunal des « Districts Commissioners » sont fixés par le Gouverneur en conseil.

Ces dispositions furent complétées par les textes qui donnèrent une part de plus en plus grande aux Conseils des chefs dans l'administration des pays.

La « Protectorate Ordinance » de 1897 avait décidé que tous les procès dans lesquels une des parties ne serait pas un indigène du Protectorat seraient réservés à la compétence du « District Commissioner ». La nouvelle ordonnance devait abroger, en partie, cette disposition. Elle disposait ainsi :

« Tout chef souverain dans le district duquel un
» nombre considérable de commerçants ou de mission-
» naires européens ou Sierra Leonais seront établis,
» pourra demander au « District Commissioner » de nom-
» mer un ou plusieurs de ces étrangers pour siéger avec
» lui comme juge dans les procès entre indigènes de
» son district et étrangers. Ces nominations seront faites
» pour un an par le Gouverneur.

» La compétence de ce tribunal mixte s'étendra à toute
» matière civile dans laquelle la valeur de l'objet en litige
» ne dépassera pas 10 livres, et dans les cas de disputes
» dans lesquelles les coups échangés n'auront pas entraîné
» des blessures graves et où les paroles dites ne justifie-
» ront pas des dommages dépassant une livre. Les causes
» de plus grande importance et toutes celles dans lesquel-
» les il s'agira de contestations foncières seront jugées par
» le « District Commissioner » ou la « Supreme Court ». Les
» frais perçus par ces tribunaux mixtes seront le double,
» de ceux des tribunaux ordinaires des chefs, et leur mon-
» tant sera partagé en parties égales entre le chef et le
» juge qui lui aura été adjoint. La procédure adoptée
» sera celle prescrite par la loi indigène, et, si ce n'est qu'en
» cas d'absence de témoignage, il ne pourra être fait
» usage de poison. Si les juges sont unanimes, les déci-
» sions du tribunal mixte seront sans appel; dans le cas
» contraire, les parties seront remboursées de leurs frais
» et devront se rendre devant le « District Commissioner »
» ou la « Supreme Court ». Le Gouverneur aura le droit de
» décider quel sera le mode d'exécution d'un jugement
» lorsque le montant de la somme fournie devant le
» tribunal ne sera pas suffisant pour satisfaire à la
» demande. Aucune personne cependant ne pourra être
» condamnée à la prison pour dettes; le même tribunal

» mixte ne pourra prescrire le remboursement d'une
» dette contractée par un débiteur que lorsque la famille
» aura connu et approuvé l'emprunt. »

Si l'on s'en tient au texte de l'ordonnance, il semble
que la constitution de ce tribunal mixte est laissée à la
disposition des chefs, et que si ces chefs ne demandent
pas au « District Commissioner » de leur adjoindre un juge
non-indigène, leur compétence s'exercera sans restriction.
Il n'y a là qu'une formule spécieuse de l'ordonnance,
destinée à laisser croire que les chefs ont conservé la libre
administration de leurs territoires. En réalité, ces tribunaux mixtes seront installés à la discrétion du Gouvernement et en dehors d'eux les chefs n'ont pas de pouvoir
sur les étrangers. Le fait que l'accord est nécessaire entre
le juge adjoint au chef et le chef lui-même a pour résultat
de protéger les étrangers contre l'arbitraire des chefs.
Le principe n'en est pas moins remarquable. Les chefs
souverains auront le droit d'envoyer au « District Commissioner » pour être emprisonnés les indigènes qu'ils
auront condamnés; mais il y aura une sorte d'appel du
jugement, et le « Député Commissioner » pourra diminuer
la peine prononcée. Une partie des dépenses d'entretien
du prisonnier pourra être mise par le Gouverneur à la
charge des chefs.

II. — Gold Coast. — Le système judiciaire en vigueur
dans la colonie proprement dite de la Gold Coast est tout
entier basé, comme dans toutes les colonies de la Couronne, sur l'établissement de la « Supreme Court », sur les
attributions et l'organisation de laquelle nous n'avons
pas à insister.

Les pouvoirs actuels des « Districts Commissioners »
dans la colonie proprement dite ont été fixés par une
ordonnance du 20 octobre 1894 (1).

Le Gouverneur nomme dans chaque district de la
colonie un « Commissioner » qui est de ce fait représentant
de la « Supreme Court », et qui peut exercer, dans les
limites de l'ordonnance, tous les pouvoirs dévolus aux
juges de ce tribunal. Toutes les décisions de ces « Commissioners » sont cependant passibles d'appel devant la

____

(1) An ordinance to consolidate the law relating to district Commissioner.

« Supreme Court ». Si des jugements sont rendus par eux pour des cas étrangers à leur district, ces jugements ne sont pas entachés de nullité, mais seulement susceptibles d'appel.

La juridiction de la « Supreme Court » s'exerce dans tous les districts parallèlement à celle des « Districts Commissioners ».

En matière civile personnelle ou immobilière, leur compétence s'étend à toutes les causes dans lesquelles la valeur du litige ne dépasse pas 25 livres. Ils ont le droit d'émettre des *habeas corpus*, de nommer des gardiens aux orphelins et de gérer les biens abandonnés. Dans les cas de contestations sur des titres de propriété, les « Commissioners » ne peuvent se prononcer qu'avec le consentement de toutes les parties.

En matière criminelle, leur compétence s'étend aux cas qui, d'après le Code criminel de la colonie n'entraînent pas une pénalité dépassant une amende de 25 livres ou un emprisonnement de trois mois. Cette compétence civile ou criminelle des « Commissioners » peut être accrue par le « Chief Justice » avec l'approbation du Gouverneur. De même, le « Chief Justice » peut modifier tout jugement crminel rendu par les « Commissioners » et dont les comptes rendus lui sont communiqués mensuellement.

A côté de la juridiction de la « Supreme Court », qui s'applique d'une manière générale à toute la Colonie, et de celle des « Districts Commissioners » qui en dérive, une ordonnance du 15 janvier 1883 a reconnu, sous certaines conditions, l'existence d'une juridiction indigène qui a, en même temps des attributions administratives et législatives.

Les chefs qui auront été autorisés à rendre la justice en vertu de cette ordonnance seront compétents dans les affaires où toutes les parties sont des indigènes:

1º En matière civile, pour toute dette et obligation n'excédant pas 25 livres. Le tribunal compétent est celui du domicile du défendeur, pour toute question concernant la propriété et la possession de terres situées dans le ressort du tribunal et pour toute question concernant la succession de personnes domiciliées, à l'époque du décès, dans le ressort du tribunal et dont la valeur ne dépassera pas 10 livres;

2⁰ En matière criminelle, dans les cas fixés par les réglements.

Le Gouverneur peut réduire, avec l'approbation de l'« Executive Council », la compétence d'un chef à certains points. Ces chefs sont toujours incompétents dans tous les cas où la Couronne est intéressée.

Les plaideurs ne sont autorisés à se faire représenter devant un tribunal indigène, par d'autres personnes que leurs parents, qu'avec une autorisation spéciale du « Commissioner ».

Toute cause jugée par un tribunal indigène est susceptible d'appel devant la « Supreme Court ».

L'autorité du Gouvernement reste entière sur cette juridiction. Le Gouverneur, les « Commissioners », l'Attorney général et tous autres fonctionnaires à qui le Gouvernement en donnéra le pouvoir, peuvent arrêter toute affaire en instance devant les tribunaux indigènes et la renvoyer devant le tribunal indigène supérieur ou devant la « Supreme Court ». Le défendeur peut provoquer cette mesure. En fait, comme les « Commissioners » rendent la Justice au nom de la « Supreme Court », ils ont ainsi le droit de juger par eux mêmes, lorsqu'ils l'estiment convenable, toute affaire soumise à un tribunal indigène placé sous leurs ordres.

Le droit d'appel est également à la discrétion des « Commissioners », car toute personne qui désire faire appel d'un jugement doit en référer au « Commissioner » de district, qui peut ordonner une nouvelle enquête ou introduire directement la cause en appel devant la « Supreme Court » avec avis motivé.

Dans le cas où une question foncière est en litige, le « Commissioner » ne peut cependant en refuser l'appel avant d'en avoir obtenu l'autorisation de l'Attorney général. En cas de différence d'opinion, le cas est porté devant le Gouverneur, ou à son gré devant le « Chief Justice », qui prononce définitivement.

Le jugement d'appel est rendu conformément à la législation en vigueur devant la « Supreme Court ».

L'« Order in Council » de 1901 qui avait organisé le Gouvernement de l'Ashanti avait laissé à la discrétion absolue du Gouverneur ou de son Délégué, le « Chief Commissioner », l'exercice de la plupart des droits souverains que

Sa Majesté avait acquis sur ces territoires. Une ordonnance du 1er janvier 1902 vint réglementer cette administration et en mieux définir les termes.

Le principe fondamental établi par l'« Order » était que les pouvoirs du Gouverneur n'étaient limités que par la volonté du gouvernement anglais et n'étaient pas soumis à l'approbation d'une assemblée législative. Les dispositions de l'ordonnance étaient toutes réglées d'après ce principe.

Toute autorité civile ayant, suivant la constitution anglaise un caractère judiciaire, l'ordonnance définissait d'abord les pouvoirs du « Chief Commissioner » de la manière suivante .

« Il sera établi dans l'Ashanti un tribunal qui sera
» appelé le tribunal du « Chief Commissioner » de l'Ashanti
» (Court of Record) et dont la juridiction s'étendra sur
» tout l'Ashanti. Ce tribunal sera présidé par le « Chief
» Commissioner », qui aura les mêmes pleins pouvoirs et
» juridiction dans l'Ashanti qu'un juge de la « Supreme
» Court » de la Colonie de la Gold Coast siégeant dans une
» « Divisional Court », sauf en ce qui concerne les cas de
» divorce et de mariage. Le Gouverneur ou le « Chief
» Commissioner » pourront désigner, pour présider ce
» tribunal, toute personne convenable qui acquerra ainsi
» les pouvoirs judiciaire du « Chief Commissioner ». »

Dans chaque district sera établie une succursale du tribunal du « District Commissioner ». Il sera présidé par le « District Commissioner » et connaîtra des causes qui naîtront dans le district.

La loi et la procédure en vigueur devant ces tribunaux seront celles auxquelles est soumise la « Supreme Court » de la Colonie.

Dans toutes les affaires civiles et criminelles, le président devra consigner par écrit toutes les déclarations orales déposées devant lui.

Dans le cas de condamnation à mort prononcées, par le « District Commissioner », il ne sera fait exécution qu'après approbation du « High Commissioner » et si la condamnation a été prononcée par le « High Commissioner », qu'après l'approbation du Gouverneur.

Le « Chief Commissioner » a le droit de référer devant

la « Supreme Court » de la Colonie toute cause qu'il jugera convenable.

Il pourra être fait appel devant la « Supreme Court » de la colonie, par l'intermédiaire du Gouverneur, de toute cause dans laquelle la valeur du litige dépassera 100 livres. L'appel n'est pas possible en matière criminelle.

Les tribunaux indigènes tels qu'ils étaient organisés avant la promulgation de l'ordonnance conservent leur compétence sous la réserve toutefois qu'ils ne peuvent juger les affaires dans lesquelles une des parties n'est pas indigène, c'est-à-dire « un membre d'une race ou d'une tribu aborigène de l'Afrique occidentale, et qu'ils ne sont pas compétents en matière de meurtre, de rapt, de vol avec violences, de blessures graves ou d'esclavage ». En matière civile ou foncière, ils ne peuvent juger de cas dans lesquels la valeur du litige est supérieure à 100 livres.

Les décisions de ces tribunaux ne doivent pas être contraires à la justice naturelle ou au principe de la loi anglaise.

Appel des décisions des tribunaux indigènes peut être fait par toutes les personnes intéressées devant le « Commissioner » du district ou le « Chief Commissioner ». Celui-ci peut arrêter l'audition de toute cause devant un tribunal indigène et la renvoyer devant lui ou devant le « District Commissioner ».

Le Gouverneur ou le « Chief Commissioner », avec son approbation, peut restreindre ou supprimer la juridiction de tout tribunal indigène.

En somme, comme dans la Colonie, cette juridiction indigène reste entièrement soumise au Gouverneur.

Il y a donc là un système entièrement différent de celui qui a fonctionné primitivement à Lagos et encore actuellement à Sierra-Leone.

La justice indigène ne s'exerce que sur les indigènes et les chefs n'en ont que la délégation, de la même manière qu'ils ne sont que les représentants de l'autorité nominatrice de la Grande-Bretagne au point de vue administratif.

III. — NIGERIA. — L'organisation judiciaire de la Nigeria doit être étudiée en tenant compte des diverses origines administratives des territoires qui composent cette grande Possession.

La Nigeria est composée actuellement de la fusion de l'ancienne Colonie et Protectorat de Lagos, du Protectorat de la Southern Nigeria et du Protectorat de la Northern Nigeria.

Les principes qui ont présidé à la politique indigène adoptée par le Gouvernement britannique dans ces divers territoires ont été très différents.

On peut les définir de la manière suivante :

Dans le Protectorat de Lagos, en dehors de la partie constituant la Colonie de la Couronne où les indigènes sont assimilés à des sujets britanniques, l'Angleterre laissait aux Chefs toutes leurs attributions au point de vue de la justice et de la propriété des terres, une tentative de budget spécial propre à chacun des petits états soumis à un même chef étant même essayé. Au contraire, dans la Nigeria, tout en conservant les institutions indigènes, le Haut-Commissaire s'attribuait le plein exercice des droits attachés à l'autorité des chefs. C'est ainsi que, dans la Nigeria, le Gouvernement anglais considérait qu'il possédait le domaine éminent des terres tandis que, dans le Protectorat de Lagos, il considérait que les traités qu'il avait passés avec les indigènes ne le lui avaient pas concédé.

Après la fusion, la législation propre à chaque partie de la Nigeria a été maintenue.

Nous examinerons donc ce qui a été fait successivement pour Lagos, la Nigeria du Nord et la Nigeria du Sud.

1º LAGOS. — Jusque vers la fin de 1903, le gouvernement de Lagos ne s'était point préoccupé de la manière dont la justice était rendue dans l'Hinterland et en avait laissé entièrement l'administration entre les mains de chefs indigènes. Dans les villes où un résident avait été installé, on avait simplement institué une « Advisory Court ». Les chefs devaient soumettre à ce tribunal, dont le seul juge était le résident, tous les cas qui leur paraîtraient délicats, ceux, par exemple, où un Européen était intéressé ; mais l'appel devant cette cour était simplement facultatif, et le jour où les commerçants blancs pénétrèrent dans l'intérieur, des difficultés ne devaient pas tarder à surgir entre eux et les indigènes ;

il pouvait y avoir des inconvénients graves à laisser entièrement aux chefs le soin de les résoudre. En outre, le gouvernement anglais devait assurer la sécurité publique, et pour cela il était désirable qu'il eût le droit de punir ceux qui la troublaient.

Déjà en 1902, pour éviter des complications graves, le capitaine Elgee, résident d'Ibadan, avait obtenu des chefs que les procès où des Européens seraient en cause fussent jugés devant lui.

Lorsqu'il eut réorganisé les gouvernements indigènes, Sir W. MacGregor pensa que le moment était venu de déterminer dans quelle mesure devait leur être laissé le soin de rendre la justice.

Le 13 janvier 1904, un accord était conclu entre Sir W. MacGregor et le chef des Egbas, en vertu duquel celui-ci cédait au Roi d'Angleterre pour une durée de vingt ans, dans les territoires egbas, droit de juridiction sur :

1º Toute personne coupable d'un meurtre ou homicide (*manslaughter*) ;

2º Toute personne non native de l'Egba et accusée de crimes ou fautes rentrant dans la catégorie des « indictables crimes » ou « offenses » dans la loi anglaise ;

3º Tout cas dans lequel un des plaideurs n'est pas natif de l'Egba et dans lequel la valeur de l'objet en litige dépasse 50 livres ;

4º Les liquidations et conservations de successions de toutes personnes non natives de l'Egba.

Une cour mixte (mixed court) est instituée pour juger toute personne non native de l'Egba coupable d'un crime ou délit qui ne rentre pas dans la catégorie des « indictables crimes » ou « offenses », et toute affaire civile dans laquelle une des parties n'est pas un natif de l'Egba et dont la valeur de l'objet en litige dépasse 5 livres, à condition qu'il ne s'agisse pas de questions touchant à la conservation ou à la transmission de la propriété foncière.

La « mixed court » est composée d'un président nommé par le roi d'Angleterre et de deux membres nommés par l'Alake en conseil. Le président n'a qu'une voix, et les jugements sont rendus à la majorité de deux voix.

Les tribunaux du roi d'Angleterre ont le droit de juger en appel les décisions de la « mixed court ».

En matière criminelle l'appel ne peut avoir lieu que si un membre de la « mixed court » n'a pas été de l'avis des deux autres.

Aucun « sollicitor » ni « avocat » n'est autorisé à intervenir dans les tribunaux jugeant en civil les causes qui sont ainsi cédées au Roi.

En dehors des cas de meurtre et d'homicide — *(manslaughter)* toute cause dans laquelle les deux parties sont des natifs de l'Egba, est laissée à la juridiction de l'Alake.

En réalité, les cas réservés à la « mixed court » sont laissés presque entièrement à la juridiction de l'Alake, puisque c'est lui qui nomme les deux juges dont les voix suffisent pour fixer l'avis du tribunal.

Les Européens résidant dans les territoires egbas restent justiciables de l'Alake sans appel, dans tous les cas où la valeur en litige ne dépasse pas 25 livres, et avec appel en matière civile ou commerciale dans tous les cas où leurs propriétés foncières ne sont pas en jeu et où la valeur du litige varie entre 25 et 250 livres, et en matière correctionnelle dans tous les cas constituant chez nous des délits.

Cette reconnaissance du droit de justice sur les propres sujets du peuple protecteur est un acte tout à fait exceptionnel, même dans toute la politique indigène anglaise en Afrique occidentale, et à côté de l'émotion qu'elle créa dans la population européenne à Lagos, elle fut, avec la reconnaissance du droit de perception des « tolls », le principal élément des difficultés que nous eûmes à cette époque au Dahomey, nos indigènes estimant que nous devions leur accorder les mêmes droits.

Le 16 mai parût une ordonnance rendant exécutoires les clauses du traité. (1)

Les droits de juridiction acquis par le roi d'Angleterre sont attribués à la « Supreme Court » de Lagos et soumis aux règles de la « Supreme Court Ordinance » de 1876. Des sessions de cette cour doivent se tenir quatre fois par an à Abeokuta. (2)

---

(1) An ordinance to make provision for the exercise of the powers and juridiction acquired by His Majesty in Egbaland 1904.
(2) Order of the governor in Council 22 juillet 1904.

Les lois en usage dans la colonie de Lagos seraient appliquées dans les jugements prononcés en l'espèce. Cependant lorsque la cour le jugera bon, elle pourra appliquer les lois et coutumes en vigueur dans les pays egbas, si elles ne sont pas contraires à l'équité.

En matière criminelle, le juge sera assisté d'assesseurs dont le nombre ne pourra être inférieur à quatre.

Dans la séance d'ouverture de la première session, le « Chief Justice » s'exprima ainsi :

« Vous établissez actuellement dans cette capitale du » pays egba la juridiction de la cour de Lagos, inaugurant » ainsi une ère pleine de promesses non-seulement pour » Abeokuta mais encore pour tout le Yoruba. Ce fait » que l'Alake et son conseil ont cédé une partie de leurs » droits de juridiction montre la confiance qu'ils ont » dans le gouvernement de Sa Majesté et dans la cour » de Lagos, et je parle comme quelqu'un qui sait avec » quelle tenacité les Egbas maintiennent intacts leurs » droits et leurs pouvoirs, et avec quelle tenacité, ils les » défendent. Nous sommes sûrs que leur confiance » n'a pas été mal placée. La Cour Suprême de Lagos a » une haute réputation. Puissent les juges futurs con- » tinuer indéfiniment et tenir à cœur les intérêts » du peuple. En cette nouvelle occurrence une respon- » sabilité nouvelle pèse non seulement sur le gouverne- » ment de Lagos, mais encore sur chaque homme blanc » vivant dans ce pays. Noblesse oblige.

» Dans ces dernières années, le commerce s'est beau- » coup développé dans les terres egbas, et des habitants » d'autres pays sont venus s'y établir. L'Alake et ses » conseillers ont eu le bon sens de comprendre et le » courage de reconnaître qu'ils n'avaient pas encore » à leur disposition une magistrature capable de rendre » la justice dans tous les cas en litige, ni les éléments » nécessaires pour en former une. C'est pourquoi ils ont » offert à Sa Majesté certains pouvoirs sur ce pays.

» Sa Majesté toujours désireuse de venir en aide (à » ceux qui en ont besoin) a bien voulu accepter ces pou- » voirs et les responsabilités qu'ils entraînent.

» C'est ce qui a fait l'objet du traité que nous commen- » çons à exécuter aujourd'hui. Ce n'est en aucun sens » un abandon de cette indépendance de l'union que

» Sa Majesté a garantie au peuple egba et qui ne leur
» sera pas enlevée aussi longtemps qu'ils s'en serviront
» pour le bien général. C'est simplement un acte volon-
» taire de « self education » une preuve du bon sens du
» peuple et le gage d'autres dispositions meilleures
» encore ».

Un des chefs répondit : « Tout ce que le blanc a fait
» pour nous a été bon finalement. Il nous instruit comme
» ses propres enfants et nous soutient à l'aide de lisières.
» J'ai senti cela aujourd'hui tandis que je marchais pas
» à pas avec le Gouverneur. Je sentais que c'est par cela
» que nous recevons cette instruction. La convention à qui
» nous donnons effet aujourd'hui a été faite pour notre
» instruction. Nous recevons cette instruction et nous
» espérons que nous serons ensuite capables de diriger
» nos affaires nous mêmes. Je suis heureux que cet accord
» ait été fait pour notre bien et que nous ayons beaucoup
» à apprendre grâce à lui. Je ne doute pas que tous les
» enfants d'Egba soient heureux de l'inauguration de
» cette nouvelle manière de rendre la justice dans notre
» pays. »

Cette organisation fut complétée par une proclamation
de 1905 qui institua « the Egba Native Court of Appel »
composée de quatre juges membres de l'Egba Council,
dont un au moins devait être membre de la « mixed court »
et qui seraient nommés par l'Alake pour juger en appel
les causes qui étaient de la compétence exclusive des
tribunaux indigènes.

Les Européens n'acceptèrent, naturellement, pas sans
de vives protestations cette juridiction qui était attribuée
à des indigènes sur eux et ce régime ne fut maintenu que
pendant le gouvernement de Sir W. MacGregor.

Une série de conventions furent passées par son succes-
seur avec les chefs des différentes provinces Yorubas, vers
la fin de 1904, pour continuer l'organisation de la justice
indigène dans le protectorat; mais il n'y fut plus question
de « mixed court ».

Le gouvernement anglais s'attribua le droit de juger
tous meurtres et tous homicides commis soit par des
indigènes, soit par des Européens, et tous cas où une des
parties n'est pas un natif de la province. La « Supreme
Court » de Lagos est compétente dans ces cas, avec la

seule restriction que des avocats ou des avoués ne peuvent intervenir.

Un amendement à la « Supreme Court Ordinance » a fixé en 1905 (1) les pouvoirs judiciaires des résidents en matières civile ou commerciale.

Dans tous les cas où la « Supreme Court » est compétente, c'est-à-dire, pour toutes les provinces autres que celles d'Abeokuta, lorsqu'une des parties n'est pas un indigène de la province, devront être portés devant le résident :

Tout procès en matière personnelle *(personal suits)* lorsque la valeur du litige ne dépasse pas 25 livres;

Tout procès de matière de loyer d'immeuble lorsque la valeur de la rente ou du bail ne dépasse pas 25 livres.

Si cependant les parties sont d'accord à ce sujet, la compétence du résident peut s'étendre aux causes de la valeur double.

Il peut, sous la même condition, juger dans tous les cas de partage d'immeubles : mais si toutes les parties n'admettent pas cette compétence, il doit adresser le cas au « Chief Justice », qui le transmet à une « Divisional Court. »

Les résidents ont, en outre, le droit d'intervenir dans tous les cas prévus, par la « Supreme Court Ordinance » (décès, absence, etc.) pour assurer la conservation de la propriété foncière. Ils peuvent délivrer des *habeus corpus* et nommer des gardiens aux enfants abandonnés : mais tout cela seulement lorsque l'individu dont les biens ou la personne est en cause n'est pas natif de la province.

2° NORTHERN NIGERIA. — Sir F. Lugard a basé la constitution qu'il a donnée à la Nigeria sur l'attribution du gouvernement anglais et de la totalité des droits qui appartiennent au pouvoir souverain.

Il a considéré en outre que l'exercice de ce pouvoir repose sur l'administration de la justice pris dans son sens le plus élevé et nous avons indiqué comment tout le système gouvernemental dont il a doté cette colonie dérivait de la similitude des attributions judiciaires administratives de cette autorité dominatrice.

(1) Ad ordinance to make further provision with regard to the jurisdiction of District Commissioners in civil matters and to amend the Supreme Court Ordinance 1876-1905.

Étant donné cette identité de pouvoirs, et bien que ce fut contraire aux principes de Protectorat, il voulut faire de la « Supreme Court » le fondement de cette organisation judiciaire, dont elle est l'émanation primordiale d'après la constitution anglaise.

Dans son premier rapport annuel, Sir F. Lugard commenta ainsi le système judiciaire qu'il inaugurait :

« La « Supreme Court » sera compétente, en première
» instance et en appel, en toutes matières concernant
» des non-natifs et dans tous les cantonnements. Les
» juges inférieurs sont « Commissioners » de la « Supreme
» Court » sous sa juridiction. Dans les provinces qui sont
» trop éloignées de la « Supreme Court » pour que celle-ci
» puisse agir avec efficacité, les résidents auront une
» juridiction commune avec les « Native Courts » sur les
» indigènes, juridiction limitée seulement par la nécessité
» de confirmation par le « High Commissioner » dans tous
» les cas sérieux.

» Ils jugent en appel, et le « High Commissioner »
» assisté de son Conseiller légal *(legal adviser)*, peut
» renvoyer toutes leurs causes devant la « Supreme
» Court. » En pratique, là où il est possible d'établir un
» tribunal indigène *(Native Court)*, ce tribunal jugera
» tous les crimes ordinaires commis par les indigènes,
» mais les crimes contre les lois du Protectorat *(specific
» laws)*, comme ceux qui seront régis par les proclama-
» tions sur « l'esclavage », « l'alcool », les « armes à feu »,
» ou les « personnations » crimes qui sont étrangers à la
» loi indigène, seront de la compétence des « Provincial
» Courts ».

» La « Supreme Court » observera strictement la loi an-
» glaise *(strict law)* ; les « Provincial Court » observeront la
» loi anglaise modifiée par les lois de coutume indigène. »

En principe, il semble bien que la juridiction de la « Supreme Court » a été établie uniquement dans la Nigeria pour représenter la justice royale. L'ordonnance porte, en effet, que sa juridiction s'étendra :

« Sur les districts qui ont été déclarés cantonnements ;
» Sur toutes les causes dans lesquelles un non-indigène
» ou un indigène au service du gouvernement sera partie ;
» Sur tout acte criminel commis par ou sur un

» homme indigène ou non-indigène, au service du gou-
» vernement;

» Sur toute offensive civile commise par une personne
» soumise à la loi militaire. »

Mais elle ajoute que le Haut Commissaire pourra :

« Déterminer les parties du Protectorat sur lesquelles
» s'étendra la juridiction de la « Supreme Court »;

» Diviser le Protectorat en districts en vue de cette
» juridiction;

» Étendre la juridiction de la « Supreme Court » au
» delà des limites déterminées;

» Renvoyer devant la « Supreme Court » toute cause
» spéciale qui serait en dehors de sa juridiction ou de
» sa compétence. »

De leur côté, les « Commissioners » de la « Supreme
Court » (en l'espèce les résidents) peuvent renvoyer, de
leur propre initiative, ou, à la suite de la demande des
parties, demander au « Chief Justice » de renvoyer devant
la « Supreme Court » toute cause en instance devant eux,
et surtout une « Provincial Court » peut, avec l'approbation du Haut Commissaire, renvoyer une cause de sa
compétence devant cette « Supreme Court ».

La « Supreme Court » aura le droit d'appliquer la loi
et les coutumes indigènes lorsqu'elles n'auront rien d'incompatible avec la justice naturelle et les proclamations
en vigueur dans le Protectorat. Cette loi et ces coutumes
seront applicables dans toutes les causes où les parties
seront des indigènes, notamment dans les questions de
mariages, de relations domestiques et de propriété foncière. Elles seront ainsi invoquées aussi dans toutes les
causes entre indigènes et non-indigènes, lorsqu'il appa-
raîtra à la cour qu'une injustice serait faite à une des
parties si la loi anglaise était strictement appliquée.
Aucune partie n'aura le droit de réclamer le bénéfice de
l'application d'une loi ou d'une coutume locale s'il est
démontré que, par contrat, ou autrement, elle s'est
engagée à observer la loi anglaise; dans les cas où il n'y a
pas de loi spéciale pour le règlement de la controverse,
la cour jugera d'après les principes de la justice, de
l'équité, et de la bonne conscience.

La « Supreme Court » possède indépendamment de la
juridiction qui lui est conférée par l'ordonnance consti-

tutive, toute autre juridiction que peut exercer la Haute Cour de justice d'Angleterre à l'exception de celle conférée à la Haute Cour de l'Amirauté.

En tout ce qui ne sera pas contraire aux lois promulguées dans le territoire, la loi anglaise *(the common law, the doctrines of equity and the statues of general application)* sera en vigueur dans le Protectorat.

Dans toute cause civile qui sera jugée par la « Supreme Court », la loi et l'équité *(law and equity)*, seront pratiquées concurremment. Dans toutes les matières où il y aura conflit, les règles de l'équité prévaudront.

La « Supreme Court » n'aura pas le droit de faire exécuter par l'indigène une obligation contractée par lui envers un non-indigène en exécution d'une transaction commerciale basée sur le crédit. Le Haut Commissaire pourra cependant excepter de cette règle, la catégorie de transactions qu'il estimera bonne.

A la suite de l'ordonnance sur la « Supreme Court », un Code de la procédure à suivre devant elle a été publié.

En vertu de « The Cantonnement Courts Proclamation », une juridiction spéciale fut établie pour certains points occupés par l'administration, comme Lokodja et Egga, dans laquelle la justice anglaise est seule en vigueur. Cette juridiction est entre les mains d'un fonctionnaire dénommé « Cantonnement Magistrate », qui est un « Commisioner » de la « Supreme Court », et qui par conséquent a les pouvoirs d'un juge de la « Supreme Court. »

Sa compétence s'étend sur toute affaire personnelle où l'objet du litige ne dépasse pas 5 livres sterling, toute question foncière dans laquelle la valeur de la rente de l'immeuble objet du litige ne dépasse pas 5 livres. En matière criminelle, il juge toutes les contraventions au règlement des cantonnements et tous les délits qui ne doivent pas entraîner un emprisonnement de plus de trente jours avec ou sans amende ne dépassant pas 5 livres ou une flagellation de 5 coups.

Le « Cantonnement Magistrate » a le droit de renvoyer toute affaire entre indigènes devant une « Native Court ».

Les pouvoirs judiciaires des résidents sont fixés par « The Provincial Courts Proclamation » 1902, dont les principales dispositions sont les suivantes : il sera établi dans chaque province créée par le gouvernement un tribunal qui sera appelé la « Provincial Court ».

Ce tribunal sera formé par :

1º Le résident ou l'assistant résident de la Province;

2º Tout autre résident ou assistant résident nommé dans la même province et qui n'en aura pas la charge;

3º Toute personne nommée juge de paix de la province par le Haut Commissaire.

Chacune de ces personnes qui agira comme « Commissioner » de la « Provincial Court » aura la compétence attribuée à ce tribunal.

Les lois en usage en Angleterre *(the common law, the doctrines of equity and the statuts of general application)* seront applicables par ce tribunal, mais les lois indigènes seront applicables dans les mêmes conditions que devant la « Supreme Court ». Pour établir ces lois ou ces coutumes, le tribunal pourra se servir de tout livre ou manuscrit reconnu par les indigènes comme une autorité légale, ou prendra l'avis de toute personne qu'il estimera compétente en la matière.

La compétence des tribunaux de province s'étend dans leur district, en matière civile, à toute affaire personnelle dans laquelle la valeur du litige ne dépasse pas 10 livres sterling, et toute question foncière dans laquelle la valeur de la vente de l'immeuble objet du litige ne dépasse pas 10 livres; en matière criminelle, ils jugent tous les délits qui n'entraînent pas l'emprisonnement de plus de trente jours avec ou sans amende ne dépassant pas 5 livres, ou une flagellation de six coups, et ont la charge des biens ou des enfants abandonnés.

Ces tribunaux peuvent, avec l'approbation du Haut Commissaire, renvoyer devant la « Supreme Court » toute action intentée devant lui, et les résidents peuvent appeler devant le tribunal de leur province toute affaire adressée par un « Commissioner » de ce tribunal ou par une « Native Court » de la Province.

Les condamnations à mort, la déportation, un emprisonnement pour plus de six mois, une punition corporelle dépassant douze coups, ne pourrront être exécutés qu'avec l'approbation du Haut Commissaire, sauf dans le cas de rébellion ou d'extrême urgence, auquel cas des explications détaillées doivent être fournies au Haut Commissaire.

Aucun jugement ne pourra être rendu conférant la propriété d'un terrain ayant une superficie de plus de 10 acres, sans avoir été confirmé par le Haut Commissaire.

Le « High Commissioner » a le droit de confirmer ou de modifier tous les jugements, de les casser ou de refaire juger une cause à nouveau devant le même tribunal ou devant un autre.

En matière civile, il peut être fait appel des jugements des tribunaux de province devant la « Supreme Court ».

La compétence attribuée à un tribunal de province ne peut en aucune matière affecter celle de la « Supreme Court », mais celle-ci a, en toutes matières civile et criminelle, une compétence concurrente avec celle des « Provincial Courts ». Aucun jugement d'une « Provincial Court » ne pourra être attaqué en nullité comme incompétence territoriale.

Comme il est de règle pour la « Supreme Court », les tribunaux de province ne pourront juger les cas entre indigènes et non-indigènes où il y aura des questions de crédit commercial en jeu.

Les magistrats des « Provincial Courts » devront faire tout leur possible pour amener les parties en conciliation.

Une procédure spéciale devant les tribunaux de province a été fixée par l'ordonnance qui les a établis.

Le Haut Commissaire pourra nommer, avec l'approbation du Secrétaire d'État, une personne qu'il jugera apte à remplir les fonctions de résident et d'assistant résident dans les provinces du Protectorat. En cas d'absence ou de maladie et pour d'autres causes, les résidents pourront nommer pour les remplacer un assistant résident, qui agira avec ses pleins pouvoirs en attendant la sanction du Haut Commissaire. Tout résident agira dans sa province comme « Coroner »; il pourra nommer pour agir à sa place un « Deputy Coroner ».

Il est du devoir du résident de prendre toutes les mesures nécessaires pour le maintien du bon ordre dans sa province, et de prendre les mesures administratives et diplomatiques qui conviendront d'après les circonstances et suivant les instructions qu'il recevra, verbalement ou par écrit, du Haut Commissaire. Dans l'exercice de ses fonctions, le résident aura le droit de faire appel pour l'assister à toute personne, même aux troupes du Protectorat.

Dans l'exercice de ce droit, il ne devra pas intervenir dans la discipline et la direction intérieure de la troupe, non plus que dans la conduite des opérations militaires.

Dans le cas d'une insurrection armée ou d'une révolte générale de la province rendant nécessaire l'usage des troupes, le résident devra déterminer l'objet pour lequel les troupes devront être employées, et dans quelle mesure ; mais il devra en discuter autant que possible avec l'Officier commandant et pourra encourir des responsabilités spéciales.

Dans toute ville indigène que choisira le président de la province avec le consentement de l'émir ou chef principal du territoire dans lequel sera située cette ville ou, s'il n'y a pas d'émir ou chef principal, suivant la volonté du résident, celui-ci pourra établir un tribunal indigène *(Native Court)*.

Ce tribunal sera formé par une ou plusieurs personnes qui seront nommées avec l'approbation du résident par l'émir ou chef principal, ou à défaut par le résident lui-même.

Le « High Commissioner » désignera dans la *Gazette* les personnes qui auront qualité pour agir à ce point de vue comme émir ou chef principal.

Le résident ou l'assistant général auront en tout temps accès dans le tribunal et, sur la demande du demandeur ou défendeur ou de toute personne condamnée, ou de son propre mouvement, pourront faire recommencer l'audience de la cause devant le même tribunal, ou la renvoyer devant un autre, ou suspendre ou modifier de toutes façons tout jugement ou décision rendu par une « Native Court ».

Les « Native Courts » ne pourront juger que les causes dans lesquelles il n'y aura que des indigènes intéressés.

Les « Native Courts » n'auront aucune compétence dans les cas dans lesquels seront en cause la Couronne ou un non-indigène, ainsi que des employés indigènes du gouvernement (sauf, dans ce dernier cas, l'approbation du résident).

Elles seront également incompétentes dans les cantonnements. La limite territoriale de leur juridiction sera fixée par le résident avec le consentement du « High Commissioner ».

La loi ou coutume indigène prévalant dans le territoire de la « Native Court » sera appliquée par elle dans tout ce qu'elle n'aura pas de contraire à la justice ou à l'humanité, comme le seraient les tortures, les mutilations ou des punitions faisant souffrir gravement le corps.

Toute taxe ou amende perçue régulièrement par une « Native Court » d'après le taux fixé par le « High Commissioner » seront laissées à sa disposition et partagées suivant la proportion indiquée par le résident entre ses membres et le scribe qui sera attaché à chaque tribunal et qui conservera des minutes en haussa ou en arabe de tous les cas jugés.

Le résident adressera quatre fois par an au Haut Commissaire un rapport sur les cas particulièrement intéressants, ainsi que la liste des punitions infligées.

Les « Native Courts » mettront à exécution tous les décrets ou ordres qui pourront être rendus par la « Supreme » ou la « Provincial Court », et généralement leur prêteront toute l'assistance demandée. Elles saisiront et enverront au tribunal de province, le plus tôt qu'il leur sera possible, toute personne qui, dans la circonscription, aura commis une offense qui ne sera pas de leur compétence.

Aucun conseil, avocat ou avoué, ne pourra assister au civil et au criminel une partie en cause devant une « Native Court » sans l'assentiment écrit du résident.

Un Code pénal très détaillé a été promulgué (1) par Sir F. Lugard pour être appliqué par les différents tribunaux du Protectorat : les différentes pénalités sont les suivantes : mort (pendaison), bastonnade (flogging), amendes, emprisonnement, fouet (whipping), dommages-intérêts, remise de caution en garantie du bon ordre, déportation.

3° SOUTHERN NIGERIA. — Le principe sur lequel est établi le régime judiciaire de la Southern Nigeria est le même que celui qui régit la Northern Nigéria : attribution complète au pouvoir anglais.

______

(1) The criminel Code Proclamation 1904 (30 sep. 1904).

Les modalités seules diffèrent.

Comme dans la Northern Nigéria, une « Supreme Court Proclamation » a institué dans la Southern Nigéria une juridiction analogue à celle qui est octroyée à la « High Court of Justice of England » sur toute personne qui n'est pas native du pays. En matière indigène, la « Supreme Court » a le droit de se conformer aux coutumes du pays, en ce qu'elles ne sont pas incompatibles avec la justice naturelle, l'équité et le bon sens.

Le pays est partagé en districts au point de vue judiciaire comme au point de vue administratif.

Dans chacun d'eux, un tribunal dénommé « District Court », présidé par l'administrateur anglais, le « Commissioner », exerce par délégation les pouvoirs de la « Supreme Court ».

Chaque « Commissioner », en tant que juge de la « Supreme Court », est soumis à sa surveillance. Tous ses jugements doivent être communiqués au « Chief Justice ».

La compétence des « Commissioners » s'étendra à :

Tous cas civils en matière personnelle dans lesquels la valeur du litige ne dépasse pas 100 livres lorsque la dette est contestée, et tous ceux où la dette n'est pas contestée.

Tous cas en matière foncière lorsque la valeur du loyer de l'immeuble ne dépasse pas 25 livres.

Ces fonctionnaires ont le droit de délivrer des *habeas corpus* pour la comparution devant le tribunal des personnes déclarées sous serment innocentes, de nommer des gardiens aux enfants abandonnés et de prendre les mesures nécessaires pour conserver les propriétés abandonnées.

En matière criminelle, ils ont le droit de juger les cas qui entraînent une punition de six moix de prison au plus, avec ou sans travail forcé, et avec ou sans flagellation de quinze coups au plus, ou une amende de 50 livres.

Les « Commissioners » peuvent, s'ils le jugent opportun, renvoyer les procès entre les indigènes devant les tribunaux indigènes.

Le « Chief Justice » peut, pour des cas et pour une durée déterminée, étendre la compétence des « Commissioners ».

Chaque « Commissioner » agit comme « Coroner » dans le district où il est nommé. Le « High Commissioner » peut nommer comme « Deputy Coroner » toute personne qui lui paraîtra convenable ; en l'absence d'un « Deputy Coroner », le « Commissioner » qui sera empêché d'agir lui-même comme « Coroner » pourra nommer à cette fonction telle personne qu'il jugera bon.

A la fin de chaque mois, les « Commissioners » devront adresser au « Chief Justice » la liste de tous les cas ayant entraîné une pénalité corporelle ou une amende. Cette liste agira comme une requête en appel, et, lorsqu'un de ces jugements aura été rendu contrairement à la loi, le « Chief Justice » pourra, sans nouvelle procédure, annuler ou modifier ces jugements ou en réformer les effets. Il ne pourra en être ainsi, cependant, lorsqu'un « Commissioner » aura réservé un point déterminé au jugement de la « Supreme Court », ou lorsqu'un condamné aura fait appel spécialement. Au lieu de statuer par lui-même sur les cas portés sur la liste, le « Chief Justice » pourra les renvoyer aussi au « Commissioner » pour qu'il en saisisse la « Supreme Court ».

A côté du « Commissioner » fonctionnent comme tribunaux indigènes « Native Courts » les conseils indigènes « Native Councils » qui ont la surveillance des tribunaux de village « Minor Courts ».

Les « Native Courts » ont pleine compétence dans toutes les affaires, civiles ou criminelles, où la loi indigène est applicable et dans lesquelles toutes les parties sont indigènes, et dans celles pour lesquelles toute personne non-indigène déclare demander le jugement d'une « Native Court ».

Partout où une « Native Court » est établie dans un district, la juridiction civile ou criminelle qu'elle a sur les indigènes ne peut être exercée par aucune autre juridiction indigène quelle qu'elle soit.

Dans les limites définies par l'ordonnance, la compétence des « Native Councils » s'étend en matière civile à :

Tous procès personnels dans lesquels la valeur de l'objet du litige ne dépasse pas 200 livres et dans lesquels le défenseur réside dans le district du « Council ».

Tous procès concernant des questions de propriété foncière dans lesquels la valeur du litige ne dépasse pas 20 livres à condition que l'immeuble sur lequel porte la contestation soit situé dans le district de la « Court » ;

Tous procès relatifs aux successions de personnes qui

résident dans le district au moment de leur mort et dans lesquels la valeur du litige ne dépasse pas 200 livres.

Au point de vue criminel, la compétence des « Natives Councils » s'étend à tous les délits ou crimes commis dans le district et pour lesquels il ne doit pas être prononcé une peine dépassant un emprisonnement de deux ans, avec ou sans travaux forcés, et, avec ou sans flagellation ne dépassant pas quinze coups, un emprisonnement d'un an et une amende ne dépassant pas 100 livres.

Dans les limites définies par l'ordonnance, la compétence des « Minor Courts » est la même que celle des « Native Courts », mais la valeur du litige ne doit pas dépasser 25 livres en matière personnelle et foncière, et 50 livres en matière de succession. En matière criminelle, leur compétence s'étend aux offenses pour lesquelles il ne devra pas être prononcé une peine dépassant un emprisonnement de six mois, avec ou sans travaux forcés, et avec ou sans flagellation ne dépassant pas quinze coups, ou un emprisonnement avec une amende de 25 livres, ou encore une amende de 50 livres.

Le « High Commissioner » peut réduire ou augmenter pour toute « Native Court » les compétences déterminées ci-dessus.

Aucun jugement de « Native Court » ne peut être annulé sous prétexte qu'il est rendu dans une matière pour laquelle ladite « Court » n'est pas compétente, à moins qu'il en ait été ainsi décidé en appel par la « Native Court » ou la « Supreme Court ».

Aucun jugement ou décision d'une « Native Court » ne peut être annulé pour cause d'erreur dans la formation de la « Court ».

Lorsqu'une « Native Court » juge qu'elle n'est pas compétente dans un cas déterminé, elle peut renvoyer ce cas devant la « Court » qu'elle estime compétente et peut prononcer les dépens qu'elle juge convenables.

Toute « Native Court » peut demander la collaboration d'assesseurs indigènes, à qui il ne sera donné que voix consultative pour se renseigner sur les lois ou coutumes indigènes.

Aucun avocat, conseil, avoué ou fondé de pouvoirs *(advocate, solicitor, proctor or attorney)* ne peut intervenir dans les « Native Courts » sans autorisation des tribunaux.

Les « Native Courts » peuvent autoriser les maris ou épouses, maîtres ou serviteurs des demandeurs ou défendeurs à comparaître à la place de ceux-ci.

Toute personne qui ne payera pas l'amende à laquelle elle est condamnée peut être condamnée à un an de prison ou à toute autre peine équivalente, après quoi il lui est fait remise de sa peine.

L'exécution de tout jugement rendu en matière civile peut être assurée par une garantie donnée sur les biens, meubles ou immeubles du condamné, ou par tout autre moyen qui n'est pas incompatible avec les principes de droit naturel ou la loi anglaise.

Toute personne qui n'est pas satisfaite par une décision rendue par une « Minor Court » peut faire appel dans les trente jours devant le « Native Council » du district ; si elle n'est pas satisfaite de la décision du « District Council », elle peut demander dans les trente jours au « District Commissioner » l'autorisation de faire appel devant la « Supreme Court ».

Tout appel devant la « Supreme Court » doit être entendu par un juge de la « Supreme Court », siégeant avec au moins deux et au plus cinq assesseurs ayant voix consultative, choisis par ce juge parmi les membres des « Native Coucils » ou des « Minor Courts ».

Le « District Commissioner » d'un district a le droit d'arrêter l'audition de toute · cause civile ou criminelle soumise à une « Minor Court » ou « District Court » et de la soumettre suivant le cas, au « Native Council » du district ou à la « Supreme Court ».

4° SITUATION DEPUIS LA FUSION. — Nous ne saurions mieux la définir qu'en donnant ici un extrait du beau rapport qu'a rédigé Sir F. D. Lugard sur l'administration de la Nigéria du Nord et de la Nigéria du Sud, de 1912 à 1919.

« Le système adopté dans la Nigéria du Nord est basé sur la reconnaissance de l'autorité des chefs indigènes. Le désir du Gouvernement était que ces chefs gouvernent leur peuple non pas comme des chefs indépendants, mais comme des gouvernants dépendants. Les · ordres du Gouvernement ne sont pas transmis au peuple simplement par leur intermédiaire, mais les ordres et les règlements émanent d'eux-mêmes, suivant les instructions reçues du

Gouvernement par l'intermédiaire du Résident (lorsque ceci est nécessaire), tandis que les chefs sont sous le contrôle direct du Gouvernement en tout ce qui concerne la politique générale et les affaires importantes, le peuple est contrôlé par les Chefs, mais suivant cette même politique générale. Un fonctionnaire politique (Political Officer) considérerait comme un acte irrégulier de donner des ordres directement à un indigène en particulier, ou même à un chef de village, de même qu'un général, à la tête d'une division, ne donnerait pas un ordre à un simple soldat, sinon par la voie hiérarchique. Les tribunaux fonctionnent d'après les lois indigènes et sont présidés par les juges indigènes (417 en tout), les condamnations qu'ils prononcent ne sont pas en conformité avec celles du Code criminel britannique, mais, d'autre part, la loi indigène ne doit pas être en opposition avec les lois et règlements du Gouvernement qui sont applicables partout, et les tribunaux, comme je l'expliquerai plus loin, sont sous la surveillance étroite du personnel du District. Les lois concernant les dispositions et la procédure n'ont pas pour base les standards britanniques, mais les sentences, lorsqu'elles sont manifestement défectueuses, sont sujettes à revision. Les prisonniers indigènes sont enfermés dans les prisons indigènes qui sont sous la surveillance de l'Administration britannique. Les impôts sont levés au nom du Chef indigène et par ses propres agents, mais il donne au Gouvernement la proportion qui a été déterminée et toutes les dépenses concernant l'Administration indigène, y compris les appointements fixes des fonctionnaires indigènes, sont sujettes à la révision du Résident, et sous le contrôle final du Gouverneur général et non pas celle d'un fonctionnaire qui se mêle des affaires indigènes : cependant son devoir est de protéger les droits des paysans et d'empêcher toute injustice à leur égard.

» Ce système ne peut, évidemment, être appliqué pleinement que là où beaucoup d'indigènes sont rassemblés sous le Gouvernement centralisé d'un Chef suprême (paramount) ayant à sa disposition des rouages administratifs et ce système est applicable surtout dans les provinces musulmanes du Nord. Cependant les principes sur lesquels ce système repose sont appliqués dans la mesure du possible (mesure qui varie suivant le cas) même parmi les tribus les plus primitives du Nord. Le premier pas qu'il y a à faire est d'essayer de trouver un homme influent qui sera le Chef suprême et de grouper autour de lui autant de villages ou de districts qu'il sera possible ; il faudra ensuite lui enseigner à déléguer ses pouvoirs à ses Agents, puis il faut s'intéresser à la « Trésorerie indigène », soutenir l'autorité du chef et lui inculquer le sens de la responsabilité.

» On peut affirmer que le système a été appliqué avec succès dans le Nord, et je désirais introduire les principes de ce même système dans le Sud. Il est cependant évident qu'il est basé essentiellement sur le principe des impôts directs, lesquels fournissent à l'Administration indigène les fonds nécessaires pour payer les salaires et appointements du Chef Suprême et de tous les autres fonctionnaires; de cette manière, on met fin aux exactions illimitées qui, jusqu'à présent, avaient fourni les revenus de ces Chefs et il faut, en outre, réduire le nombre des fonctionnaires et ne conserver que strictement le nombre nécessaire pour le bon fonctionnement de l'administration indigène. Le Secrétaire d'État, n'étant pas d'avis d'autoriser cette innovation, tant qu'on était en guerre avec les Cameroons, et la situation générale en ce qui concernait les Provinces de Yoruba et Egbaland était, par conséquent, extrêmement difficile, car aucun système nouveau ne remplaçait le mauvais Gouvernement indigène dont les abus avaient déjà été réprimés à la suite des démarches et des mesures dont j'ai déjà parlé.

» Lors de l'Amalgamation, le Chef suprême de la justice et les juges ordinaires de la Nigéria du Nord et de celle du Sud furent remplacés par un unique Juge Supérieur (*Chief Justice*) aidé de quatre juges ordinaires, ce qui faisait 5 juges pour toute la Nigéria, au lieu de 7 comme autrefois.

» Au lieu de congé annuel régulier de cinq mois et quelques jours (y compris le temps des traversées), accordé après chaque année complète passée dans la Nigéria, le Secrétaire d'État décida, en même temps, que les juges auraient leur congé annuel après huit mois de résidence dans le pays, — ce congé coïnciderait avec les vacances annuelles du tribunal, — soit entre le 1er juin et le 1er octobre ; le Juge supérieur prendrait les mesures néces-

saires pour qu'un juge suppléant puisse liquider les
affaires urgentes. Comme il est à peu près impossible de
tenir les assises pendant la saison des pluies et que le
nombre des procès, à cette époque, diminue considérablement, le nouveau système offre cet avantage qu'il
utilise le temps des juges plus efficacement et que la Cour
tout entière est présente pendant les mois où sa présence
est le plus utile. Ce changement, ainsi que ceux que nous
avons décrits dans le chapitre sur les Cours de Justice
a donné l'excellent résultat que la Cour, pour la première
fois, n'a pas eu d'affaires en retard.

» Les trois « Police Magistrates », l'un pour Lagos et
l'autre pour Calabar et le troisième pour les suppléer,
dépendent du « Chief Justice » pour le travail administratif. Maintenant, il est d'usage d'exiger que ces magistrats, pour être nommés, aient le titre d'avocat et ils ont
toutes les chances d'avancement dans les services judiciaire et légal. Les Magistrats locaux (*Station Magistrates*),
d'autre part, qui autrefois faisaient partie de la Magistrature, ont été classés dans le personnel administratif
auquel ils appartiennent plus naturellement. Leurs fonctions en tant que ces Magistrats sont secondaires à celles
qu'ils exercent comme « Local Autority », maire de la
ville dont ils ont la direction intérieure. Quand le travail
qu'ils ont à faire comme magistrats devient trop lourd,
on leur adjoint un « Police Magistrate ». Ils remplacent
les anciens magistrats de canton du Nord.

» Un seul Procureur fut nommé pour la Nigéria et chaque
Lieutenant-Gouverneur est assisté d'un Conseiller Légal.
Un magistrat représentant le Ministère Public de la
Couronne complète le personnel légal.

» A la fin de 1914, le Juge supérieur était en mesure
d'écrire : « Le nouveau système judiciaire, autant que
» je puis en juger, est un succès complet et indiscutable,
» je n'ai entendu aucune plainte au sujet de la réduction
» de juridiction de la Cour Suprême, et je suis absolument
» certain qu'aucune affaire civile n'est ou ne sera laissée
» de côté, tandis que les délits criminels sont et seront
» jugés plus rapidement et d'une façon plus satisfaisante
» que sous l'ancien système. Il n'y a maintenant absolu-
» ment aucun procès en retard dans aucune section. Oui,

» je le répète, le système a réussi d'une façon qui dépasse
» de beaucoup tout ce que j'avais osé espérer ».

» Une année plus tard, en janvier 1916, le juge disait
dans son rapport que le nombre des procès n'était pas
inférieur au nombre moyen des années précédentes dans
chacune des divisions de la Cour Suprême, et que toutes
les affaires avaient été liquidées sans effort extraordinaire
et sans retard autre que le retard attribuable aux parties
elles-mêmes et qu'il n'y avait aucune affaire en souffrance.
Toutes les affaires en retard, laissées par la Cour Suprême
de la Nigéria du Sud, avaient été jugées. « Le fait que le
» nombre des procès est égal à la moyenne d'autrefois
» (bien que la plupart des procès concernant les terres et
» qui remplissaient autrefois les listes des causes à juger,
» aient été enlevés à la juridiction de la Cour Suprême),
» prouve amplement que les affaires commerciales ordi-
» naires remplaceront bientôt les autres, et que la Cour ne
» perdra rien à la suppression d'une certaine classe de
» procès qui ne lui donnaient aucun crédit et qui n'avaient
» aucun avantage pour le public. » Il conclut en disant que
» les résultats de la première année pendant laquelle le
» nouveau système a été en vigueur, prouve bien que,
» pour la première fois dans l'histoire de la Colonie et du
» Protectorat, la Cour Suprême a eu un personnel suffi-
» sant puisque toutes les affaires ont pu être jugées et
» tout le travail tenu au courant sans aide extérieure et
» qu'une nouvelle organisation a été créée capable de
» satisfaire à toutes les demandes raisonnables et à tout
» ce qu'on peut exiger d'elle ».

» En octobre 1917, le « Chief Justice » faisait un nouveau
rapport sur ma requête au sujet du fonctionnement du
système judiciaire dans son ensemble qui était en vigueur
depuis trois ans. Il était plus à même que personne pour
faire ce rapport, puisque pendant les neuf mois précédents
il s'était chargé de confirmer les sentences et de reviser
tous les jugements de la Nigéria du Sud comme il l'avait
fait précédemment pendant cinq ans pour la Nigéria du
Nord. En résumé, son opinion est que tous les procès
avaient été soigneusement étudiés et bien jugés et que
les Cours Provinciales avaient été tout à fait à la hauteur
des circonstances, à cause même de la simplicité et de la
rapidité de leur procédure. Ce résultat satisfaisant est

encore prouvé par le petit nombre de procès qui durent être transférés à une autre Cour et lorsque le transfert eut lieu, ce fut généralement à la demande de la Cour elle-même, tandis que le nombre des appels fut insignifiant. (A Calabar, où les protestations contre le nouveau système avaient été les plus violentes, il y eut seulement deux appels et, dans ces deux cas, il s'agissait de procès relatifs à des terres, et dans les deux cas le jugement fut confirmé). Pendant trois ans et trois mois, le droit d'appel fut admis dans onze cas. Il y eut dix-huit demandes de transfert faites par les parties pour des procès qui furent soumis à la Cour Suprême, mais, dans huit cas, le transfert fut refusé. Pour faciliter les appels, le « Chief Justice » avait simplifié la procédure.

» Depuis, le nombre des affaires à juger par la Cour Suprême a augmenté, mais tous les procès ont été jugés sans aide extérieure et sans retard, quoique tous les procès concernant les terres aient été enlevés à sa juridiction. Dans les Provinces du Sud, c'est au « Chief Justice » qu'avaient été délégués les pouvoirs pour confirmer les jugements et non au Lieutenant-Gouverneur et le Juge était d'avis qu'il devait en être de même pour les Provinces du Nord, non pas parce que le Juge était susceptible d'envisager les choses d'une manière différente de celle du Lieutenant-Gouverneur, mais parce qu'il était possible que les fonctionnaires politiques considèrent les Cours comme l'instrument du Conseil Exécutif et que, dans ce cas, elles seraient simplement sous un contrôle judiciaire.

» Il exprima, en outre, son opinion au sujet du manque de confiance des Cours indigènes, sauf dans les Tribunaux supérieurs des Provinces du Nord, mais il convint que, suivant la tradition britannique, le peuple devait être dressé et préparé à prendre sa part dans l'Administration et le personnel politique ne pouvait absolument pas fournir un personnel suffisant et un nombre suffisant de Tribunaux pour juger toutes les petites affaires sans importance. Il arrive ainsi à la conclusion que le nouveau système a parfaitement répondu à ce qu'on en attendait, que les Provinces du Nord ont obtenu une vue plus large des choses tandis que dans les Provinces du Sud, les Yorubas ont eu accès, pour la première fois, à un Tribunal

Britannique et que maintenant le Gouvernement peut obtenir légalement ce qu'il n'obtenait autrefois que par une pression politique. Autrement, dans les Provinces du Sud, le nouveau système marque une grande amélioration et il est bien compris par le peuple ; tous ceux qui le désirent ou qui ont un droit traditionnel, peuvent s'adresser à la Cour Suprême et on a fait le nécessaire pour sauvegarder les intérêts de tous contre l'oppression et la corruption dans les Cours indigènes. Le « Chief Justice » termine son rapport ainsi qu'il suit : « Pour » conclure, je me permets de dire que l'organisation des » Tribunaux de la Colonie et des Protectorats, qui a fait » ses preuves maintenant pendant trois ans, a donné tous » les résultats qu'on en attendait et qu'elle est en mesure » de répondre à tous les besoins ; de plus, qu'elle est » capable de s'étendre et de se développer de manière à » être suffisante pour n'importe quelle situation d'ici un » nombre considérable d'années ».

» Il faut remarquer aussi que le nombre de condamnations a beaucoup augmenté depuis 1913 ; on peut attribuer ce fait à ce que la loi est mieux appliquée, tandis qu'autrefois les difficultés et les retards aboutissaient très souvent au pardon du crime.

» J'ai discuté avec le « Chief Justice » sa proposition relative à la délégation des pouvoirs de confirmer les jugements et de reviser les procès, pouvoirs qui, autrefois, appartenaient au Gouverneur général et que le « Chief Justice » désire se voir déléguer à lui, et non aux Lieutenants-Gouverneurs qui, dans ce cas, se guideraient sur les avis de leurs Conseillers légaux. L'argument en faveur de la délégation de ces droits au Lieutenant-Gouverneur est que les Lieutenants-Gouverneurs, en étudiant les listes de ces procès peuvent mieux se rendre compte de ce qui se passe dans les Provinces et peuvent se former une opinion plus nette sur les capacités et les droits du personnel politique en ce qui regarde l'avancement. C'est pour cette raison que les deux Lieutenants-Gouverneurs insistaient tout d'abord pour garder la délégation des pouvoirs. De plus, le Gouvernement ne peut pas toujours compter avoir un « Chief Justice » possédant la largeur de vue, la vaste expérience des choses du pays, et la sympathie du Conseil Exécutif Provincial, que Sir Edwin Speed avait acquises pendant les dix-huit années qu'il avait exercé ses fonctions dans la Nigéria. Il y a un autre danger, c'est celui d'un conflit possible dans l'exercice des prérogatives dont est investi le Gouverneur, en tant que représentant le Gouvernement lorsqu'il s'agit de la grâce et du pardon des prévenus. En investissant le Gouverneur général du droit de déléguer les pouvoirs, on a, à mon avis, agi sagement.

» Le procédé qui me semble offrir le minimum de difficultés est celui qui laisserait au Lieutenant-Gouverneur aidé de son Conseiller légal l'examen des procès dont les jugements ne doivent pas être confirmés et qui déléguerait au « Chief Justice » les pouvoirs de confirmer les jugements. Ou bien comme je l'ai proposé dans mon premier rapport, et comme cela a été approuvé, les Résidents de première classe peuvent cesser d'exercer le pouvoir judiciaire et de confirmer les jugements qui ne dépassent pas un an de prison, les Lieutenants-Gouverneurs ont le même pouvoir pour les condamnations jusqu'à dix ans, tandis que les condamnations à plus de dix ans sont soumises à la confirmation du « Chief Justice ». Pour le moment, les droits de confirmation et de revision des jugements sont, comme je l'ai dit, délégués par le Gouverneur général au « Chief Justice » dans les Provinces du Sud, et au Lieutenant-Gouverneur dans les Provinces du Nord, à l'exception des condamnations à mort qui sont confirmées par le « Chief Justice ». En ce qui regarde les tribunaux indigènes, je considère comme une question de la plus grande importance la nécessité d'augmenter le personnel politique, afin de lui permettre d'exercer une surveillance étroite sur ces tribunaux. Les rapports reçus de toutes les Provinces indiquent cependant une amélioration constante et satisfaisante, amenée par le nouveau système dans les Provinces du Sud.

» Le système tel que je viens de le décrire a été l'objet d'une opposition continue dans les Provinces du Sud et a donné lieu à plusieurs pétitions adressées au Secrétaire d'État. Suivant les avis du « Chief Justice » et de toutes les autres personnes qui m'ont fourni des renseignements, ces pétitions ont été faites uniquement par des juges locaux (et leurs amis) qui se sont trouvés lésés dans leurs intérêts par le fait qu'ils ont été exclus des Tribunaux indigènes et provinciaux, et qui ont obtenu les signatures d'un très grand nombre de personnes, ignorant les faits réels et les résultats obtenus. Ces personnes habitent presque toutes dans la Colonie ou dans la région judirique dépendant de la Cour Suprême, région où les Cours indigènes et provinciales n'exercent aucune juridiction.»

Le compte rendu précédent permettra, j'espère, de répondre à toutes les objections qui ont été soulevées. Mais il sera peut-être utile de relever celles de ces objections qui paraissent justifiées et d'indiquer comment il faut leur répondre; c'est pour cela que j'ai résumé les principales critiques et objections qui ont été faites ainsi que les réponses dans un appendice à ce rapport.

II.

AFRIQUE OCCIDENTALE FRANÇAISE.

La justice a été organisée en Afrique occidentale française par les décrets des 30 septembre 1887, 10 novembre 1903, 21 janvier 1904, 22 mai 1905 et 25 avril 1910 au point de vue général et réorganisée, au point de vue de la justice indigène par les décrets des 16 août 1912, 12 septembre 1913 et 14 janvier 1918.

Une série d'autres textes établissent les circonscriptions judiciaires des Tribunaux.

Dans les Colonies formant le Gouvernement général de l'Afrique occidentale française, la justice est rendue par une cour d'appel, des cours d'assises, des tribunaux de première instance, des justices de paix à compétence étendue et des tribunaux indigènes.

TRIBUNAUX FRANÇAIS

I. — COURS D'APPEL. — Il est institué une Cour d'appel de l'Afrique occidentale française, dont la juridiction s'étend sur tous les territoires des colonies du groupe.

Le siège de cette Cour est à Dakar.

La Cour d'appel est composée d'un président, d'un vice-président et de sept conseillers. Elle comprend, en outre, un greffier et des commis-greffiers dont le nombre est déterminé par arrêté pris par le Gouverneur général après délibération de la Cour et sur l'avis du Procureur général.

Le greffier de la Cour est, en même temps, greffier du Tribunal de première instance du lieu où siège la Cour.

Les fonctions du Ministère public sont remplies près la Cour d'appel par un Procureur général assisté d'un avocat général et d'un substitut.

La Cour connaît également de l'appel des jugements des tribunaux musulmans.

Les décisions rendues en premier et en dernier ressort et en toute matière par les tribunaux de première instance et les justices de paix à compétence étendue peuvent être attaquées par la voie de l'annulation devant la Cour d'appel, mais seulement pour excès de pouvoir, incompétence ou violation de la loi.

II. — TRIBUNAUX DE PREMIÈRE INSTANCE. — Les tribunaux de première instance siègent au chef-lieu des colonies du groupe, à Dakar, Saint-Louis, Konakry, Grand-Bassam, Cotonou, Bamakio et Lomé. L'étendue de leur ressort est déterminée par arrêté du Gouverneur général (arrêté du 6 juillet 1904, B. O., 500) pris sur la proposition du Lieutenant-Gouverneur de chaque colonie, après avis du Procureur général, et soumis à l'approbation du Ministre des Colonies.

Ces tribunaux se composent d'un juge-président, d'un lieutenant de juge, d'un juge suppléant, d'un procureur de la République, d'un greffier et de commis-greffiers dont le nombre est déterminé par un arrêté pris par le Gouverneur général sur la proposition du Procureur général.

Ils connaissent de toutes les actions civiles et commerciales en premier et en dernier ressort, jusqu'à la valeur de 1,500 francs en principal ou de 100 francs de revenus, soit en rentes, soit par prix de bail; en premier ressort seulement et à charge d'appel devant la Cour, de toutes les actions s'élevant au-dessus de ces sommes.

En matière correctionnelle et de simple police, ils connaissent de tous les délits et de toutes les contraventions.

Les jugements de simple police ne peuvent être attaqués par la voie de l'appel que s'ils prononcent cinq jours d'emprisonnement ou si les amendes, restitutions et autres réparations civiles excèdent la somme de cent francs, outre les dépens.

Le juge président rend seul la justice dans les matières qui sont de la compétence du tribunal de première instance et de la justice de paix. Il remplit les fonctions attribuées aux présidents des tribunaux de première instance et aux juges de paix par le Code civil et par les Codes de procédure civil, de commerce et d'instruction criminelle.

Le lieutenant de juge remplit les fonctions attribuées au juge d'instruction par le Code d'instruction criminelle et par le décret du 11 avril 1899 dont les dispositions sont applicables à tous les tribunaux de première instance du ressort. En cas d'empêchement du juge président, il le remplace dans ces fonctions.

Le juge suppléant est appelé à remplacer les membres du tribunal, absents ou empêchés. Il peut être également chargé des fonctions du ministère public.

Il fait, en outre, tous les actes rentrant dans la juridiction gracieuse des juges de paix, tels qu'ils sont énumérés à l'article 28 du décret du 15 mai 1889.

En cas d'absence ou d'empêchement de ces deux magistrats, le juge président est chargé de l'instruction.

III. — JUSTICES DE PAIX A COMPÉTENCE ÉTENDUE. — Dans les territoires non compris dans les ressorts des tribunaux de première instance, des justices de paix à compétence étendue peuvent être instituées dans les conditions ci-après :

Un arrêté du Gouverneur général, pris sur la proposition du Chef de la Colonie, après avis du Procureur général, fixe le siège et le ressort de chacune de ces justices de paix.

Les fonctions de juge de paix sont remplies par l'administrateur du cercle et celles du ministère public par un fonctionnaire ou un agent civil ou militaire désigné, dans les mêmes formes que ci-dessus, par le Gouverneur général.

Les fonctions de greffier et d'huissier sont remplies par des agents civils ou militaires désignés par le juge de paix qui reçoit leur serment.

En toute matière, la compétence de ces justices de paix est celle des tribunaux de première instance.

Les juges remplissent, en outre, dans l'étendue de leur circonscription, les fonctions de juge d'instruction.

IV. — Cours d'Assises. — Les Cours d'assises siègent à Dakar, Konakry, Gand-Bassam et Cotonou. Les territoires de la Sénégambie et du Niger ressortissent à la Cour d'assises du Sénégal.

Toutefois, lorsque les circonstances l'exigent, le Gouverneur général peut, sur la proposition du Procureur général, en transporter temporairement le siège dans d'autres lieux.

La Cour d'assises du Sénégal se compose de trois membres de la Cour d'appel dont l'un remplit les fonctions de président, de quatre assesseurs, du Procureur général ou des membres de son parquet, du greffier de la Cour d'appel.

Les Cours d'assises de la Guinée française, de la Côte d'Ivoire et du Dahomey se composent :

1º D'un conseiller, à la Cour d'appel, président;

2º Du juge président du Tribunal de première instance, ou, à défaut, d'un des juges;

3º D'un fonctionnaire de la Colonie, désigné par le Gouverneur général, au commencement de chaque année, après avis du Procureur général;

4º De deux assesseurs;

5º Du greffier du tribunal.

Les fonctions du ministère public sont exercées par le Procureur de la République près le siège de la Cour d'assises, à moins que le Procureur général ne juge utile de les exercer lui-même ou de désigner, à cet effet, un membre de son parquet.

V. — Compétence des Tribunaux français. — En matières civile et commerciale, les tribunaux de première instance et les justices de paix de Kayes et de Bamako connaissent de toutes les affaires dans lesquelles sont intéressées les personnes demeurant dans le ressort. La loi française est seule appliquée.

Toutefois dans les affaires concernant les individus qui ont conservé le statut indigène et relatives aux questions qui intéressent l'état civil, le mariage, les successions, les donations et les testaments, les juridictions précitées ou la Cour s'adjoignent un assesseur musulman ou non musulman, suivant la qualité des parties. Elles procèdent et jugent, dans ces cas, soit suivant la loi coranique, sauf sur les points où prévalent des coutumes locales, soit suivant les coutumes locales.

S'il s'agit de musulmans, cet assesseur est, pour les tribunaux de première instance et les justices de paix à compétence étendue, le cadi du lieu et pour la Cour, le cadi-tamsir; à défaut de l'un ou de l'autre, un notable musulman désigné chaque année par le Gouverneur général après avis du Procureur général.

S'il s'agit de non musulmans, l'assesseur, et pour le cas d'empêchement de ce dernier, l'assesseur suppléant, sont désignés dans les mêmes conditions, par les mêmes autorités, tant pour la Cour que pour les tribunaux et justices de paix.

Si les parties n'ont pas le même statut, il peut être adjoint aux tribunaux et justices de paix ou à la Cour un assesseur du statut de chacune des parties. Ces assesseurs sont délégués, le cas échéant, par le Gouverneur général, après avis du Procureur général.

Dans tous les cas, les assesseurs ont voix consultative.

Par exception aux dispositions qui précèdent, les tribunaux musulmans institués dans chacune des villes de Saint-Louis, Dakar, Rufisque et Kayes instruisent et jugent, en se conformant à la loi coranique, sauf sur les points où prévalent des coutumes locales, les causes concernant les indigènes musulmans et se rapportant aux affaires ci-dessus énumérées.

Ces tribunaux musulmans se composent d'un cadi, d'un assesseur qui supplée celui-ci en cas d'empêchement, et d'un greffier qui reçoivent des traitements annuels.

Des arrêtés du Gouverneur général déterminent le ressort de chaque Tribunal musulman et pourvoient, après avis du Procureur général, à la nomination des cadis, assesseurs et greffiers.

Les formes de procéder devant les tribunaux musulmans sont celles en usage chez les musulmans du ressort.

La justice musulmane est rendue sans autre frais que ceux qui sont prévus par la loi musulmane. Sont susceptibles des droits de timbre et d'enregistrement les expéditions et grosses des jugements et des arrêtés rendus en matière musulmane, ainsi que tous actes musulmans, quand ils comportent transmission de propriété, d'usufruit ou de jouissance de bien immeubles.

En matière civile et commerciale, les juges de paix à compétence étendue connaissent dans l'étendue de leur ressort de toutes les affaires dans lesquelles sont intéressés les Français, Européens ou assimilés aux Européens.

VI. — RECRUTEMENT DU PERSONNEL JUDICIAIRE. — Les incompatibilités déterminées par les lois pour la magistrature métropolitaine sont applicables aux membres des tribunaux de l'Afrique occidentale française.

Les minimum d'âge sont les suivants :

Le suppléant de la justice de paix à compétence étendue de Kayes, les juges suppléants de tribunaux de première instance, les lieutenants de juge, les procureurs de la République, le substitut du Procureur général, l'avocat général, doivent être âgés de vingt-cinq ans.

Le juge de paix à compétence étendue à Kayes, les juges présidents des tribunaux de première instance, les conseillers, de vingt-sept ans.

Le président et le vice-président de la Cour d'appel, le Procureur général, de trente ans.

Nul ne peut être appelé à un emploi de début dans la magistrature s'il n'est licencié en droit et s'il n'a fait un stage de deux ans au barreau.

Le greffier de la Cour d'appel, les greffiers des tribunaux de première instance et de la justice de paix à compétence étendue de Kayes doivent être âgés de vingt-cinq ans, les commis-greffiers de vingt-et-un ans.

Les greffiers de la Cour, les tribunaux de première instance et de justice de paix à compétence étendue de Kayes ne peuvent être choisis que parmi les licenciés en droit, à moins qu'ils ne justifient d'un stage de deux années soit dans un greffe, soit dans une étude d'avoué.

Les magistrats et les greffiers sont nommés par décret.

Les commis-greffiers sont nommés par le Gouverneur général sur la proposition du Procureur général.

JUSTICE INDIGÈNE.

Dans les territoires non compris dans le ressort des tribunaux de première instance du Sénégal, la justice indigène est administrée, à l'égard des individus non justiciables des tribunaux français, par des tribunaux de village, des tribunaux de subdivision administrative (résidence, secteur ou district), des tribunaux de Cercle et une Chambre spéciale de la Cour d'appel de l'Afrique occidentale française.

Sont indigènes dans le sens du présent décret et justiciables des juridictions indigènes les individus originaires des possessions de l'Afrique occidentale française, de l'Afrique équatoriale française et des possessions étrangères comprises entre ces Territoires qui n'ont pas, dans leur pays d'origine, le statut des nationaux européens.

I. — Tribunaux de Village. — En matière civile et commerciale, le chef de chaque village est investi de pouvoirs de conciliation pour le règlement de tous les litiges dont les parties le saisissent.

Les sentences rendues à cette occasion ne lient pas les parties, qui peuvent toujours porter leurs différends devant les tribunaux de subdivision.

II. — Tribunaux de Subdivision. — Les tribunaux de subdivision sont institués par arrêtés du Chef de la Colonie qui fixe leur siège et leur ressort. Il peut en être institué plusieurs pour une même subdivision.

Ces tribunaux sont composés d'un président et deux assesseurs indigènes désignés par le Chef de la Colonie et choisis sur une liste de cinq notables indigènes au moins. Les assesseurs ont, comme le président, voix délibérative.

Cette liste est établie au moment de l'institution du tribunal par le Chef de la Colonie sur la proposition du Commandant du Cercle. Communication en est donnée aussitôt au Procureur général ou à son délégué. Elle doit être complétée dans la même forme dès qu'il y a lieu de pourvoir à des vacances ou des remplacements.

En cas d'empêchement momentané, le Président est remplacé par l'un des assesseurs selon l'ordre de la liste de nomination. En cas d'empêchement des assesseurs ceux-ci sont remplacés dans les même conditions par les notables.

En matière répressive, le tribunal de subdivision connaît, à charge d'appel devant le tribunal de Cercle, de tous les faits punissables à l'exclusion des infractions réservées au tribunal de Cercle.

Il est saisi soit par les Chefs de village, de canton, de tribu, de groupe ou de province, soit par le Commandant du Cercle ou le Chef de subdivision.

Les prévenus comparaissent en personne et présentent eux-mêmes leur défense.

En cas de non comparution, il sera statué par défaut, sauf dans le cas où le Président estimera nécessaire ou utile une nouvelle convocation. Les jugements rendus par défaut sont anéantis de plein droit lorsque le condamné est repris ou se représente.

Si le jugement est contradictoire, le Président du Tribunal, aussitôt auprès l'énoncé de la sentence est tenu de demander au condamné s'il entend interjeter appel; celui-ci peut faire séance tenante sa déclaration d'appel qui est consignée, à la suite ou en marge du jugement.

Si l'appel n'est pas interjeté à l'audience, il peut encore être fait par déclaration au Président du tribunal, au Commandant de Cercle ou au Chef de subdivision, dans les dix jours qui suivent.

En matière répressive, le droit d'appel est également ouvert au Commandant de Cercle.

III. — TRIBUNAUX DE CERCLE. — Au chef-lieu de chaque Cercle, il est institué un tribunal composé du Commandant de Cercle, président et de deux assesseurs indigènes désignés par le Chef de la Colonie et choisis sur une liste de quatre notables au moins.

Chaque liste est établie au moment de la constitution du tribunal de Cercle par le Chef de la Colonie, sur la proposition du Commandant de Cercle. Communication en est donnée au Procureur général ou à son délégué. Elle doit être complétée dans la même forme, dès qu'il y a lieu de pourvoir à des vacances ou à des remplacements.

En matière civile et commerciale, le tribunal de Cercle connaît de l'appel de tous les jugements des tribunaux de subdivision.

En matière répressive, le Tribunal de Cercle connaît : de l'appel des jugements des tribunaux de subdivision, de tous les crimes.

Sont notamment qualifiés crimes :

a) Les attentats à la vie humaine et les coups, blessures ou violences susceptibles d'entraîner la mort;

b) Les faits de pillage, en bande et à main armée;

c) Les incendies volontaires;

d) Les rapts, enlèvements et séquestrations de personnes;

e) Les empoisonnements de puits, de citernes, sources
et eaux potables;

f) Les mutilations.

Le tribunal de Cercle connaît en outre :

1º Des faits de traite prévus et punis par le décret du
12 décembre 1905;

2º Des infractions commises par les agents indigènes
de l'autorité ou contre ces agents dans l'exercice de leurs
fonctions;

3º Des infractions commises par les militaires indigènes
de complicité avec d'autres indigènes non militaires;

4º Des usurpations de fonctions ou de titres, du port
illégal, dans un but délictueux, de costumes ou insignes
réservés aux agents de l'autorité publique;

5º Des infractions spéciales prévues et punies par les
réglements de l'autorité publique;

6º Des infractions commises au préjudice de l'État,
de la Colonie ou d'une administration publique.

IV. — DE L'HOMOLOGATION ET DE L'ANNULATION. —
Les jugements de tribunaux de province et des tribunaux
de Cercle ne sont pas susceptibles de pourvoi en cassation.

Il est institué, à la Cour d'appel de l'Afrique occidentale
française, une Chambre spéciale appelée à statuer dans
les conditions ci-après, sur l'homologation où l'annulation
des jugements des tribunaux indigènes.

La Chambre spéciale statue dans le mois, sur le rapport
d'un de ses membres, le Ministère public entendu.

Les débats ont lieu et l'arrêt est rendu, le tout en
audience publique et sans comparution des parties, qui
peuvent produire tous mémoires utiles ou se faire représenter par un avocat-défenseur.

La Chambre spéciale connaît des jugements des tribunaux de Cercle prononçant une peine supérieure à cinq
années d'emprisonnement et des jugements de ces mêmes
tribunaux prononçant condamnation pour les infractions
au décret du 12 décembre 1905, relatif à la répression de
la traite.

Toutefois, le Procureur général peut déférer à la Chambre spéciale, par la voie du pourvoi d'office en annulation tous les jugements rendus en matière répressive tant par les tribunaux de subdivision que par les tribunaux de Cercle. Les décisions rendues en suite de ce pourvoi produisent leur effet à l'égard de toutes parties, lorsque le pourvoi a été formé dans un délai de six mois à partir de la date du prononcé du jugement.

La Chambre peut, avant de statuer, ordonner toutes mesures d'instruction complémentaire qu'elle juge utiles.

Lorsqu'elle homologue, extrait de l'arrêté est délivré dans la huitaine au Procureur général qui le transmet pour exécution, au Gouverneur général.

Lorsque la Chambre annule, elle renvoie l'affaire devant le tribunal qui en a connu, en indiquant par arrêt motivé, les points insuffisamment établis ou reconnus erronés sur lesquels devra porter le nouvel examen des juges.

Si l'affaire est reconnue en état au fond et si l'annulation est prononcée pour vice de forme ou pour application erronée de la peine, la Chambre peut évoquer et statuer au fond sans renvoi.

En cas de renvoi, lorsque le tribunal après nouveaux débats, a rendu son jugement, le dossier est de nouveau soumis à la Chambre qui homologue ou annule et, dans ce dernier cas, évoque l'affaire et statue au fond.

V. — DES JUGEMENTS ET DE LEUR EXÉCUTION. — Les jugements rendus tant en matière civile qu'en matière répressive et devenus définitifs sont visés pour exécution par le Commandant de Cercle ou son délégué. Ils sont exécutoires d'office dans toute l'étendue des territoires ressortissant à la juridiction indigène et soumis à l'autorité française.

En dehors du ressort du tribunal qui a rendu le jugement, il est pourvu à son exécution par les soins de l'autorité administrative sur le vu de la copie délivrée par le Commandant de Cercle.

Les juridictions indigènes appliquent en matière civile les coutumes locales.

En cas de conflit des coutumes, il est statué :

Sur les contrats, selon la coutume du lieu où ils ont été passés;

Sur les questions d'état-civil, selon la coutume du défendeur ;

Sur celles intéressant le mariage, selon la coutume du lieu de la célébration ;

Sur celles concernant les donations, selon la coutume du donateur.

En matière répressive :

1º Les sanctions prévues par les coutumes locales en tout ce qu'elles n'ont pas de contraire aux principes de la civilisation française ;

2º Les peines prévues, pour des infractions déterminées par les règlements de police et d'administration ;

3º L'emprisonnement ou l'amende quand les coutumes locales ne sanctionnent pas les infractions dont les juridictions indigènes sont·appelées à connaître ;

4º Une peine de seize à cinq cents francs d'amende ou de six jours à un mois de prison en cas d'infraction commise à l'audience du tribunal du Cercle lorsque l'auteur de l'infraction n'est pas un indigène au sens du présent décret.

Dans le cas où les châtiments corporels seraient prévus, il leur sera substitué l'emprisonnement.

Les peines à appliquer en vertu de la coutume sont : la peine de mort, l'emprisonnement à perpétuité ou à temps et l'amende.

En aucun cas, la durée de l'emprisonnement à temps ne peut excéder vingt ans.

Les juridictions indigènes peuvent, en outre, prononcer l'interdiction de séjour pour une durée qui ne peut excéder vingt ans.

Lorsque l'interdiction sera prononcée, l'autorité administrative notifiera au condamné, avant sa libération, l'interdiction d'une ou plusieurs régions déterminées ou l'assignation d'une résidence obligatoire dans l'une quelconque des colonies relevant du Gouvernement général de l'Afrique occidentale française.

III.

CONCLUSIONS.

Si maintenant nous voulons comparer les principes qui ont guidé ces deux législation anglaise et française, nous ne pourrons le faire qu'en considérant que les politiques qui les ont inspirées devaient tenir compte du fait qu'elles s'appliquaient à des pays où la séparation des pouvoirs administratifs et judiciaires n'était pas effectuée au moment où l'autorité européenne s'est établie sur eux.

Il est donc impossible de séparer ces deux points de vue dans l'examen des principes qui ont présidé à l'organisation judiciaire des colonies anglaises et françaises de l'Afrique occidentale.

En ce qui concerne les colonies anglaises, il y a lieu tout d'abord de retenir que la présence, à côté de territoires soumis à un régime tout différent, d'une véritable portion du sol anglais dotée de la législation métropolitaine et subissant son autorité comme une simple émanation du pouvoir central. Nous noterons également que ces noyaux formés par les Crown Colonies, origine des possessions de l'Angleterre qui les entourent, n'ont été constitués qu'en Gambie, à Siera-Léone et à Lagos, et non point dans les pays du Niger, tandis qu'à la Gold Coast la partie érigée en Crown Colonies ne l'a été que nominalement.

En Gambie, le Gouvernement anglais s'est attribué, au point de vue administratif, les mêmes pouvoirs dans le Protectorat que ceux qu'il possède dans la Colonie. Les Chefs lui sont entièrement soumis et ne sont que les agents du bon ordre, punissables et révocables. Le droit de justice est entre les mains du gouvernement anglais, la juridiction indigène étant purement facultative pour les indigènes du Protectorat qui conservent l'usage de leurs costumes, mais les tribunaux de la Colonie sont compétents pour l'appliquer dans tous les cas, et la justice criminelle ne dépend que d'eux. La propriété du sol reste cependant acquise aux indigènes, avec qui doivent traiter les étrangers, et il y a là une anomalie, puisque le gouvernement s'est institué leur pouvoir souverain : anomalie purement formelle du reste, puisque les litiges auxquels peut donner lieu cette propriété peuvent être réglés par lui.

A Siera-Léone, les chefs dépendent également du Gouverneur qui administre par leur intermédiaire; une véritable organisation indigène est instituée pour assurer cette administration sous forme d'assemblées de chefs, à plusieurs degrés, toutes sous la dépendance directe du représentant du Gouverneur. Les Chefs n'en gardent pas moins des droits précis : leur droit de justice leur est laissé, en ce sens qu'ils l'exercent dans des tribunaux formés suivant la coutume et dans lesquels n'interviennent pas les représentants du pouvoir anglais ; mais ce droit de justice ne leur est confié qu'en ce qui concerne les indigènes, leurs sujets, et uniquement pour les causes civiles. Les délits, les crimes entraînant des peines graves, sont réservés à la justice anglaise, ainsi que les procès de quelque importance ou portant sur les questions d'ordre foncier entre indigènes et étrangers. Des tribunaux mixtes composés d'étrangers et d'indigènes, sont institués pour les causes dans lesquelles une des parties est étrangère. Leurs décisions sont sans appel lorsque les juges sont unanimes, et leur direction est laissée entièrement aux chefs. Même devant les tribunaux dépendant des pouvoirs anglais, la loi indigène reste applicable entre indigènes et étrangers, et, si cette loi est équitable, le contraire n'a pas été prévu.

Au point de vue foncier l'Angleterre s'est attribué le domaine éminent du sol, mais elle n'en a gardé qu'un droit de contrôle. Le Gouvernement anglais, ne disposant que des terres vacantes ne peut, en effet, concéder la possession de la terre, et, sous réserve de son approbation, laisse aux chefs le soin de le faire.

A la Gold Coast la constitution d'une partie de cette possession en colonie de la Couronne n'a été réalisée que théoriquement.

Les indigènes du littoral sont, pour la plupart, absolument autorisés à déclarer qu'ils ne doivent pas être englobés dans la Colonie, dont le gouvernement est d'avis, au contraire, qu'ils font partie. Cette Colonie n'est composée réellement que des villes formées autour des forts qui protégaient autrefois les commerçants, et les tribus qui vivent dans leur voisinage sont bien fondées à dire que l'Angleterre n'a jamais acquis, ni par la force ni autrement, le droit de les absorber.

La meilleure preuve en est qu'elle leur a laissé leurs institutions et la propriété de leur sol, alors que l'essence même des Crown Colonies consiste dans l'attribution de cette propriété à la Couronne.

C'est ainsi que l'autorité indigène reste organisée et

hiérarchisée, tout en dépendant entièrement, il est vrai, du gouvernement anglais. Les chefs rendent la justice entre indigènes, alors que dans les autres colonies de la Couronne, elle revient aux magistrats anglais; les jugements sont, il est vrai, tous passibles d'appel devant la juridiction anglaise.

Quant à la propriété du sol, les indigènes restent libres d'en disposer, avec la seule restriction que l'approbation de la justice anglaise est nécessaire pour valider les cessions qu'ils font au profit des étrangers; mais cette validation n'a d'autre but que de garantir la valeur de ces cessions. Le Gouvernement ne garde même pas le droit de disposer des terres vacantes.

Dans l'Ashanti, comme dans la Colonie, le pouvoir est entièrement réclamé par le gouvernement anglais : les chefs gardent cependant le droit de rendre la justice, mais seulement sur les seuls indigènes et pour des affaires d'une importance limitée; la propriété et la possession du sol sont régies de la même manière que dans la Colonie, tandis que, dans les territoires du Nord, le pouvoir anglais n'exerce qu'une simple surveillance auprès des chefs indigènes, sans leur enlever aucune de leurs attributions.

A Lagos, en dehors de la partie constituée en « Crown Colony », toute l'administration, toute la politique a été basée sur l'indépendance des peuples protégés par l'Angleterre. Les chefs ont conservé tous leurs pouvoirs souverains, et la législation tout entière n'a été établie qu'avec leur consentement. Le simple maintien de l'ordre qui, partout ailleurs, est assuré par le gouvernement, est laissé à leurs soins. Pendant longtemps ils n'ont même pas eu auprès d'eux de représentant du gouvernement de la colonie, et, dans tous les cas, ce représentant n'est considéré que comme un conseiller. Leurs tribus constituent de véritables États et fonctionnent avec les recettes qui leur sont propres, provenant d'impôts perçus même sur les Européens.

Ces chefs ont gardé la pleine propriété de leur sol, et le pouvoir anglais n'a même pas pris le pouvoir d'expropriation pour cause d'utilité publique : les terrains qui lui sont nécessaires pour ses Chemins de fer, par exemple, lui sont accordés par traités spéciaux, mais non comme suite de l'exercice d'un droit. De ce fait, naturellement, la possession de la terre n'est concédée que par les chefs, et à titre purement temporaire, car le caractère d'indivision du sol entre toute la tribu empêche qu'il en soit disposé autrement.

De même la justice, apanage du pouvoir, a été laissée entre leurs mains, entièrement tout d'abord, puis, plus tard, seulement dans les cas peu graves, pour les causes où des étrangers et des sujets anglais interviennent comme parties avec les indigènes.

Dans les pays du Bas-Niger qui constituent l'ancienne Southern Nigéria, les chefs ont perdu leur indépendance, mais continuent à administrer sous la direction du pouvoir anglais. En pratique, ils ont la gestion des sommes qu'ils sont autorisés à percevoir, sommes qui proviennent en grande partie de l'administration de la justice. Le domaine éminent du sol leur a été laissé, et, à l'exception de certaines parties du territoire que le gouvernement possède « par droit de traité ou de conquête », ils ont seuls le droit d'en concéder la possession à des étrangers ou sujets anglais, sous la seule restriction de l'autorisation du gouvernement anglais.

Ils ont gardé leurs pouvoirs judiciaires, mais seulement en ce qui concerne les indigènes et sous la réserve de la faculté d'appel dans tous les cas devant la justice anglaise jugeant d'après la coutume indigène.

Dans la Nigéria du Nord, le gouvernement anglais s'est substitué complètement aux droits des chefs et s'est attribué leurs prérogatives. Ceux-ci ne sont plus entre ses mains que des instruments d'administration. Ils continuent à rendre la justice sur les indigènes, mais comme par une simple délégation du pouvoir central et sous sa surveillance, les représentants du gouvernement anglais pouvant renvoyer toutes causes devant la justcie anglaise, à tout moment de la procédure et même après le jugement.

Non seulement le domaine éminent du sol leur est enlevé, mais encore ils n'ont plus le droit, tout comme s'ils faisaient partie d'une colonie de la Couronne, de concéder sa possession même à leurs sujets. Ce soin a été assumé par le gouvernement anglais, qui, pour conserver le principe de l'indivision, a décidé que cette cession ne pourrait être faite, même aux indigènes, que pour un temps limité et moyennant le payement à son profit de la redevance auparavant perçue par les chefs.

En somme, nous nous trouvons, dans l'Afrique occidentale anglaise, en présence d'une politique qui repose sur une distinction faite entre les droits qu'ont les indigènes de se gouverner, droits que s'attribue entièrement le pouvoir anglais, sauf à Lagos et ceux qu'ils ont en tant que collectivité sur leurs terres, leurs biens et leur personne; mais tandis que l'Angleterre s'est attribuée partout, d'une manière à peu près identique, l'autorité souveraine (sauf à Lagos), elle a suivi des systèmes différents à l'égard de l'exercice de ces droits.

* * *

La France s'est attribué, en Afrique occidentale, le pouvoir absolu sur les peuples de ses colonies. Elle a appliqué simplement le droit de conquête, que l'on a toujours considéré comme entraînant le pouvoir, et elle n'a pas guidé sa politique sur l'observation de traités passés avec les peuples dont elle a occupé les territoires, ainsi qu'a cru devoir le faire l'Angleterre.

Elle a donc substitué complètement son pouvoir à celui des chefs qui se sont soumis à elle. Elle s'est attribué tous leurs droits, sans aucune restriction, et s'est donné tous leurs devoirs; elle ne leur a laissé que les prérogatives de leurs titres au point de vue de l'autorité immédiate sur leurs sujets et les a transformés en simples fonctionnaires.

Enfin, elle a appliqué ce principe d'une manière uniforme dans toute l'Afrique occidentale, sans connaître les différents modes pratiqués par l'Angleterre.

Elle a laissé aux indigènes leurs lois et leurs coutumes; mais elle n'a permis aux chefs de continuer à les appliquer dans l'exercice de la justice que comme ses délégués; elle a organisé cet exercice d'après la hiérarchie administrative, qu'elle a substituée au pouvoir des chefs : tribunaux de village, dans lesquels le chef est juge; tribunaux de province, composés du chef assisté de deux notables nommés par le gouvernement sur la proposition du Procureur général; tribunaux de cercles présidés par l'administrateur; tribunaux du chef-lieu à forme métropolitaine, avec faculté d'appel devant ces juridictions successives.

Au début, l'exercice de cette justice fut entièrement entre les mains du pouvoir administratif exécutif, mais il apparut que le principe de la séparation des pouvoirs devait être aussi bien respecté dans la colonie que dans la métropole; on pensa qu'il fallait rendre accessible aux indigènes l'organisation métropolitaine de la justice, et l'on se préoccupa de créer, dans les différents points de l'Afrique occidentale, des tribunaux identiques aux tribunaux métropolitains, composés de magistrats de carrière. On voulut en même temps pouvoir rendre la justice aussi bien aux européens qu'aux indigènes : aux européens d'après la loi française, même si un indigène en est cause; aux indigènes entre eux d'après leurs coutumes ou, s'ils le désirent, d'après la loi française.

Si l'on n'étendit pas partout ce principe et si, dans une grande partie de l'Afrique occidentale, on laissa les administrateurs présider les tribunaux, on leur donna cependant le titre de juge de paix à compétence étendue, de manière à leur permettre de siéger comme magistrats et en dépouillant en quelque sorte leurs fonctions administratives.

* * *

Si, maintenant, nous nous demandons lequel paraît le meilleur, des divers systèmes employés par l'Angleterre, ou du système pratiqué par la France, nous remarquerons tout d'abord qu'il semble bien que l'Angleterre doive tendre à uniformiser sa politique en Afrique occidentale.

Elle a été conduite par les circonstances et les différents modes suivant lesquels s'est effectué son établissement dans ce pays, à intervenir auprès des indigènes à des degrés divers. Elle a pu, d'une manière qui l'honore profondément, se considérer liée par les traités qu'elle a passés avec eux et obligée à conformer la constitution qu'elle leur a donnée aux dispositions de ces traités, mais elle doit satisfaire partout aux mêmes besoins, et les droits en face desquels elle se trouve sont, au fond, partout les mêmes; les distinctions qui peuvent se baser sur les droits de la conquête ou de la simple occupation sont purement formelles, et comme, dans la pratique, l'indépendance des indigènes n'en disparaît pas moins, il n'y a pas de raisons pour ne pas tendre à une unité d'autant plus facile à réaliser que seront plus larges les principes sur lesquels elle reposera.

Est-ce à dire que l'Angleterre doive suivre entièrement la politique française qui a réalisé cette unité ? Nous ne le pensons pas, parce que cette politique nous paraît comporter une grave erreur en ce qu'elle tend à donner aux indigènes les institutions françaises et que, en voulant introduire un principe aussi perfectionné que celui de la séparation des pouvoirs, elle rend particulièrement délicat le gouvernement de ces sociétés indigènes.

Ce n'est qu'une phase vide de sens que celle qui a amené l'établissement de la justice à forme métropolitaine dans l'Afrique noire française, sous prétexte « de faire participer les indigènes aux bienfaits de nos institutions ».

Avant que nos lois puissent s'appliquer avec avantage aux besoins des noirs, il faudra qu'ils changent toute la forme de leur société ; mais ils ne devront le faire que lorsque seront transformées les conditions mêmes de leur existence.

Il ne faut point dire qu'il ne peut y avoir d'inconvénient à rendre simplement possible l'application de nos lois par les indigènes, sous prétexte qu'ils ne la demanderont que lorsqu'ils en sentiront le besoin. Il est d'autant plus à craindre qu'ils n'attendent pas cette date, que nous introduisons dans leur pays, avec ces lois, ceux qui chez nous sont chargés de les appliquer.

Ceux-ci ne sauront pas se maintenir dans un rôle d'expectative. C'est à eux que l'on devra de voir augmenter leurs propres attributions, et se multiplier des institutions qui, tout d'abord, devaient être exceptionnelles. Avec eux arriveront fatalement ceux qui vivent de chicanes que provoque leur présence, et qui auront tôt fait de leur montrer tout le parti que les habiles peuvent tirer de nos lois, au détriment de la communauté elle-même.

En recherchant comment, entre les divers systèmes suivis par l'Angleterre en Afrique occidentale, doit se faire cette unité, que nous jugeons nécessaire, nous dirons en même temps dans quelle mesure doivent y être appliqués et généralisés les principes établis par la France.

Il nous apparaît tout d'abord que, l'indépendance des tribus indigènes étant contraire au fait de l'occupation étrangère, et sa reconnaissance n'étant maintenue que par une fiction dont l'application se heurte à des difficultés constantes, il vaut mieux considérer que cette indépendance n'existe plus. Il en découlera que les chefs ne seront plus considérés que comme les intermédiaires administratifs auxquels il convient, d'après nous, de laisser la plus large responsabilité. A ce point de vue la politique suivie par la France est excellente et peut servir de modèle, ainsi que la manière dont elle a généralisé la perception de l'impôt.

Il n'est pas possible de concilier cette plénitude des droits du gouvernement souverain étranger avec la conservation par les indigènes des attributions de ce pouvoir.

Le droit de rendre la justice est, par essence même, le signe de l'autorité chez les peuples primitifs : il doit être exercé par celui qui détient cette autorité. De la même manière, le domaine éminent du sol revient au pouvoir souverain; c'est ce que nous avons admis en Afrique occidentale française; c'est ce qui doit être établi dans les colonies anglaises où il n'en est pas encore ainsi. Mais nous nous empressons d'ajouter que ces droits nous paraissent ne devoir être exercés que de la manière la plus limitée possible. En outre, et c'est là que l'on doit s'arrêter dans l'imitation du système français, cet exercice ne nous paraît nullement entraîner avec lui l'application des institutions de la métropole aux peuples indigènes.

Nous admettons que lorsque nos nationaux, ou les individus que nous leur assimilons, se trouvent en rapport avec les indigènes, nous conservions pour les premiers l'usage de nos lois; cela se justifie dans la même mesure que le droit de conquête; et c'est ainsi que nous pensons que le jugement des tribunaux indigènes ne saurait s'étendre, comme à Lagos, aux étrangers; mais nous croyons qu'il ne faut pas aller plus loin dans l'application de nos lois.

Nous avons dit comment elles sont contraires aux principes même sur lesquels repose la société indigènes. Nous n'avons nullement le droit de modifier ces principes, car nous n'avons nulle preuve que notre forme de société est la meilleure, ni qu'elle corresponde aux nécessités des pays sur lesquels nous avons artificiellement installé notre domination.

En outre, cet exercice suppose une intervention bien plus complète auprès des indigènes que nous ne pouvons pratiquement l'exercer, sans charger ces pays du poids d'une administration qu'ils ne peuvent supporter.

C'est à ce titre que nous devons nous borner à un rôle tutélaire et, ainsi que le pensait Mary Kingsley, laisser les indigènes régler entre eux les mille détails de leur vie quotidienne.

C'est pour cela aussi que nous ne voyons qu'un moyen de réparer, dans notre Afrique occidentale française, la faute commise de vouloir donner aux indigènes notre justice et notre régime foncier. Cette faute doit être attribuée, non point à l'administration locale, qui s'est toujours défendue contre cette intervention abusive, mais à des utopies théoriques provenant de doctrines parlementaires trop ignorantes des problèmes qu'elles veulent résoudre. Ce moyen c'est de ne rien faire pour assurer pratiquement l'application de cette législation. Il faut continuer, comme on l'avait sagement fait tout d'abord, à gouverner, administrer et rendre la justice par l'intermédiaire des chefs indigènes, sous la seule surveillance de notre administration, en laissant magistrats et fonctionnaires judiciaires et fonciers cantonnés dans les villes où l'agglomération des Européens a, en fait, détruit la société indigène, mais il ne faut pas permettre à ces magistrats et fonctionnaires d'étendre plus loin leur action.

En parlant ainsi, nous nous préoccupons peut être plus encore de l'avenir de ces peuples auprès desquels nous nous sommes installés, que de leur situation présente; et c'est pour l'avenir surtout qu'est engagée toute la responsabilité que nous avons assumée par notre intervention.

EMILE BAILLAUD.
Membre associé.

L'ADMINISTRATION DE LA JUSTICE

dans l'Inde britannique

et l'admission de collaborateurs indigènes (1)

Les tribunaux de l'Inde se divisent en deux catégories principales, les tribunaux criminels et les tribunaux civils. A leur tête se trouve dans chaque province une Haute Cour ou, dans des régions de moindre importance, un ou des commissaires judiciaires dont, à peu d'exceptions près, les attributions sont semblables et l'on s'y réfère généralement comme à de Hautes Cours. Leur personnel est recruté de trois éléments : d'hommes qui se sont distingués comme juges de district ou juges d'assises, une classe dont il sera parlé plus loin; d'avocats du Royaume-Uni; de *Vakils* de Haute Cour, c'est-à-dire d'avocats Indiens qui après un examen sérieux ont obtenu le droit de pratiquer dans tout tribunal indien y compris la Haute Cour.

Il y a déjà un nombre considérable d'Indiens pouvant être rangés dans les deux premières catégories. Quant à la troisième catégorie, elle est entièrement composée d'Indiens si on y comprend un petit nombre d'hommes blancs nés et élevés dans le pays et ayant des liens de parenté Européenne et Asiatique.

Les Indiens non seulement sont éligibles mais peuvent être admis aux Hautes Cours auxquelles ils ont fourni quelques juges distingués; le premier président de la Cour du Pendjab est en effet un Indien.

Les Hautes Cours siègent généralement comme tribunaux de première instance, dans les villes des Présidences: Calcutta, Bombay et Madras, mais elles ont des pouvoirs d'appel et de revision très étendus vis-à-vis des tribunaux subalternes.

(1) Traduit de l'anglais.

Dans certains cas, il y a recours contre leurs jugements, beaucoup moins au criminel qu'au civil, auprès du Comité judiciaire du Conseil privé à Londres comprenant un membre Indien qui était antérieurement juge à la Haute Cour de Calcutta.

En dehors des villes des Présidences les provinces sont divisées en districts et la Haute Cour dans chaque district est celle d'un juge de district et d'assises; la première partie de son titre indique ses fonctions en matière civile, la dernière ses fonctions en matière criminelle. Pour abréger, je les appellerai ci-après juges de district. Jusqu'à présent les juges de district ont été pour la plupart choisis parmi les fonctionnaires du service civil Indien qui est en ce moment principalement britannique, mais qui comprend aussi une notable proportion d'Indiens qui, comme leurs confrères britanniques, ont passé avec succès les examens-concours à Londres. Quelques éléments du « Service provincial » dont les membres sont des Indiens ont été nommés aux fonctions de juge, mais ils ont été choisis et ont généralement pratiqué antérieurement comme avocats. A l'avenir beaucoup plus de postes de juges de district seront assignés à des avoués Indiens et la proportion d'Indiens dans le service civil Indien sera augmentée largement par le recrutement dans l'Inde suivi de formation en Angleterre. L'élément Indien dans les tribunaux de district sera dès lors un facteur matériel d'expansion.

De par leurs capacités au criminel les juges de district connaissent de la plupart des cas importants qui doivent leur être soumis, après enquête préliminaire par un magistrat, et ils peuvent prononcer le maximum des pénalités autorisées par la loi; toutefois, leurs jugements prononçant la peine de mort doivent être confirmés par la Haute Cour qui d'ailleurs est saisie ordinairement de recours contre leurs autres sentences. En jugeant les affaires criminelles en premier ressort, le juge de district est généralement assisté d'assesseurs ou d'un jury selon la nature du délit et le caractère de la localité. Les districts les moins avancés par exemple ne sont pas considérés comme aptes à recevoir l'application du système du jury.

Les assesseurs donnent, comme les jurés, leur opinion

sur l'importance de l'affaire après avoir entendu les
dépositions, les plaidoiries et le résumé du juge; mais
tandis que le verdict d'un jury doit être admis par le juge
à moins que celui-ci n'en réfère spécialement à la Haute
Cour, l'opinion des assesseurs ne représente qu'une suggestion qu'il peut négliger, s'il le juge convenable. Généralement, il y a aussi des jurys pour les affaires introduites
en premier ressort devant les Hautes Cours. Les jurés et
les assesseurs sont pour la plupart des Indiens, mais
lorsqu'il s'agit d'affaires dans des villes de Présidences
où il y a une population Européenne considérable, il
en est tenu compte dans la composition des jurys;
d'autre part, quand un Européen est accusé d'un crime
il peut demander que la moitié au moins des membres
du jury soient des hommes de sa race. A raison de leurs
capacités au civil les juges de district ont pleine juridiction en première instance, mais en cas d'affaires importantes leurs décisions sont susceptibles d'appel devant
les Hautes Cours.

Nous arrivons maintenant aux magistrats qui sont de
trois classes selon leurs attributions. Les magistrats de
première classe peuvent rendre des jugements d'emprisonnement jusqu'à concurrence de deux ans et infliger
des amendes jusqu'à 1000 roupies. Leurs pouvoirs en
ce qui concerne les jugements d'emprisonnement sont
plus étendus dans les districts frontières où la peine peut
s'élever jusqu'à sept ans. Les magistrats de deuxième
classe peuvent prononcer des peines d'emprisonnement
jusqu'à six mois et infliger des amendes jusqu'à concurrence de 200 roupies, alors que les magistrats de troisième
classe ne peuvent condamner qu'à un mois d'emprisonnement et à une amende de 100 roupies. Le Code de
procédure criminelle indique pour chaque délit la classe
du tribunal qui a à en connaître, c'est-à-dire les magistrats
de première, de deuxième ou de troisième classe, ou si
l'affaire doit être renvoyée devant la Cour d'assises; dans
ce cas, l'instruction préliminaire peut être faite par un
magistrat de tout grade et si un magistrat d'une classe
inférieure est d'avis qu'un délit qui rentre dans sa compétence réclame une plus haute sentence que celle qu'il
peut prononcer, il peut soumettre son opinion à un
tribunal plus élevé pour pousser l'affaire plus loin.

Le fonctionnaire principal du pouvoir exécutif de chaque district (le percepteur des impôts ou le Commissaire délégué) est aussi le magistrat de district et exerce comme tel certains pouvoirs spéciaux que ne possède généralement pas le magistrat de première classe; il a aussi dans une certaine mesure la surveillance générale de la police. Un district est divisé en subdivisions et le fonctionnaire du pouvoir exécutif en fonctions dans chacune d'elles est aussi le magistrat subdivisionnaire avec des attributions de première classe. Le magistrat de district est ordinairement membre du Service civil Indien, mais il peut appartenir au Service provincial et les magistrats subdivisionnaires comprennent à la fois des membres des deux services. Ceux du Service provincial sont des Indiens alors que, comme il a été dit plus haut, la proportion des Indiens du Service civil Indien est largement augmentée. A l'exception de quelques membres du Service civil Indien en formation préliminaire pour les attributions de première classe, les magistrats de deuxième et de troisième classe, dont les tribunaux connaissent de la plus grande partie des affaires criminelles, sont presque tous des Indiens; ce sont, sauf à Madras où les affaires criminelles sont généralement du ressort d'un organisme distinct, les receveurs d'impôts subalternes du pouvoir exécutif qui agissent aussi avec des pouvoirs de magistrats.

Les condamnations prononcées par les magistrats de deuxième et troisième classe sont susceptibles d'appel devant le magistrat de district (à Madras devant les magistrats subdivisionnaires); en ce qui concerne les condamnations prononcées par les magistrats de première classe le recours est ouvert auprès du juge de district sauf en certains cas dans lesquels ils jugent sans appel et définitivement.

A côté de l'examen des affaires, les magistrats ont aussi dans leurs attributions la juridiction préventive; ils peuvent notamment ordonner la dispersion et, en cas de nécessité, disperser par la force les réunions tumultueuses, prendre des mesures pour la bonne conduite d'individus suspects et publier des ordres pour prévenir des dommages.

Le système permettant à des fonctionnaires du pouvoir

exécutif de cumuler des fonctions de magistrat a été critiqué longtemps par des hommes politiques Indiens qui soutiennent que la combinaison est mauvaise en principe; que le magistrat de district, étant intimement en relations avec la police peut être influencé par la façon dont celle-ci considère les affaires; que cette attitude réagit sur les magistrat subalternes et que, à part cela, les fonctionnaires du pouvoir exécutif peuvent ne pas posséder le tempérament judiciaire nécessaire à un magistrat. Ils demandent donc que la magistrature soit constituée en branche spéciale du service public sous le contrôle et la haute surveillance des tribunaux de district. Il leur a été objecté que le magistrat de district a fort peu d'affaires judiciaires de première instance à traiter; que la magistrature fait preuve d'une indépendance complète; que les possibilités nombreuses d'interjeter appel réduisent au minimum les erreurs de la justice; que les frais qui résulteraient de la séparation du pouvoir exécutif et du pouvoir de la magistrature seraient élevés, que la masse du peuple préfère avoir à faire à des hommes avec lesquels ils sont déjà en contact en leur qualité de fonctionnaires du pouvoir exécutif. Il fut décidé cependant, il y a quelques années, que lorsque les circonstances seraient favorables l'expérience de la séparation des fonctions de la magistrature et du pouvoir exécutif serait essayée dans certaines parties du territoire, mais la guerre étant intervenue aucun pas décisif n'a été fait jusqu'ici dans cette voie.

A côté de la magistrature régulière salariée décrite ci-dessus, il y a un certain nombre de magistrats honoraires, grands propriétaires, par exemple, ou citoyens éminents dans les villes qui peuvent être investis de pouvoirs judiciaires appropriés, soit individuellement, soit comme membres d'un tribunal présidé parfois par un magistrat salarié. La plupart de ceux-ci sont aussi des Indiens. Dans les villes des Présidences les places de magistrat de district et de ses subordonnés sont occupées par des magistrats de Présidence correspondant aux magistrats de police de Londres; ils exercent des pouvoirs de première classe avec une juridiction considérable non susceptible d'appel. Beaucoup d'entr'eux sont aussi des Indiens.

Un sujet britannique Européen accusé d'un délit criminel dont un magistrat a à connaître, a le droit de revendi-
quer un jugement de magistrat de première classe et, si
celui-ci est un Indien, de réclamer un jury dont la moitié
des membres sont ses compatriotes; à part ce cas il n'y a
pas de distinction de race en ce qui concerne la juridiction
des tribunaux.

Les tribunaux civils en dessous de ceux de juges sont
les tribunaux de juges subalternes et de *munsiffs* de
district. Ces derniers sont tous Indiens et sont généralement recrutés par les Hautes Cours parmi les membres du
barreau indigène ou autrement. Les *munsiffs* connaissent
des procès jusqu'à concurrence d'une valeur de 1000 à
2000 roupies selon les circonstances. Les juges subalternes ont, comme les juges de district, juridiction complète en première instance soit directement, soit par le
renvoi d'affaires par les tribunaux de district.

Dans les villes des Présidences il y a des tribunaux
pour les petites causes qui rendent sans appel la justice
sommaire dans de petites affaires et les *munsiffs* de
district peuvent être munis de pouvoirs limités en ce qui
concerne les litiges de peu d'importance. A l'exception
de cette juridiction sommaire les décisions des *munsiffs*
de district sont susceptibles d'appel devant le juge de
district qui peut cependant renvoyer l'appel devant un
juge subalterne. Les décisions de juges subalternes concernant les litiges de moindre importance sont renvoyées
aux juges de district où à la Haute Cour.

Des citoyens éminents comme ceux qui sont investis de
pouvoirs judiciaires honoraires peuvent aussi être nommés
munsiffs honoraires de district.

A Madras et dans les Provinces Unies, il y a des tribunaux de *munsiffs* de villages qui jugent les petites affaires
civiles dans les villages; à Madras le chef de village possède
aussi la petite juridiction criminelle. La tendance actuelle
vise à étendre ce système de manière à rendre aux villages
une justice prompte et peu coûteuse en substituant des
Conseils de cinq membres formant un tribunal (*puncheyt's*)
au chef individuel. Le personnel de ces tribunaux de
village est naturellement complètement Indien.

Les renseignements qui précèdent sont de nature à
montrer le grand rôle et, dans les petites affaires, le rôle

absolument prépondérant que jouent les indigènes de l'Inde dans l'administration de la justice civile et criminelle de leur pays. Ils ont prouvé eux-mêmes avoir des aptitudes spéciales pour les travaux judiciaires dont ils s'acquittent en général avec beaucoup d'habileté et avec une intégrité toujours croissante.

Jadis l'honnêteté pécuniaire de beaucoup de magistrats Indiens et de quelques juges civils Indiens était suspectée avec raison, mais les choses se sont beaucoup améliorées grâce au développement de l'instruction et des idées occidentales de la moralité, et quoi qu'il y ait encore quelques brebis galeuses, dans la magistrature subalterne par exemple, on peut dire avec confiance que la justice rendue par les Indiens, spécialement dans les tribunaux civils, est généralement bonne et équitable.

Sir William Meyer.

Membre effectif.

NOTE

sur la nomination de magistrats

dans les Colonies Britanniques de la Couronne (1).

Les magistrats du Service colonial des Colonies britanniques de la Couronne en Afrique sont généralement choisis parmi les hommes de vingt-cinq à trente ans. Les candidats doivent appartenir aux barreaux anglais, Ecossais ou Irlandais ou être avoués (*sollicitors*); toutefois, dans ce dernier cas, ils ne peuvent être inscrits sur la liste pour être nommés juges avant d'avoir été appelés au barreau.

Les Commissaires de district dans les Colonies de la Couronne siègent comme magistrats de district avec pouvoir de renvoyer des causes aux tribunaux de rang plus élevé. Un Commissaire de district peut devenir magistrat, s'il a été appelé au barreau après avoir accompli ses «terms» (2) en Angleterre.

Il est actuellement d'usage que les jeunes gens entrant au service civil dans les colonies de l'Afrique occidentale et dans certaines autres colonies suivent des cours à l'Institut Impérial et passent certains examens comportant une épreuve préliminaire sur le droit. Toutefois, le fait de passer ces examens ne confère pas le droit à un candidat de devenir magistrat à moins d'avoir été inscrit d'abord au barreau ou d'être avoué (*sollicitor*).

Il n'est pas strictement nécessaire que les candidats connaissent spécialement les colonies où ils peuvent être envoyés; cependant, le fait de connaître ces colonies guide naturellement le Secrétaire d'État au moment de procéder à la nomination. Toutes les nominations dans les colonies de la Couronne sont faites par le Secrétaire

---

(1) Traduit de l'anglais.
(2) Le mot «terms» équivaut à peu près à «inscriptions» en France.

d'État; il prend généralement l'avis du Gouverneur local lorsqu'il s'agit de positions élevées.

La connaissance des langues d'une région où les candidats peuvent être envoyés comme magistrats n'est pas indispensable puisque les magistrats sont assistés d'interprètes officiels. Les magistrats peuvent acquérir quelques notions des langues indigènes pendant leur séjour dans la région, mais cette connaissance n'est pas exigée d'eux comme élément de capacité de leurs fonctions. Toutefois, des primes sont accordées à ceux qui, appartenant au service civil, ont acquis une certaine facilité à se servir d'une langue indigène; cela s'applique aussi aux magistrats. Tel est spécialement le cas des fonctionnaires politiques; mais il est évidemment utile pour les magistrats de connaître les langues locales pour leur permettre de contrôler le travail des interprètes officiels qui se laissent quelquefois corrompre par l'une des parties engagées dans un procès. Un autre contrôle peut cependant être exercé sur la mauvaise interprétation des dépositions; en effet, dans l'Afrique occidentale, il y a dans tous les cas un barreau indigène dont les membres sont aptes à relever les inexactitudes dans l'interprétation des dépositions. Les magistrats coloniaux sont soumis aux conditions qui régissent la nomination de tous les employés et fonctionnaires du service civil dans les colonies de la Couronne. Ces règles se trouvent dans la liste de l'Office colonial *(Colonial Office List)*.

Un magistrat est nommé d'emblée et n'est pas obligé d'accomplir ses « terms » parce que, dans la majorité des cas, il l'a déjà fait avant que son nom soit présenté au Secrétaire d'État. Lorsque le candidat est un avoué *(solicitor)* il doit, comme il est dit plus haut, accomplir ses « terms » avant d'être promu au grade de juge.

Un magistrat peut donner sa démission en tout temps, mais pour le surplus il dépend de l'autorité suprême du Secrétaire d'État qui ne le révoque que pour mauvaise conduite. Les magistrats peuvent être obligés de se retirer à cinquante-cinq ans, mais ils restent fréquemment en fonctions au delà de cet âge.

Les magistrats peuvent devenir juges et même premier président de la Colonie. Ils sont quelquefois déplacés d'une colonie dans une autre quand une augmentation de traitement est attachée à cette promotion; la tendance est cependant de les garder dans la même colonie.

Les promotions sont faites aux choix, généralement sur l'avis du Gouverneur local et non à l'ancienneté, quoique la durée des services et l'expérience acquise constituent des facteurs prédominants à capacité égale.

LE POUVOIR JUDICIAIRE

aux Indes Orientales Néerlandaises, à Suriname et à Curaçao.

INDES ORIENTALES NÉERLANDAISES.

Question I. — Pour pouvoir être admis dans le pouvoir judiciaire dans les Indes néerlandaises, on doit satisfaire aux conditions suivantes :

a) Avoir été reçu docteur en sciences juridiques à l'une des Universités néerlandaises;

b) Avoir satisfait, d'une façon favorable, à un examen portant sur les matières suivantes :

Droit politique colonial Javanais-Malais, droit Mahométan, droit Adat, droit coutumier indigène et sciences ethnographiques de l'Archipel Indien;

c) Avoir été reconnu physiquement apte principalement pour les régions tropicales.

Il n'est pas exigé de pratique judiciaire. L'expérience a prouvé que les conditions imposées suffisent.

Question II. — Le pouvoir judiciaire est recruté, dans les Indes néerlandaises — sauf les personnes visées sub I (Juristes de Faculté) — parmi les docteurs en sciences juridiques de sexe masculin, qui ont été attachés, pendant trois ans, au service du Bureau, dans les Indes, y compris le service au greffe de la Cour supérieure de Justice et des tribunaux Européens ou indigènes (juristes de bureau). D'une façon presque générale, les premiers cités entrent, immédiatement après avoir terminé leurs études, au service du pouvoir judiciaire.

Question III. — Les juristes de faculté, aussi bien que les juristes de bureau, sont immédiatement nommés à titre définitif.

Question IV, 1, 2 et 4. — Les fonctionnaires judiciaires dans les Indes néerlandaises ne sont pas nommés à vie.

Les Président, Vice-Présidents et Membres de la Cour Supérieure de Justice des Indes néerlandaises sont démis de leurs fonctions :

a) Le Président, par la Reine, les autres par le Gouverneur général des Indes néerlandaises, quand ils ont atteint l'âge de soixante-cinq ans ou quand ils sont placés sous curatelle;

b) Par la Reine, pour inaptitude physique ou morale dûment constatée, ou pour défauts inhérents à l'âge.

Sauf ces cas, la démission ne résulte que de la demande personnelle de l'intéressé ou de mutation, faite avec le consentement de l'agent en cause, pour une autre fonction.

Les autres membres du pouvoir judiciaire sont démis par le Gouverneur général, lorsqu'ils ont atteint l'âge de soixante-cinq ans ou lorsqu'ils sont placés sous curatelle, et ensuite, sur la proposition ou après consultation de la Cour Supérieure de Justice et après que la partie en cause aura été mise en état de se défendre, — pour cause d'inaptitude prouvée pour l'exercice des fonctions assumées, pour manquements peu graves à la dignité de la charge, pour des infractions à la discipline administrative et pour d'autres motifs d'ordre politique.

D'autre part, la démission est accordée exclusivement à la demande personnelle de l'intéressé, alors que la nomination à d'autres fonctions judiciaires a lieu à la demande personnelle de l'intéressé, dans l'intérêt du service de l'État, et pour autant que cette nomination, n'implique pas une promotion.

La destitution du Président, des Vice-Présidents et des Membres de la Cour Supérieure de Justice est prononcée par la Reine, sur la proposition du Gouverneur général et après que les parties en cause auront été mises en état de se défendre, tant auprès du Gouverneur général qu'aux Indes (à cette fin, le rapatriement gratuit, avec jouissance du traitement de congé, leur est assuré) pour les raisons suivantes :

a) Lorsqu'ils ont été condamnés, du chef de délit, à une peine privative de la liberté;

b) Lorsqu'ils ont été déclarés en état de faillite ou lorsqu'ils ont été emprisonnés pour dettes;

c) Du chef de contravention aux dispositions déterminées par la Reine aux termes desquelles :

1° L'exercice d'une fonction ou d'un emploi ou la défense des intérêts de tiers leur est interdit;

2° L'exercice d'une profession quelconque et le fait d'être intéressé dans un commerce ou une entreprise leur est interdit;

3° Une résidence fixe et permanente leur est assignée;

4° Défense leur est faite d'être les conseils ou d'assister les parties ou leurs avocats ou procureurs;

5° L'obligation est imposée pour maintenir le caractère secret de la chambre du conseil.

Les autres membres du pouvoir judiciaire peuvent être démis de leurs fonctions par le Gouverneur général, sur la proposition ou après consultation de la Cour Supérieure de Justice des Indes néerlandaises, qui aura, au préalable, mis la partie en cause en état de se défendre par écrit :

a) Lorsqu'ils ont été condamnés à la contrainte ou à une peine plus sévère, du chef de délit ou du chef de contravention aux dispositions concernant les moyens et fermages de l'État, et ensuite des mêmes chefs repris ci-dessus sub *b*, *c* et *d*, à l'égard du Président, des Vice-Présidents et des Membres.

L'immixtion du Gouvernement dans les affaires judiciaires est, d'une façon générale, interdite. Quant à la préséance, le traitement mensuel actuel est, en général, déterminant.

N'est pas exclue, la nomination, dans la métropole, à des fonctions judiciaires d'anciens fonctionnaires de l'ordre judiciaire des Indes néerlandaises.

Questions IV, 3 et *V*. — La mission aux Indes néerlandaises implique :

a) Le libre passage en première classe (également pour le ménage légal);

b) Un traitement provisoire prenant cours le jour de l'embarquement à destination des Indes néerlandaises de 200 florins pour les juristes de Bureau et de 300 florins pour les juristes de Faculté;

c) Une intervention dans les frais d'équipement de

3,250 florins pour les juristes de Faculté et de 3,250 pour les juristes de Bureau.

Le traitement initial dans les Indes se monte à : pour les juristes de Faculté, 400 florins par mois; pour les juristes de Bureau, 300 florins par mois.

Les fonctions judiciaires sont divisées en emplois de choix et en emplois hors choix. A la première catégorie est attaché un traitement fixe, alors que pour la dernière on applique un système d'augmentations régulières, du montant de 100 florins par mois après 2, 3, 4, 9, 12, 15 18 et 20 ans de service.

Des emplois de choix sont les fonctions de :

Président de la Cour Supérieure de Justice, rémunérées à raison de 2,000 florins par mois; Vice-Président de la Cour, 1,500 florins par mois; Conseiller à la Cour, 1,400 florins par mois; Procureur général de la Cour, 20,000 florins l'an; l'Avocat général, 1,200 à 1,300 florins par mois; Président d'un Conseil de Justice (à Java 1,400 florins par mois), dans les autres possessions 1,200 à 1,300 florins par mois; Vice-Président, 1.200 à 1,300 florins par mois; Officier de Justice près d'un Conseil de Justice (à Java, 1,200 à 1,300 florins par mois) dans les autres possessions 1,000 florins par mois; Président du Conseil d'État, à Batavia, Samarang et Sourabaja, 1,000 florins par mois.

Quant aux pensions, congés et pensions de veuves et orphelins, les dispositions générales sur les fonctionnaires civils des Indes néerlandaises sont d'application. A cette fin, il est renvoyé au document imprimé d'autre part.

SURINAME.

Question I, a, b. — Le pouvoir judiciaire en matière civile est exercé par des justices de canton et par la Cour de Justice; en matière répressive, par les tribunaux itinérants, les justices de canton de Paramaribo, de Nickerie, de Coronie et de Marowijne et par la Cour de Justice, sauf les cas d'exception dans lesquels le pouvoir judiciaire en matière répressive est conféré à un autre juge.

Le Président de la Cour de Justice et le Procureur général près de cette Cour doivent avoir atteint l'âge de trente ans et avoir obtenu, depuis au moins cinq ans, le grade de docteur en sciences juridiques à une des Universités de l'État ou à une des Universités assimilées par la loi aux Universités néerlandaises.

Les membres de la Cour de Justice, l'Avocat général près de cette Cour et le juge de canton de Paramaribo doivent avoir atteint l'âge de vingt-cinq ans et avoir obtenu, depuis au moins trois ans, le grade précité.

Le greffier et les membres suppléants près la Cour de Justice, les juges de canton de Nickerie, Coronie et Marowijne doivent avoir atteint l'âge de vingt-cinq ans, et les autres membres du pouvoir judiciaire, nommés par le Gouverneur celui de vingt-trois ans.

Dans des cas spéciaux, il peut être dérogé aux conditions précitées réglant les nominations. S'il s'agit d'une nomination par le Gouverneur, le Conseil de Direction est préalablement entendu.

c) La pratique judiciaire n'est pas exigée mais est toutefois prise en considération dans la sélection des candidats.

d) La connaissance spéciale du Suriname n'est pas exigée pour cette nomination.

CURAÇAO.

a, b) Le pouvoir judiciaire en matière civile et répressive est exercé par des justices de canton et par la Cour de Justice, sauf les cas dans lesquels le pouvoir judiciaire est conféré à un autre juge. Sont investis des pouvoirs de juges de canton, les membres de cette juridiction de Justice (à tour de rôle).

Le Président et les Membres de la Cour de Justice, ainsi que le Procureur général doivent avoir atteint l'âge de trente ans et avoir obtenu, depuis au moins cinq ans, le grade de docteur en sciences juridiques à l'une des Universités de l'État ou à une des Universités assimilées par l'État aux Universités néerlandaises.

Dans des cas spéciaux, il peut être dérogé aux conditions précitées réglant les nominations. S'il s'agit d'une nomination par le Gouverneur, le Conseil de Direction est préalablement entendu.

Les membres suppléants près de la Cour de Justice et l'Avocat général près cette Cour doivent avoir atteint l'âge de vingt-cinq ans, les autres membres du pouvoir judiciaire, nommé par le Gouverneur, celui de vingt-et-un an.

Dans des cas spéciaux, il peut être dérogé aux conditions précitées réglant les nominations. S'il s'agit d'une nomination par le Gouverneur, le Conseil de Direction est préalablement entendu.

c) La pratique judiciaire n'est pas exigée, mais est toutefois prise en considération pour la sélection des candidats.

d) La connaissance spéciale du Curaçao n'est pas exigée pour cette nomination.

Dans la pratique, ce système de choix des candidats ne donne pas lieu à critique.

Question II. — Aussi bien pour Suriname que pour Curaçao, il est, actuellement, rarement procédé à des nominations de membres du pouvoir judiciaire voulant faire, là-bas, une carrière dans ces fonctions. Généralement, l'engagement de membres du pouvoir judiciaire néerlandais porte, actuellement, sur cinq années. Ceux qui veulent faire leur carrière dans la magistrature coloniale sont généralement des jeunes gens, originaires de la colonie même, ayant fait, dans les Pays-Bas, les études juridiques éventuelles et retournent ensuite dans la colonie sans avoir pratiqué dans les Pays-Bas.

Ce système ne donne pas des effets défavorables.

Suriname et Curaçao.

Question III. — Les fonctionnaires judiciaires sont autorisés à exercer leurs fonctions, sans avoir à subir un stage ou un examen. Ils sont pourvus d'une nomination réglementaire, quoique leur séjour dans la colonie doive être considéré comme provisoire.

Question IV. — 1) Suriname.

Les président et membres de la Cour de Justice sont nommés à vie.

Curaçao. Comme à Suriname.

2) Suriname.

L'intervention de la Direction dans les affaires judiciaires est, d'une façon générale, interdite. La nomination du Président, des membres et du greffier de la Cour de Justice et du Procureur général près cette Cour est faite par la Reine.

Le Gouverneur de la colonie peut, avec ou sans relèvement de leurs fonctions, leur conférer des pouvoirs judiciaires autres, lorsqu'une désignation provisoire est jugée nécessaire.

Des dispositions sont également prises en vue d'éviter le cumul d'autres fonctions officielles ou professions libérales, pendant que la parenté réciproque, au sein du même collège, est combattue. Quant à la préséance, aucune disposition réglementaire n'a été prise. Dans les cérémonies solonnelles, le Président de la Cour de Justice et le Procureur général prennent place après le Président du corps représenté et au-dessus des autres hauts fonctionnaires (non membres du Conseil de Direction).

CURAÇAO.

Comme à Suriname.

3) A une fonction près du pouvoir judiciaire sont attachés :

SURINAME.

a) Si l'intéressé est envoyé des Pays-Bas, traversée pour compte de la colonie comme voyageur de 1re classe (également pour le ménage légal), et droit au rapatriement aux Pays-Bas après démission honorable (également avec le ménage légal,

b) Un traitement attaché à la fonction, traitement se montant actuellement, par an, à :

Pour le Président de la Cour de Justice . . . fl. 10,000
Pour les membres de la Cour de Justice fl. 6,500 à 8,000
Pour le greffier de la Cour de justice . . . . fl. 6,000
Pour le Procureur général près la Cour de justice . . . . fl. 10,000
Pour l'Avocat général près la Cour de justice
fl. 6,500 à 8,000
Pour le Juge de canton à Paramaribo fl. 6,500 à 8,000
Pour le Juge de canton de Nickerie, Coronie et Marowijne, en même temps Juge à la justice itinérante occidentale. . . . . . . fl. 5,500 à 7,000
Pour le Juge de la justice itinérante orientale
fl. 5,500 à 7,000

Un relèvement important de ces traitements est à l'étude.

Les membres de la cour de justice et l'Avocat général près cette Cour et le Juge de canton de Paramaribo jouissent d'un traitement annuel de 6,500 florins, pour autant qu'ils n'aient pas encore trois ans de services; de 7,000 florins quand ils ont une ancienneté de trois à six ans; de 7,500 florins quand ils ont une ancienneté de six à neuf ans, et de 8,000 florins quand ils ont une ancienneté de neuf ans et plus. Entre en ligne de compte comme temps de service, le temps passé comme fonctionnaire judiciaire au service de Suriname, des Pays-Bas, des Indes néerlandaises ou de Curaçao.

Si une personne, attachée aux Pays-Bas, dans les Indes néerlandaises, à Suriname ou à Curaçao, en qualité d'avocat ou praticien ou comme fonctionnaire rétribué au service public, est appelée à l'une des fonctions énumérées ci-dessus, les années pendant lesquelles elle a été attachée comme avocat (praticien) ou comme fonctionnaire comptent, pour autant qu'elles dépassent ensemble le nombre de cinq — non compris les éventuels voyages d'aller et de retour, — pour la détermination de son traitement.

c) Au cas où l'intéressé part des Pays-Bas, un subside pour frais d'équipement et de changement de sphère d'action, ne s'élevant dans aucun cas à une somme supérieure à 3,000 florins (trois mille florins), et s'appliquant notamment :

1º Aux célibataires, aux veufs et aux veuves ou à ceux dont le mariage a été dissout par des causes autres que la mort, s'ils ne sont pas chargés de l'entretien d'enfants propres légitimes, une somme égale à celle de deux mois de traitement initial à la colonie de la personne désignée;

2º Aux autres dont les époux, ou les enfants, célibataires, mineurs ou à leur charge, propres enfants légitimes, les accompagnent dans la colonie ou y accompagnent le chef de ménage pendant l'exercice de ses fonctions, une somme égale à celle de trois mois de traitement visé sous le 1º;

d) Au cas où l'intéressé part des Pays-Bas, un traitement d'attente lors de son retour en Hollande, conformément à l'article 2 de l'exemplaire ci-joint du *Staatsblad* (Moniteur-Journal officiel), 1917, n° 480;

e) Droit au congé en Europe, conformément à l'exemplaire ci-joint du *Gouvernementsblad van de Kolonie Suriname*, de 1917, n° 38, avec jouissance d'un traitement d'attente ainsi qu'il est indiqué à l'exemplaire ci-joint du *Gouvernementsblad*, 1917, n° 40;

f) Droit à la pension d'après les dispositions suivantes :

Le droit à la pension s'acquiert après vingt ans de services et au moins cinquante ans d'âge; les années coloniales pour la moitié. La pension annuelle se monte à 40 p. c. du revenu moyen pendant les cinq dernières années.

Après une longue carrière, ce pourcentage est augmenté de 1/20 pour chaque année en plus. Pour plus de trente (30) ans de services, il n'est pas accordé d'augmentation de pension. La pension de la veuve se monte à la moitié de celle à laquelle l'époux décédé aurait pu prétendre ou peut prétendre. Moyennant versement provisoire de 7 1/2 p. c. sur les traitements touchés en services effectifs, les fonctionnaires peuvent s'assurer immédiatement le maximum de la pension-veuves.

Le montant de la pension des membres du pouvoir judiciaire, nommés à vie, démis contre leur gré, pour cause d'inaptitude, pour plus de soixante ans d'âge, ou pour incapacité morale ou physique ou parce qu'ils sont placés sous curatelle, est fixé d'après le nombre d'années de service, mais sans être inférieur à la moitié du montant fixé pour vingt ans de service.

Curaçao.

a) Si l'intéressé est envoyé des Pays-Bas, voyage gratuit, etc., comme à Suriname;

b) Un traitement attaché à la fonction, se montant actuellement, par an à :

Pour le Procureur général de la Cour de justice
fl. 6,000 à 7,000
Pour le Président de la Cour de justice . fl. 5,000 à 6,000
Pour les membres de la Cour de justice . fl. 4,000 à 5,000
Pour l'Avocat général de la Cour de justice
fl. 3,000 à 4,000
Pour le greffier de la Cour de justice . fl. 3,000 à 4,000

Un relèvement important de ces traitements est à l'étude;

c) Si l'intéressé est envoyé des Pays-Bas, un subside pour frais d'équipement, etc., comme à Suriname;

d) Si l'intéressé est envoyé des Pays-Bas, un traitement d'attente, etc., comme à Suriname;

e) Droit au congé en Europe et à un traitement d'attente y attaché, ainsi qu'il est indiqué à l'exemplaire ci-joint du *Publicatieblad van de Kolonie Curaçao*, n° 25;

f) Droit à la pension d'après les dispositions suivantes :

Le droit à la pension s'acquiert après vingt ans de service et au moins cinquante ans d'âge; le service colonial compte pour l'entièreté et le service néerlandais pour la moitié. Après vingt ans de service, la pension annuelle s'élève à la moité du revenu moyen pendant les cinq dernières années.

Après une plus longue carrière, ce montant est augmenté de 1/30 pour chaque année en plus. Pour plus de trente ans de service, il n'est pas accordé d'augmentation de pension. La pension ne peut pas être supérieure à 4,500 florins l'an.

La pension de la veuve se monte à la moitié de celle à laquelle l'époux décédé aurait pu prétendre ou a prétendu.

Moyennant versement provisoire de 7 et demi p. c. sur les traitements touchés en service effectif, les fonctionnaires peuvent s'assurer immédiatement le maximum de la pension-veuves.

Le montant de la pension des membres du pouvoir judiciaire, nommés à vie, démis contre leur gré, pour cause d'inaptitude pour plus de soixante ans d'âge ou pour incapacité morale ou physique permanente, ou parce qu'ils sont placés sous curatelle, est fixé d'après le nombre d'années de service, mais sans être inférieur à la moitié du montant fixé pour vingt ans de service.

4) SURINAME.

Est possible, dans la colonie, la promotion à des fonctions judiciaires supérieures. Aussi, la nomination à des fonctions dans la métropole, après avoir exercé des fonctions judiciaires à Suriname, n'est pas exclue. Si l'intéressé était au service du pouvoir judiciaire des Pays-Bas au moment où fut décidé son départ, le

Ministre de la Justice prend généralement l'engagement de réadmettre l'intéressé dans son ancienne position où dans une position meilleure que cet intéressé occupait, pour autant que ce dernier ait été démissionné du service colonial depuis cinq ans au plus et pour autant qu'il n'ait pas cessé de satisfaire aux conditions d'admission dans le pouvoir judiciaire néerlandais.

Curaçao, comme à Suriname.

Question V. — Suriname.

La nomination et la promotion à une fonction judiciaire se fait au choix. Des augmentations de traitement ont lieu périodiquement, d'après l'ancienneté dans le rang (Voir sub *IV*, 3 *b*). Pratiquement, ce système n'a pas fait découvrir de préjudice.

La nomination au choix, également pour les grades supérieurs, est nécessaire pour pouvoir éliminer de la magistrature ou pour ne pas les charger d'une responsabilité supérieure à celle qu'ils méritent.

Curaçao, comme à Suriname.

Les augmentations régulières sont accordées après trois ans, pour la première fois : 400 florins, ensuite, deux fois 300 florins chacune, — le tout par an.

Il existe encore des fonctions subalternes près le pouvoir judiciaire, tels les greffiers des justices de canton, dont il n'est pas fait mention ici. Ces fonctions sont partiellement combinées avec des fonctions d'un autre caractère.

TABLE DES MATIÈRES

Session de Bruxelles 1923. — Rapports.

TOME II.

www.ingramcontent.com/pod-product-compliance
Lightning Source LLC
LaVergne TN
LVHW021939060726
842528LV00001B/232